映画になった恐怖の実話

TRUE STORY MOVIES

大量虐殺、連続殺人、誘拐、虐待、強盗。
脈々と続く人類の歴史は、常に凶悪犯罪とともに歩み、
そこからヒントを得た数多くの映画が世に送り出されてきた。
本書は、いわゆる“実録映画”の題材となった実際の事件、
事故、スキャンダルの顛末をたどった1冊である。
果たして、映画と事実はどこが違うのか。
劇中では描かれなかった犯行の詳細、本当の動機。
事件関係者の知られざるその後。
「タクシードライバー」「KCIA 南山の部長たち」「アイリッシュマン」など
全54タイトルの元ネタを完全解説！

鉄人ノンフィクション編集部

映画「屋根裏の殺人鬼　フリッツ・ホンカ」より

映画になった恐怖の実話 目次

第1章 驚愕

SKIN／スキン　元ネオナチのレイシスト、ブライオン・ワイドナーの映画とは違う更生への道程……10
スキャンダル　「FOXニュース」CEOセクハラ事件……16
ふたりのJ・T・リロイ　ベストセラー作家の裏の裏　作家J・T・リロイ捏造スキャンダル……22
コンカッション　アメフト元スター選手、マイク・ウェブスター死亡事件の真相……28
ストックホルム・ケース　「ストックホルム症候群」の語源となったノルマルム広場強盗事件……34
ある女流作家の罪と罰　元売れっ子伝記作家、リー・イスラエル手紙偽造・売却事件……40
ジョーンの秘密　イギリス人女性スパイ、メリタ・ノーウッド事件……46
フェイク　マフィアをはめたFBI捜査官ジョー・ピストーネの潜入ミッション……52
アンストッパブル　毒物を積んだ無人列車「クレイジーエイツ」暴走事故……58

ハスラーズ ニューヨーク ストリッパー集団昏睡強盗事件……64
ディア・ブラザー 妹が兄の冤罪を晴らしたマサチューセッツ強盗殺人事件の意外すぎるその後……70
工作 黒金星と呼ばれた男 金正日と面談した韓国人スパイ「ブラック・ヴィーナス」の真実……76
1917 命をかけた伝令 第一次世界大戦「パッシェンデールの戦い」……82

第2章 惨劇

ワンス・アポン・ア・タイム・イン・ハリウッド タランティーノが意図的に描かなかったシャロン・テート殺害事件……90
MOTHER マザー 毒母に支配され続けた17歳少年が起こした悲劇、川口祖父母殺害事件……96
楽園 栃木小1女児殺害事件&山口・周南5人連続殺人放火事件……106
アメリカン・スナイパー イラク戦争の英雄、クリス・カイル殺害事件……114
W／ダブル 〝理想の家族〟を求めた元会計士の凶行、ジョン・リスト事件……120
アメリカで最も嫌われた女性 マデリン・マーレイ・オヘア誘拐殺人事件の……126

ランページ 裁かれた狂気 「サクラメントの吸血鬼」リチャード・チェイス事件……132
悪魔の棲む家 デフェオ一家惨殺事件と、その後に起きた怪現象の謎……138
ブラディ・サンデー 北アイルランド紛争「血の日曜日事件」……144
モンスターズ 悪魔の復讐 19世紀末のアメリカで起きた未解決猟奇殺人、リジー・ボーデン事件……150

第3章 凶悪

ロストガールズ ロングアイランド売春婦連続殺人事件……158
屋根裏の殺人鬼フリッツ・ホンカ フリッツ・ホンカ売春婦連続殺害事件……164
アングスト／不安 アルトライター一家3人猟奇殺人事件……170
スクリーム 「ゲインズビルの切り裂き魔」ダニー・ローリング事件……176
次は心臓を狙う 「オワーズ県の殺人者」アラン・ラマール事件……182
暗数殺人 釜山連続殺人事件、その真相は未だ藪の中……188

永遠に僕のもの　アルゼンチンの「死の天使」ロブレド・プッチ事件……194
私を信じて　―リサ・マクヴェイの誘拐―　ボビー・ジョー・ロング女性連続殺害事件……200
ハンガリー連続殺人鬼　「マルトフの怪物」ペーテル・コヴァーチ女性連続殺害事件……206

第4章　震撼

タクシードライバー　アメリカ大統領候補、ジョージ・ウォレス狙撃事件……214
KCIA　南山の部長たち　側近が計画・実行したパク・チョンヒ韓国大統領暗殺事件……220
リチャード・ジュエル　アトランタ・オリンピック公園爆破テロ事件……226
鵞鳥湖の夜　中国ハルビン拘置所死刑囚脱獄事件……232
ホテル・ムンバイ　ムンバイ同時多発テロ「タージマハル・ホテル」人質脱出劇……238
ゼロ・ダーク・サーティ　米同時多発テロの首謀者、ウサマ・ビン・ラディン暗殺作戦の裏側……246
告発　アルカトラズ刑務所を閉鎖に追い込んだ男、ヘンリー・ヤング事件……252

許された子どもたち 映画のモチーフになった山形マット死事件の〝許されない〟その後……258
幼い依頼人 8歳の妹と12歳の姉が味わった地獄、漆谷継母児童虐待死亡事件……264
ドクター・デスの遺産 BLACK FILE ジャック・ケヴォーキアン大量自殺幇助事件……270
運命の逆転 アメリカ屈指の女性富豪、サニー・フォン・ビューロー不審死事件……276
戦場のピアニスト 「ワルシャワ蜂起」で廃墟と化した街を彷徨ったユダヤ系ピアニスト、W・シュピルマンの命運……282
エリザベス ―狂気のオカルティズム― エリザベス・スマート誘拐虐待事件……288

第5章 ダークサイド

声をかくす人 アメリカ初の女性死刑囚、メアリー・サラットの悲劇……296
夜明けの祈り ポーランド修道女集団レイプ殺害事件……302
赤い闇 スターリンの冷たい大地で 英国人ジャーナリストが告発したソ連の人為的飢餓「ホロドモール」の恐るべき実態……308
シカゴ7裁判 ベトナム戦争反対デモの共謀罪で逮捕された「シカゴ・セブン」法廷闘争……318

グレース・オブ・ゴッド 告発の時 20年間にわたり児童を性の餌食にした聖職者、プレナ神父事件……324
バグジー ラスベガス繁栄の礎を築いた伝説のマフィア、ベンジャミン・シーゲル暗殺事件……330
カジノ 天才賭博師フランク・ローゼンタールの野望と崩壊……336
アイリッシュマン マフィアの殺し屋、フランク・シーランが語ったジミー・ホッファ失踪事件の真相……342

映画になった恐怖の実話
TRUE STORY MOVIES

▼本書は弊社刊「映画になった恐怖の実話」（2021年9月発売）を再編集し文庫化したものです。
▼本書掲載の情報は2022年12月現在のものです。
▼作品解説に記された西暦は初公開年、国名は製作国を表しています。
▼本書掲載記事の大半が映画の結末に触れています。悪しからずご了承ください。

第1章 驚愕

映画「アンストッパブル」より

◀全身にタトゥーを入れ体当たりで主人公を演じたジェイミー・ベル。映画「SKIN／スキン」より

▲ネオナチ集団「ヴィンランダーズ・ソーシャルクラブ」に所属していた頃のブライアン・ワイドナー本人（中央）

SKIN／スキン

1年半、計26回の手術でタトゥーを除去

元ネオナチのレイシスト、ブライアン・ワイドナーの映画とは違う更生への道程

２０１８年公開の「ＳＫＩＮ／スキン」は、アメリカのネオナチグループに属する男が、組織を抜け更生の道を歩む過程を描いた社会派ドラマだ。映画は実在の元ネオナチ幹部、ブライオン・ワイドナーの実話を基にしているが、その描写には少なからず脚色が加えられている。

ブライオンは１９７７年、米ニューメキシコ州アルバカーキの母子家庭に生まれた。幼少期に酒が原因で母親が他界した後、実父に引き取られたものの、父親もまたアルコール依存の粗暴な男で、彼は愛情も教育も得られないまま13歳の頃から路上生活を送るようになる。

やがて、不良仲間と窃盗や車上荒らしを働きながら、頭をスキンヘッドに、タトゥーを全身に入れ、ギャング集団「アウトロー・ハンマースキン」に加入した後、悪名高きネオナチ「ヴィンランダーズ・ソーシャルクラブ」を仲間と設立。他のネオナチ集団の抗争にあけくれ、30歳までに暴行や殺人への関与で4年間の服役も経験した。なお映画では、白人至上主義グループの主宰者夫婦に少年期に拾われ、長年、組織の幹部としてヘイト活動に従事することになっているが、そのような事実はない。

彼が人種差別主義に走ったのは、生まれ育った街にメキシコからの移民が多く、彼らとの間に日常的に暴力事件が起きていたこと

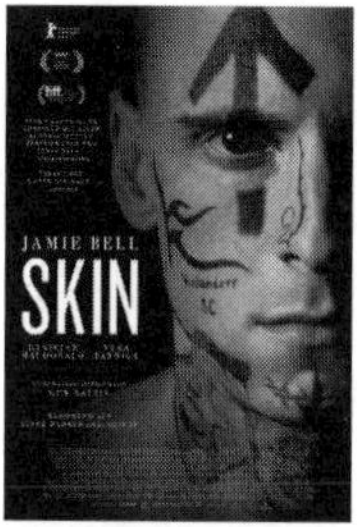

SKIN／スキン

2018／アメリカ／監督：ガイ・ナティーブ
2003年にアメリカで発足したスキンヘッドのネオナチ集団「ヴィンランダーズ・ソーシャルクラブ」の共同創設者で元差別主義者のブライオン・ワイドナーの半生を映画化。同じく人種差別主義を題材とした「SKIN 短編」が第91回アカデミー賞で短編映画賞を受賞し、一部劇場で同時公開された。

がきっかけのようだ。しかし、活動を始めて10年が過ぎた頃、白人こそが支配層というネオナチの考えに疑問を持ち始めると同時に、暴力と差別に明け暮れる日常に嫌気がさし、酒に溺れるようになっていく。

そんなときに知り合ったのが、シングルマザーのジュリー・ラーセンだ。劇中では、ブライアン所属の組織の集会で彼女が娘3人と演奏を披露したことが出会いのきっかけで、ジュリーの参加目的はヘイトに賛同したからではなく、あくまで生活資金を得るためとなっている。が、ここも事実は異なる。

ジュリーはブライオンより6歳年上の1971年生まれで、17歳のとき男の子を出産した後、結婚。3人の女の子の母となる。人種差別主義者の夫に影響を受ける形で彼女もヘイト活動に参加。体にナチスの　や差別的な文言を記したタトゥーを掘る、堂々たるレイシストだった。

夫と死別後、子供を養うためミシガン州アイアンウッドの銀行に勤務しながら、白人の優秀さを説くチラシなどを配布していたが、30代半ば頃から、彼女も疑問を覚えるようになる。ジュリーは子供に、〝下等なユダヤ人〟が支配するハリウッ

妻ジュリーも元差別主義者だった

▼右／後にブライオンの妻となるシングルマザーのジュリーをダニエル・マクドナルド（左）が演じた。「SKIN／スキン」より。左／結婚当初のブライオンとジュリー（左）本人

ド映画を観るのを禁じ、中国料理やメキシコ料理を食べることも許さなかった。しかし、それで子供たちは幸せなのか。ジュリーの中で、しだいに己の思想信条より娘たちの幸福や将来を重んじる母としての感情が強くなっていった。

ブライオンとジュリーは2005年5月、ケンタッキー州ドーソンスプリングスで開かれたヘイト団体主催のコンサートで知り合った。スキンヘッドのネオナチが集結し、ステージでは白人至上主義のバンドが非白人を蔑視する歌を熱唱していた。

ブライオンはそこで偶然出会ったジュリーに一目惚れし、連絡先を交換。その日から7ヶ月間にわたり毎晩のように電話を交わす仲となる。2人には共通点が多かった。不幸な家庭に生まれ、10代の頃に家出し、ヘイト活動についていること。そして何より、今の自分を変えたがっている点で共感しあう。

やがて、2人は男女の関係となり、2006年1月に結婚。娘たちがブライオンに良くなついていたのが決め手だった。

2ヶ月後、ジュリーが妊娠したことで、ブライアンは組織を脱退し、1人の父親として生きていくことを決意する。が、組織から足を洗うのは簡単ではない。過去には、脱退者が裏切り者としてメンバーに殺される例もあった。

そこで、助けを求めたのが反差別主義者の活動家ダリル・ラモント・ジェンキンス（1968年生）だ。彼はフィラデルフィアを拠点に、差別主義者や極右活動家を見つけ出してはネットに情報を晒すと同時に、彼らの組織からの脱退、更生、社会復帰への手伝いを行っていた。

劇中では、ブライオンとジェンキンスは以前から敵対する関係で、改心したブライオンが自ら助けを求めることになっているが、実際には妻ジュリーがネットでジェンキンスの存在を見つけ、コンタクトを取り、夫に引き合わせた。

ジェンキンスはブライオンと面談。脱退の意思確認と組織の情報提供を約束させたうえで、南部貧困法律センター（略称ＳＰＬＣ）の協力を取りつける。同センターは公民権運動の発祥地である南部アラバマ州モンゴメリーで１９７１年に設立された反ヘイト組織で、差別の被害者救済とともに更生を望む加害者へも力を貸していた。

ＳＰＬＣを味方に付けたことでブライオンは勇気づけられ、組織へ脱退を申し出て、集会への参加を拒否、構成員が身につけるバッジも返却する。が、事はさほど簡単に運ばない。劇中のように、仲間に殺害されかけたり、左派組織の暗殺を命じられることはなかったものの、その後2年間にわたり、豚の糞を家に投げ入れるなどの嫌がらせや、殺害の脅迫を絶え間なく受け続ける。

そうした行為がようやく収まった２００８年春、ブライオンはジュリーとの間に生まれた長男を含む家族全員で、ジュリーの父親が住むテネシー州に転居。義父や

▶ブライオン（左）の組織からの脱退、更生に力を貸した反ヘイト活動家のダリル・ラモント・ジェンキンス本人

牧師の力を借り、便利屋や清掃の仕事を手に入れる。

しかし、彼には残された一つの大きな課題があった。更生したことを自他ともに認めるため、顔や腕に施されたタトゥーを取り除くことだ。ブライオンは当初1人で削除すべく酸を浴びるなど独自の方法を試したが、効果は皆無。一度はあきらめたものの、ジェンキンスを介して彼の努力を知ったSPLCのスタッフが、タトゥー除去手術の費用（約3万5千ドル）を出資してくれる女性の篤志家を探し出した。

レーザーによる除去手術は2009年6月、ナッシュビルにあるバンダービルト大学医療センターで始まり、その後、数週間に一度の割合で行われた。手術は激痛を伴い、多数の火傷と水ぶくれを生じさせた。これをブライオンは贖罪と考え、計26回を耐え抜く。

手術が終了したのは1年半後の2010年12月。ブライオンが真に更生した瞬間だった。

その後、ブライオンは自身の体験をもとに講演活動や、KKK（クー・クラックス・クラン。アメリカ最大の白人至上主義団体）を告発するドキュメンタリー映画に出演。本作「SKIN／スキン」の製作にも協力し、私生活では妻子とともに穏やか日々を送っている。

▼顔のタトゥーが取り除かれていく過程。監督のガイ・ナティーブは2011年、この記録映像を観て、本作「SKIN／スキン」の着想を得た

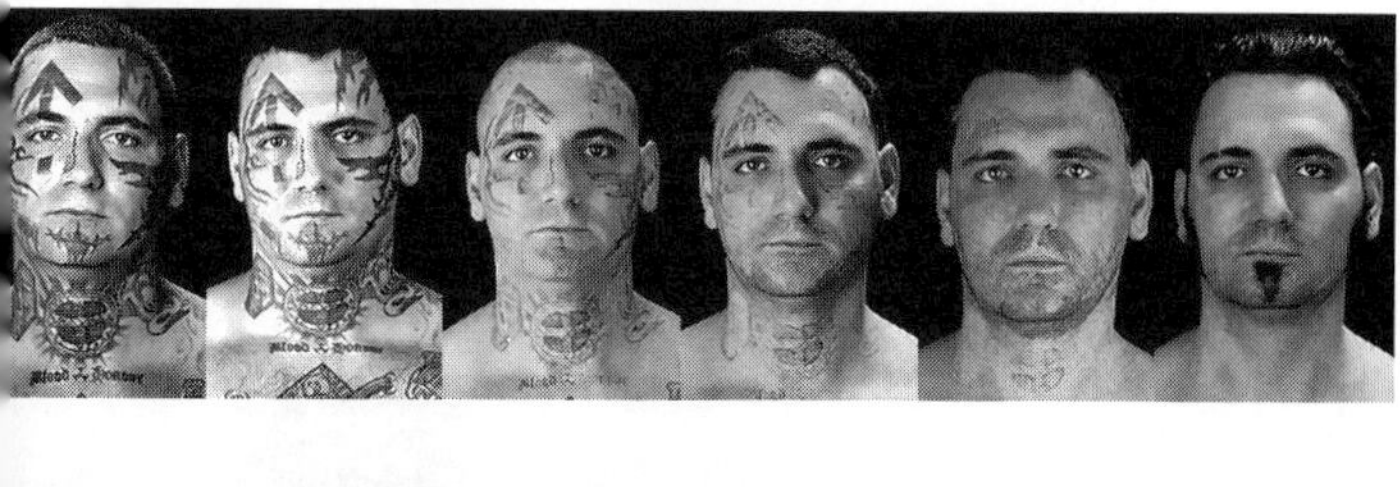

スキャンダル

長年にわたり女性キャスターに性的関係を強要

▲オスカー女優3人の揃い踏み。左からシャーリーズ・セロン、ニコール・キッドマン、マーゴット・ロビー。映画「スキャンダル」より

▲セクハラで訴えられた「FOXニュース」の元CEOロジャー・エイルズ本人（右）と演じたジョン・リスゴー。映画「スキャンダル」より

「FOXニュース」CEOセクハラ事件

FILMS

ニコール・キッドマン、シャーリーズ・セロン、マーゴット・ロビーの三大ハリウッド女優が共演した2019年公開の映画「スキャンダル」は、アメリカのテレビ局「FOXニュース」の会長兼CEO（最高経営責任者）が長年にわたりセクハラを働き、告発された実際の事件を題材に描いた社会派ドラマだ。権力を傘に、自局の女性キャスターや女性職員に日常的に性的な嫌がらせを行っていたCEOの行為は卑劣極まりないものだった。

映画は、FOXニュースの女性キャスター、グレッチェン・カールソン（1966年生。演：ニコール・キッドマン）が同局のCEOロジャー・エイルズ（1940年生）に解雇されるところから始まる。

彼女は名門スタンフォード大学卒業後テレビ業界でキャリアをスタートさせ、CBSニュースのキャスターなどを経て、2005年からFOXニュースの朝の看板番組「フォックス&フレンズ」のキャスターに就任した。ところが、2013年に視聴率の取りにくい昼の報道番組「ザ・リアル・ストーリー」に異動させられ、その3年後の2016年6月に突然、CEOエイルズから契約打ち切りを告げられる。長年の功労者に対するこの処遇に彼女は黙っていなかった。同年7月6日、エイ

スキャンダル

2019／カナダ・アメリカ
監督：ジェイ・ローチ
2016年にアメリカで起きたテレビ局「FOXニュース」最高経営責任者によるセクハラ騒動の顛末を描いた実録ドラマ。原題の「Bombs hell」は爆弾、衝撃ニュースのほか、セックスシンボルを意味する言葉。

会社側が約23億円の和解金を支払うことで示談成立

▶〝テレビ界の帝王〟にNOをつきつけたグレッチェン・カールソン本人(上)と、演じたニコール・キッドマン

▶カールソンの裁判で証言したメーガン・ケリー本人(上)。人気キャスターだった彼女の証言が裁判を左右したとする意見も多い。下は役を演じたシャーリーズ・セロン

映画「スキャンダル」より

ルズをセクハラで訴えたのだ。

劇中でエイルズの詳細な経歴は描かれていないが、彼はオハイオ大学でメディアを学んだ後、クリーブランドやフィラデルフィアのテレビ局で働き、1967年と1968年にはアメリカテレビ界最高の栄誉「エミー賞」を受賞した凄腕のプロデューサーだった。ニクソンやレーガン、ジョージ・ブッシュ大統領などの政治顧問を務めた後、大手テレビ局NBCの子会社CNBCの社長に就任。1996年、映画会社「21世紀フォックス」をはじめとするフォックスグループのトップ、ルパート・マードックが新たに設立したニュース専門テレビ局FOXニュースのCEOの座に就く。と、同年10月7日の放送開始日には1千700万世帯だった視聴者が2001年に8千万人までに増大。FOXニュースを、CNNを凌ぐ視聴者数ナンバーワンのテレビ局に押し上げたエイルズは〝テレビ業界の帝王〟として君臨する。

カールソンはその絶対的権力者に、FOXで働いた11年の間に性差別的、または性的な発言

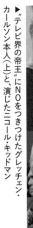

を繰り返されたと主張。彼の要求を拒否したために給料を減らされ、看板番組から降ろされ、ついには解雇されたとして提訴に踏み切った。

対し、エイルズとFOX社は「事実無根で大変な迷惑。契約の更新が思ったようにいかなかったことへの腹いせだろう」とコメント。放送の表舞台に立つキャスターに、エイルズの無実を報道するよう強く求めた。

一方で、女性キャスターにはタイトなボディコンスーツとハイヒールが義務づけられ、スタジオのデスクは透明。キャスターの腰から下が視聴者にさらされるだけでなく、足専用のカメラ「レッグ・カム」で舐めるように彼女たちの足を写し出した。

劇中で忠実に再現されたその描写からして、エイルズの女性に対する性差別的性格は明らかだ。が、社内には、エイルズに忠誠を尽くす〝チーム・ロジャー〟と呼ばれる女性たちもおり、裁判でエイルズに不利な証言をする者などいないと思われた。

勝ち目の薄い闘いに挑んだカールソンの味方についたのが2人目の主人公メーガン・ケリー(1970年生。演：シャーリーズ・セロン)である。彼女は2013年からFOXの冠番組「ケリー・ファイル」のキャスターとして活躍する傍ら、エイルズにセクハラを受け続けていたが、カールソンが提訴した時点では、他のキャスター同様、番組でエイルズを擁護するよう忠告されていた。

しかし、エイルズがFOXニュース社を立ち上げる以前にセクハラを受けていたという女性

6人が名乗りを上げ、少なくとも20人の女性がカールソンの弁護士に連絡してきたことを知り決心する。裁判の証言台に立ち、キャスター就任当初からエイルズに性的関係を要求されたこと、オフィスに呼ばれセクシーなブラジャーを付けた姿を見たいと言われたこと、強引にキスをされたことなどを告白したのだ。

裁判では、ケリーの他にも少なくとも22人が証言し、エイルズの悪質な行為が次々と明らかになっていく。その中には、性行為の模様を撮影した動画をエイルズから送りつけられ、告発しないよう圧力をかけられた女性もいた。

決め手となったのは、カールソンが1年間にわたりエイルズとの会話を録音した音声データである。それには、彼女が提訴直前にエイルズと話した際に彼が発したこんな言葉も記録されていた。

「君とはもっと前に肉体関係を結んでおくべきだった。その方が君にとっても私にとってもベストなことだったと思う。（性的な関係を持っていた方が）問題があっても簡単に解決するはずだ」

果たして、裁判はFOX側がカールソンに日本円で約23億円

◀視聴率獲得のため、透明なデスクで女性キャスターの下半身まで画面に写し出すFOXニュースのスタジオを忠実に再現した劇中シーン。映画「スキャンダル」より

の和解金を支払うことで決着をみる。ちなみに、劇中では明らかになってはいないが、カールソンの一件以前にもFOX女性職員のエイルズに対するセクハラ訴訟は何度もあり、そのたびに会社が和解金を支払ってきたという。

エイルズは7月21日、親会社の21世紀フォックスから6千500万ドル（約71億円）の退職金を受け取りCEOを辞任。その後、ドナルド・トランプ（元大統領）の選挙キャンペーンの顧問になったが、2017年5月18日、フロリダの自宅で硬膜下血腫《こうまくかけっしゅ》により77歳で死亡した。

映画には3人目の主人公、ケイラ・ポスピシル（演：マーゴット・ロビー）も登場する。キャスターを目指しエイルズの部屋に直談版に出向いたところ、彼から「スカートを上げて脚を見せろ」と言われ、さらに忠誠心をどう証明するかよく考えておけと脅され悩む役どころだ。大半の登場人物が実在するなか、彼女だけは架空のキャラクターである。が、劇中のエピソードは、名前を公にできず秘密保持契約に署名した約20人のFOX女性スタッフに製作側が取材した上で作られたものだという。

また、騒動から6年経った現在、注目を浴びているのはローリー・ルーン（1963年生）の証言だ。1991年、彼女がジョージ・ブッシュの選挙事務所で働いていた28歳のときからエイルズは関係を強要。行為を撮影した写真をネタに、20年近く〝性の奴隷〟になることを強いてきたそうだ。

2022年12月現在、カールソン、ケリーともに現役ジャーナリストとして活動中である。

ふたりのJ・T・リロイ

ベストセラー作家の裏の裏

中年女性が書き、男装の女子大生が本人を偽装

▲主人公ローラ・アルバート役のローラ・ダーン(左)と、リロイになりすましたサバンナ・クヌープ役のクリステン・スチュワート。映画「ふたりのJ・T・リロイ　ベストセラー作家の裏の裏」より
▼右が執筆者のローラ・アルバート、左が架空の売れっ子作家J・T・リロイになりすましたサバンナ・クヌープ本人。ローラはリロイのマネージャーという設定でメディアに露出した

作家J・T・リロイ捏造スキャンダル

1999年にアメリカの文壇に登場するや時代の寵児となった人物がいる。J・T・リロイ。女装の男娼となった過去を綴った自伝『サラ、神に背いた少年』がベストセラーとなり、歌手のマドンナな女優のウィノナ・ライダー、アーシア・アルジェントらがファンを公言した若手作家だ。が、やがて化けの皮は剥がされる。実際に本を執筆していたのは中年女性で、公の場に出る際はボーイフレンドの妹に男装させて身代わりを依頼。自分はマネージャーに扮していたことが暴かれたのだ。

2018年公開の映画「ふたりのJ・T・リロイ　ベストセラー作家の裏の裏」は、当事者の1人であるボーイフレンドの妹が2007年に出版した回顧録を基に、事件の顛末を描いた実録ドラマである。

映画は2001年、当時19歳の女子大生サバンナ・クヌープ（演：クリステン・スチュワート）が親元を離れ、サンフランシスコに住む兄ジェフ（同34歳。演：ジム・スタージェス）の近所で1人暮らしを始めたところからスタートする。

ある日、サバンナは、ジェフの家を訪ね、兄の恋人ローラ・アルバート（同35歳。演：ローラ・ダーン）と運命の出会いを果たす。

ふたりのJ・T・リロイ
ベストセラー作家の裏の裏

2018／アメリカ・イギリス・カナダ
監督：ジャスティン・ケリー
美少年作家としてアメリカの文壇に登場し、またたく間に時代の寵児となったものの、実は2人の女性が作り上げた架空の作家だったことから一大スキャンダルに発展したJ・T・リロイの事件を映画化。リロイになりすましていた女性サバンナ・クヌープが2007年に出版した回顧録『Girl Boy Girl: How I Became JT Leroy』が原作。

▲ニューヨークのパブリックシアターで撮影されたJ・T・リロイ(左)、リロイのファンを公言していた女優ウィノナ・ライダーとのツーショット

▲劇中でリロイと関係を持ち映画化権を獲得する女優エヴァのモデルになったアーシア・アルジェント

彼女はテレフォンセックスの仕事で稼ぎながら、ジェフと一緒にバンド活動を行うエネルギッシュな女性で、初対面のサバンナに驚くべき事実を打ち明ける。いま世間でベストセラー作家として騒がれている作家J・T・リロイは、実は自分だというのだ。

劇中ではあまり触れられていないが、ローラの生い立ちは複雑だ。10代で母親に捨てられ、問題を抱えた子供たちの集まるグループホームで生活。そこで受けた暴力や性的虐待に苦しみ、たびたび“自殺ホットライン”に電話をかけては「ジェレマイア」「ターミネーター」などといった名前で若い男の子になりきり、即興の物語を作って相談に乗ってもらっていた。

ひとり立ちのためニューヨークからサンフランシスコに移り住み、ローラ・ビクトリアの名前でインターネットのセックスサイトを運営。一方、施設で一緒だった男の子をモデルに男性同性愛をテーマとした小説を執筆していたが、売り込みに難航したため、恋人ジェフの提案で、これをJ・T・リロイなる架空の作家が書いた自伝と偽り発表する。それが『サラ、神に背いた少年』だ。

果たして、作品は大ヒットを記録し、リロイに取材依頼が殺到する。が、作者は実の母親に男娼となることを強制されて育ったという設定の18歳の少年。当然ながら顔出しはできない。取材は全て電話かメール。外に出るのは不安だと、対面でのインタビューなどは避けてきたものの、出版から2年が経ち、もはやメディアの依頼を断れないところまできていた。

そこに現れたのが恋人の妹サバンナだった。華奢で中性的な彼女は、ローラが思い描くJ・T・リロイのイメージにピッタリ。金髪のカツラに大きなサングラス、胸にさらしを巻いて男装し写真を撮るだけで報酬50ドル。この条件でリロイになり切ってもらえないか。ローラから持ちかけられたサバンナは。軽い気持ちで誘いを引き受けた。

ローラの依頼は1回が2回、3回になり、写真撮影つきの取材、朗読会、パーティと活動の場は拡大し、それをローラがスピーディという名のマネージャーに扮してサポートした。

当初は世間を騙すことにためらいを感じていたサバンナだったが、しだいにJ・T・リロイになってちやほやされることに快感を覚えるようになる。劇中描写では、サバンナがリロイのフリをしたのはごく短期間だったように取れるが、実際は２００１年から２００５年まで5年間にわたっていた。

偽装は徐々に綻びを見せる。電話やメールはローラが対応し、顔を合わせての取材などはサバンナが行うのだからギャップが出て当然。電話ではおしゃべりなのに、顔を合わせると無口なリロイに周囲は違和感を覚え始め、中にはレストランでウエイトレスとして働くサバンナがリロイにそっくりだと騒ぎ出す記者まで現れた。

決定的だったのは、2004年にJ・T・リロイの2作目『サラ、いつわりの祈り』がハリウッドで映画化されたことだ。劇中では、女優兼監督のエヴァが映画化権を得ようと色仕かけでサバンナを誘惑。バイセクシャルだった彼女はまんまと罠にかかり一夜を共にすることになっている。このエピソードは事実で、エヴァのモデルになった女優のアーシア・アルジェントは、サバンナと肉体関係を持ち、小説と同じ題名の映画の監督、主演を務めた。

不思議なのは、彼女が行為中になぜサバンナを女性と見抜けなかったという点だ。この疑問に、アルジェントは後のインタビューでこう答えている。

「(相手はローラだが)事前に電話で何度も親密に話し、自分には多重人格障害があると聞かされていたので少しおかしくても疑問に思わなかった」

いずれにせよサバンナは、この一件で心を乱され、J・T・リロイを演じ続けることに嫌気がさし、ローラとの関係を解消。2005年、『ニューヨーク・マガジン』誌がJ・T・リロイが書いた作品はローラ・アルバートによるものでないかとの記事を掲載し、翌2006年1月には『ニューヨーク・タイムズ』紙が後追いで、ローラがリロイの全ての本、記事、物語を書き、メールや電話もリロイ本人として対応していたことを暴露した。紙面には、取材に応じてローラがJ・T・リロイ名義の著作の作者であることを明らかにしたジェフの証言も掲載されており、その後、ローラ自らも捏造を認めるに至った。

劇中では一連の騒動によりローラは何の罪にも問われなかったように描かれている。が、事実は違う。J・T・リロイが架空の人間だと暴露される前に、映画監督のスティーブン・シャインバーグがリロイの小説に登場するサラを題材とした作品の製作を企画していた。話を受けたローラはこれを承諾し契約書にサイン。映画化の報酬として11万ドル（約１千２００万円）を受け取る。しかし、撮影前に事件が発覚したことで映画会社はローラを訴え、支払い済みの報酬と懲罰的損害賠償６千５００ドル（約70万円）、そして35万ドル（約３千９００万円）の弁護士費用を支払うよう要求。その後、両者は和解したと伝えられている。

事件後、ローラはジェフと別れ、映画やドラマの脚本を書いたり、カリフォルニア芸術大学の教鞭を執るなどして、現在は本人名義での執筆活動に就いている。一方、サバンナは大学卒業後、ダンスと武道を研究。自身の回顧録を原作とする映画「ふたりのJ・T・リロイ」には製作総指揮、脚本に名を連ね、現在は映画監督、彫刻家としても活躍中である。

事件発覚後、映画会社が損害賠償を請求

▶▼現在のローラ（右）とサバンナ。ローラの写真は2020年、日本での映画公開に合わせ来日した際に撮影されたもの

コンカッション

巨大組織NFLが闇に葬ろうとした「慢性外傷性脳症」の恐怖

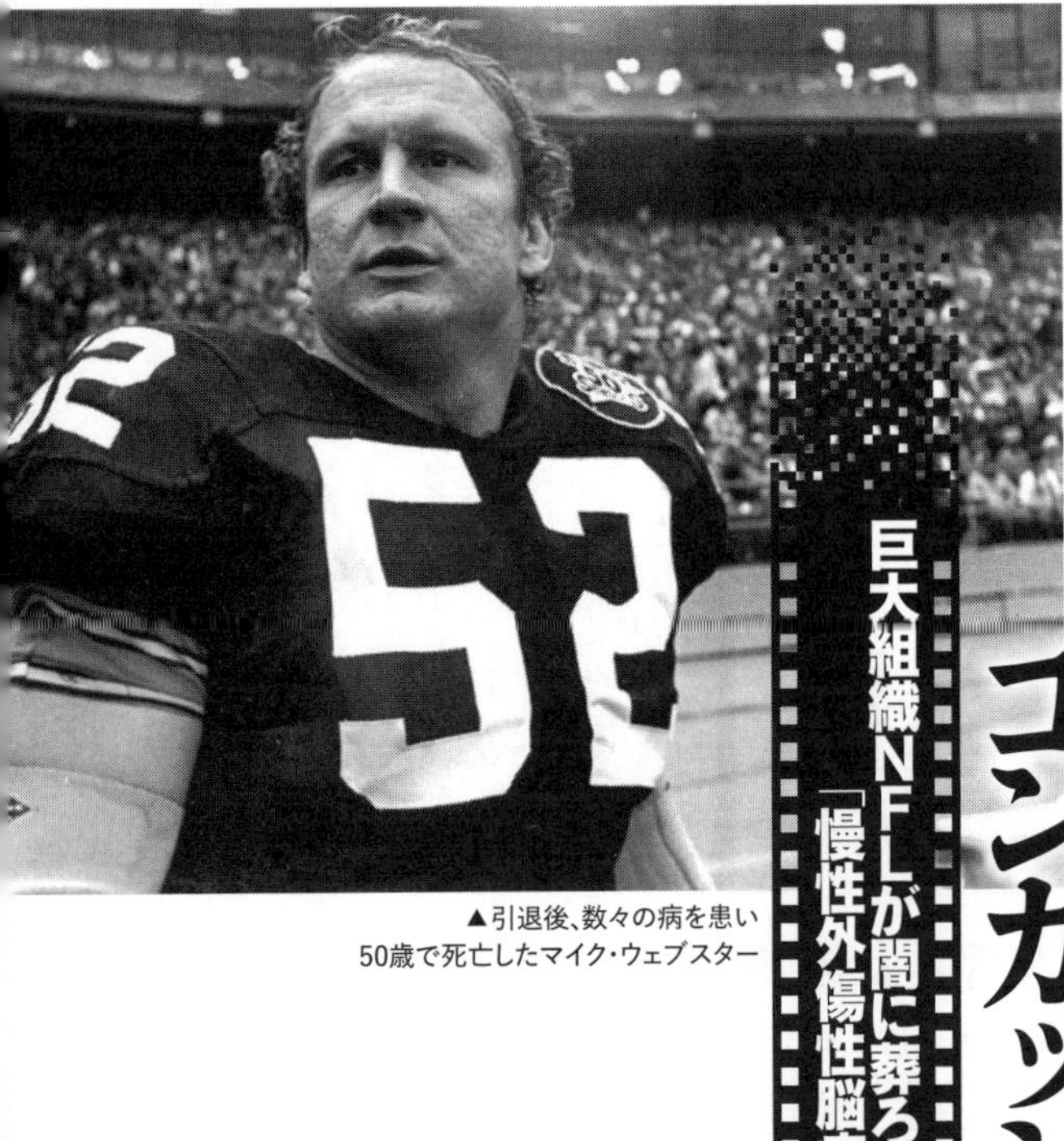

▲引退後、数々の病を患い
50歳で死亡したマイク・ウェブスター

アメフト元スター選手、マイク・ウェブスター死亡事件の真相

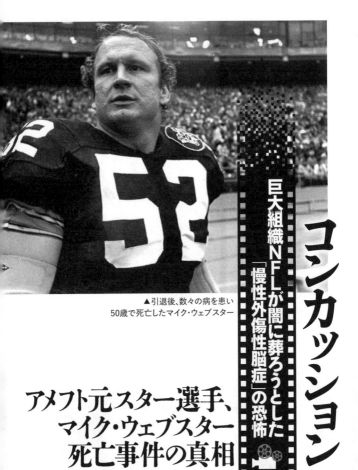

▲ウェブスターの遺体を検死した監察医ベネット・オマル本人（右）と、劇中で彼を演じたウィル・スミス。映画「コンセッション」より

２００２年、アメリカンフットボールの頂点ＮＦＬ（ナショナル・フットボール・リーグ）の元スーパースター、マイク・ウェブスターが50歳で亡くなった。直接の死因は心臓発作だったが、彼の遺体を解剖した監察医は、プレー中に繰り返される頭部への激しいタックルが原因で引き起こされる脳の病気「ＣＴＥ（慢性外傷性脳症）」を発見し、これがウェブスターの命を奪ったものと結論づける。２０１５年公開のアメリカ映画「コンカッション」は、その主張を真っ向から否定する大組織ＮＦＬの闇を描いた社会派ドラマである。

アメフトに馴染みの薄い日本ではあまり知られていないが、〝アイアン・マイク〟の愛称で親しまれたウェブスターは、ＮＦＬの大スターだった。１９７０年代から１９８０年代にかけて16年間プレーし、ピッツバー

コンカッション

2015／アメリカ／監督：ピーター・ランデズマン
アメリカンフットボール選手の引退後の早死と、現役中のプレーで脳に受けたダメージとの因果関係を明らかにしたナイジェリア人医師の実話を映画化。タイトルの「コンカッション」は脳震盪の意味。

グ・スティーラーズをスーパーボウル（NFLの優勝決定戦）の制覇に導くこと4回。1997年にはNFLの殿堂入りを果たした。

ただ、1990年に引退した後の彼の暮らしは悲惨の一言に尽きる。健忘症、うつ病、認知症、骨痛、筋肉痛を発症。精神的に不安定となり、金銭を浪費し、家や家族（妻と子供4人）を失い、浮浪生活をするまでに至った。

その様子がメディアで報道されると、心配した元チームメイトなどが住居提供を申し出たが、彼が定住の場を見つけることはなかった。映画の冒頭でも描かれるように、抜けた歯を接着剤で貼り付け、ガラスの割れた車に寝泊まりし、覚せい剤やスタンガンを当てることで痛みを紛らわせる生活を余儀なくされた。

いったい、ウェブスターに何があったのか。元国民的アスリートの転落ぶりを誰もが疑問に思うなか、2002年9月24日、彼は急死する（享年50）。

遺体はピッツバーグの検死事務所に運び込まれる。そこで解剖を担当したのが法医学病理学、神経病理学、解剖学、臨床病理学などの博士号を持つベネット・オマル（当時34歳）だ。

オマルは、認知症などの症状があったウェブスターが、脳挫傷やアルツハイマーはもちろん、通常の検死で何の異常も見られないのを不思議に思い、詳細な脳の組織分析を行う。ちなみに、その作業は必要経費として認められず、オマルは約200万円を自腹で負担したそうだ。

検査の結果、彼は新たな脳の疾患「慢性外傷性脳症」を発見する。一般に脳挫傷は60G（重力加速度＝物体に働く力の単位）で起きるのに対し、アメフトでのタックルは100G。それをウェブスターは7万回以上くらっているものと推測された。ボクサーにみられるパンチドランカー同様、度重なる前頭葉の損傷によってキラーたんぱく質が発生し、それが内側から精神を蝕ませていたのである。

映画では時間経過がわかりづらいが、オマルが上司で著名な法医学者シリル・ウェクト（1931年生）と連名で調査論文を発表したのは2005年のことだ。

オマルの目的は、あくまで自分の研究結果がアメフト選手の抱える危険を回避することにあった。対し、NFL側は彼の主張を真っ向から否定。論文の撤回を要求する。NFLはアメリカで最も成功しているスポーツビジネス。男同士の激しいぶつかり合いがあってこそ客は熱狂する。多少のリスクはあっても経済を優先す

▼左が正常な脳。右はサイズが矮小化し、形がゆがみ、空洞が目立つCTEが発症した脳

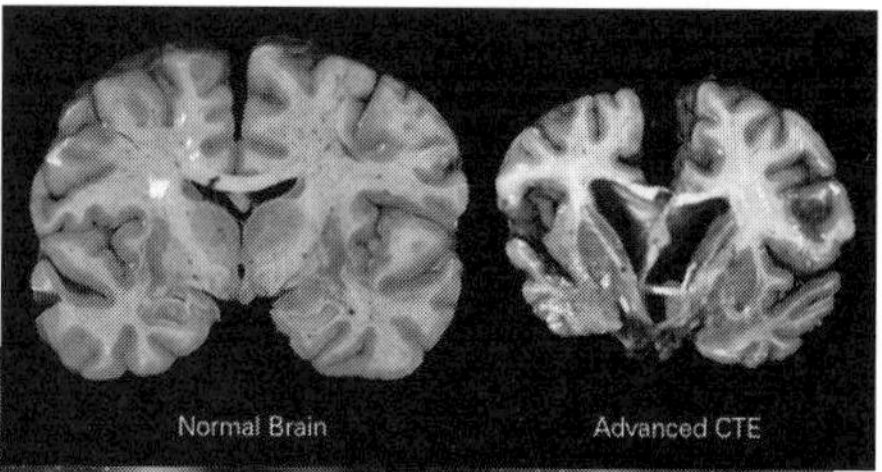

▼アメフト選手のぶつかり合いは脳震盪を起こす衝撃よりはるかに大きい。

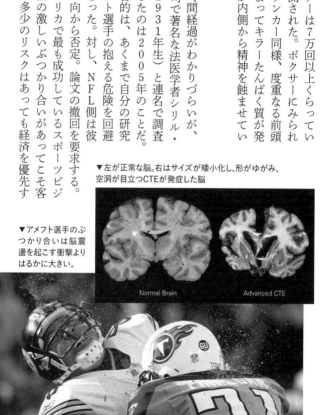

べきで、余計な口出しをするなというのが彼らの理屈だ。劇中で描かれるように、NFLがオマルを非難していく過程では、彼がナイジェリア出身だったことへの差別的な発言もあったという。

それでも、オマルは引退後うつ病を患い、2005年に凍結防止剤を飲んで自殺した元NFL選手テリー・ロング（死亡当時45歳）からもCTEのキラーたんぱく質が発見されたとして、2度目の論文を発表するが、NFLはまたも完全無視。どころか、FBIを味方につけ、オマルの上司ウェクトを84件の連邦条約違反で起訴する。容疑は公務以外で文房具、ファックスなどを私的に乱用したという、こじつけの罪。明らかな嫌がらせだった。

しかし、闇に葬りたいNFLの魂胆は、相次ぐ元アメフト選手の死亡で崩壊する。2003年、ニューヨークで警察と40マイルのカーチェイスを繰り広げた後に自動車事故で亡くなったジャスティン・ストルツェルチク（同45歳）、2006年に自殺したアンドレ・ウォーターズ（同44歳）、2008年に命を断ったトム・マクヘイル（同45歳）。いずれも、後の検査で現役時の脳の損傷が原因のうつ病やパニック障害を発症していることが判明したのだ。

極めつけは、シカゴベアーズの名選手として活躍、スーパーボウルの制覇も果たしたデイブ・デュアソンだ。彼は1993年に引退後、記憶障害を発症。2011年2月、50歳のとき胸を銃で撃って自殺するのだが、残された遺書に「自分の脳を調べてほしい」と記していた。劇中では、この一件が決め手となり、NFLがオマルの研究を重視、脳震盪委員会会議に彼を招くことになっているが、実際にはNFLは2009年12月の時点でCTEの存在を正式に認めていた。

　２０１５年4月、引退後にうつ病やアルツハイマー病を患った元選手や、自殺した元選手の遺族ら5千人が、その原因がプレイ中の脳震盪にあるとして起こした集団訴訟に対し、ＮＦＬは10億ドル（約1千１００億円）の賠償金を支払うことで和解した。が、一部の元選手らは、ＮＦＬはプレーの危険性を理解せず、安全策を講じていないと現在も批判を続けている。

　一方、２０１５年2月にアメリカに帰化したオマルは２０１６年、ＣＴＥの功績により米国医師会から最高の栄誉である功労賞を受賞。現在はベネット・オマル病理学会社の社長兼医療ディレクターを務めている。

CTE（慢性外傷性脳症）が遠因で元NFL選手たちが次々に自殺

▼トム・マクヘイル

▼テリー・ロング。写真は全て現役時のもの

▼デイブ・デュアソン

▲アンドレ・ウォーターズ

ストックホルム・ケース

犯人と人質の間に奇妙な信頼関係が

「ストックホルム症候群」の語源となったノルマルム広場強盗事件

▶主人公を演じたイーサン・ホーク。実際の犯人も銀行に押し入った際、サングラスとかつら、付け髭でアメリカ人を装っていた。拘束されているのが女性行員ビアンカ役のノオミ・ラパス。映画「ストックホルム・ケース」より

▲事件の舞台となった「クレジット銀行」の建物に銃を向ける狙撃兵

誘拐事件や監禁事件の被害者が犯人と長い時間を共有することで、両者の間に連帯感やシンパシーが生まれる――。一般に「ストックホルム症候群」と呼ばれる臨床心理用語は1973年、スウェーデンの首都ストックホルムで起きた「ノルマルム広場強盗事件」に起因する。銀行に押し入った犯人が紳士的な態度で接したことで、人質たちが彼らに心を寄せ、協力して警察に敵対したばかりか、解放後も犯人を庇う言動をとったのだ。

2018年公開の「ストックホルム・ケース」は、この事件を題材に、常識では到底信じられない被害者と加害者の奇妙な絆を描いた犯罪ドラマだ。

1973年8月23日、ストックホルム中心部のノルマルム広場に建つスウェーデン最大の金融機関の一つ「クレジット銀行」にサブマシンガンで武装した1人の男が押し入り、銃弾を天井に撃ち、こう言い放った。

「パーティはこれからだ！」

男の名はヤン＝エリック・オルソン（当時32歳）。イーサン・ホーク演じる映画の主人公ラースのモデルである、オルソンは16歳のとき武装強盗を働いて以来、塀の中と外を行き来していた悪党で、このときも1972年1月に生まれ故郷のヘルンシボリ（スウェーデン南部の

ストックホルム・ケース

2018／カナダ・アメリカ／監督：ロバート・バドロー
監禁・人質の被害者が犯人に連帯感や好意的な感情を抱く状態を示す心理用語「ストックホルム症候群」の語源となった、1973年発生のノルマルム広場強盗事件を題材とした実録犯罪ドラマ。

都市）で起こした窃盗罪で服役中の刑務所を仮釈放中の身にあった。この窃盗事件を報じた新聞記事で彼は小さな名声を得る。劇中でも語られているとおり、押し入った家に住む老夫婦の夫が心臓発作を起こしたため、妻に頼まれるまま薬を渡し夫の命を救ったのだ。

劇中、リースは通報を受け銀行に現れた警察官に発砲し手に怪我を追わせ、2人の女性行員と1人の男性行員を人質に取ったうえで、服役中の友人の釈放、米ドルで100万ドルの用意、防弾チョッキ、銃、逃走用の車を手配するよう要求する。

しかし、事実は多少異なる。オルソンが当初人質とした行員は9人。その日のうちに5人を釈放し、女性3人、男性1人の計4人を継続して人質として拘束した。要求した金額も100万ドルではなく、300万スウェーデンクローナ（現在の日本円で約3千850万円）だった。

また、オルソンが求めた友人の釈放要求を警察が飲み、銀行内で引き合わせたのも当日ではなく翌朝のこと。あくまでオルソンと警察との仲介が目的だったが、友人はそのまま行内に立て籠もることになる。

劇中、グンナーの名で登場するこの友人のモデルは、クラーク・オロフソン（同26歳）なる男。それまで殺人未遂、暴行、強盗、麻薬の取引など数々の犯罪を働き、当時は1966年に起こした強盗事件で懲役8年の刑を受け服役中だった。オルソンとは刑務所で知り合いとなっ

▼主犯のヤン＝エリック・オルソン（左）と、彼の要求で刑務所から釈放され犯行に加担したクラーク・オロフソン本人

たが、その関係は友人というより、年齢は6歳下ながら犯罪者として多くの経験を積んだ、オルソンにとっては尊敬すべき相手だった。

事件の様子はテレビ・ラジオで生中継され、人質の安否を気遣うスウェーデン国民は報道に釘付けとなった。しかし、事態は思わぬ方向に推移する。

警察が要求を受け入れ用意した逃走用の車に、犯人の2人は人質も同乗させるよう条件をつける。警察にとってこの要求は断じて飲めないものだった。そこで、オルソンが時のスウェーデン首相、オロフ・パルメに直々に「要求に応じなければ人質を1人ずつ殺害する」と脅迫の電話をかける。パルメ首相は断じて応じられないと要求を拒否したが、後日、人質の1人である女性行員クリスティン・エンマーク（同23歳）が改めて首相に電話をかけ政府と警察の対応を非難、自分たちも犯人と一緒に逃げる意思があると伝えてきた。

これを知った警察は当初、被害者が助かりたい一心で犯人の言いなりとなっているものと考えた。が、実情は違った。立て籠もりから少なくとも2日経った時点で、犯人と人質の間に連帯感が生まれていたのだ。

首相に抗議の電話をかけたクリスティン・エンマークは、

▼オロフソン（役名はグンナー）を演じたマーク・ストロング（左）とオルソン（役名はラース）役のイーサン・ホーク。映画「ストックホルム・ケース」より

劇中の女性行員ビアンカのモデルとなった人物だ。映画の中で、ラースは彼女に乱暴な言葉を一切使わず、その身を案じる夫に電話をかけることを許したばかりか、共犯のグンナーや他の人質とゲームに興じる。とても銀行強盗とは思えない態度に、やがて彼女はラースに心を許し、警察に要求を飲ませるため、防弾チョッキを着用したうえで射殺を偽装するラースの無茶な提案を受け入れ、最終的には彼に愛情を抱きキスをかわすまでの関係となる。

この辺りの描写は創作である。ただ、犯人の2人が声を荒げることもなく接し、トイレも自由に使わせ、人質たちが誤って警察に撃たれないよう注意を払っていたのも事実。客観的に考えれば、それでも加害者と被害者の関係は変わらないはずだが、時が経つにつれ彼らの間には摩訶不思議な信頼関係が築かれていた。

事件は発生から5日後の8月28日、ようやく解決する。犯人と人質たちが立て籠もった銀行内の金庫室の天井に穴を開け、警察が催涙ガスを注入したことで、犯人は自ら金庫室を脱出。その場で逮捕され、人質も解放される。このとき、人質たちは連行されていくオルソンとオロフソンを抱きしめ「また会いましょう」と声をかけたそうだ。

映画は、事件から数年が経ち、服役中のラースにビアンカが面会に訪れ言葉をかわすシーンで終わるが、これは正確な描写ではない。ビアンカのモデル、クリスティンがもっぱら面会に足を運んだ相手はオロソンではなくオロフソンだ。２０１３年のインタビューで、彼女は事件のことがいつまで忘れられないと同時に、オロフソンに愛情を抱いていたことを告白している。

ちなみに、クリスティンは事件の裁判に証人として出廷、その供述であまりに犯人らを擁護するため、彼女も犯行に加担したのではないかと疑われたそうだ。

裁判でオルソンは懲役10年の判決を受け、1980年に釈放。服役中は多数の女性からファンレターが届き、出所後、その中の1人であるタイ人女性と結婚し、15年間タイでスーパーマーケットを経営した後、地元のヘルシンボリに戻り、自動車修理店を経営。2022年12月現在、仕事は引退しているものの今も存命である。

一方、オロフソンは当事件での起訴は免れたが、以前の強盗事件により再収監され、1975年に出所。その後も強盗や暴行、密輸などで服役と出所を繰り返した後、2018年5月、自由の身となった。私生活では6人の子供を授かり、現在は妻とベルギーで暮らしているそうだ。

犯人を擁護する被害者行員に共犯の疑いが

▲▼警察が撮影した監禁中の女性行員。後ろの男性がクラーク・オロフソン。上は劇中で犯人たちに心を寄せるビアンカのモデルとなった行員クリスティン・エンマーク本人

ある女流作家の罪と罰

世間には公表できない本人のプライベートな事実を加筆

▲売れっ子伝記作家だった1980年当時のリー・イスラエル本人(左)。主人公イスラエルを演じたメリッサ・マッカーシー。映画「ある女流作家の罪と罰」より

▲イスラエルが著した伝記本。女優タルラー・バンクヘッド(左)、ジャーナリストのドロシー・キルガレン(中央)の本はヒットし評価されたが、化粧品ブランドメーカーの創設者エスティ・ローダーのことを書いた1冊(右)は暴露的な内容が酷評され、商業的にも大失敗に終わった

元売れっ子伝記作家、リー・イスラエル手紙偽造・売却事件

FILMS

2014年、アメリカで1人の女性作家が他界した。リー・イスラエル。伝記本の作家として名を馳せたものの、後年、金に困り有名人からの手紙を偽造し売りさばいていた人物だ。2018年公開の映画「ある女流作家の罪と罰」は、彼女の自叙伝『Can You Ever Forgive Me?（あなたは私を許せますか？）』を原作に、イスラエルが転落していく様を描いた人間ドラマだ。

イスラエルは1939年、米ニューヨークのユダヤ人の家庭に生まれた。1961年にブルックリン大学を卒業後、フリーランスのライターとしてキャリアをスタートし、1967年、有名男性誌『エスクァイア』に掲載された大女優キャサリン・ヘプバーン（1907—2003）のインタビュー記事で注目を集める。

1940年代から1950年代を中心に活躍していたセレブの女性に大きな関心を寄せるイスラエルは1972年、ハリウッド女優タルラー・バンクヘッド（1902—1968）の自伝を執筆し、これがヒットしたことを機に伝記作家へ転身。1980年に発表した、ジャーナリスト兼TVゲーム番組のパネリストとして人気を博したドロシー・キルガレン（1913—1965）の自伝は『ニューヨーク・タイムズ』紙のベストセラー欄に載るヒット作

Now a Major Motion Picture starring
Melissa McCarthy & Richard E. Grant
Lee Israel
Can you ever forgive me?
Memoirs of a Literary Forger

ある女流作家の罪と罰

2018／アメリカ／監督：マリエル・ヘラー
かつてベストセラー作家だったものの、落ち目となった挙げ句、金を得るため有名人、やセレブの手紙を偽造、売却していた女性作家リー・イスラエルの自伝を映画化。主演のメリッサ・マッカーシーがアカデミー賞をはじめ多くの映画賞の主演女優賞にノミネートされた。

となり、『トラ猫ミセス・マーフィ』シリーズの作家として人気のリタ・メイ・ブラウンが『ワシントン・ポスト』紙に御墨付の書評を寄せた。

こうして伝記作家としての地位を不動のものにしたイスラエルだが、1985年に出版した化粧品業界の大御所、エスティ・ローダー（1906－2004）の伝記でケチがつく。ローダーは、イスラエルが自分の経歴詐称を含む暴露本を出すのを嫌い、同時期に公式な自伝をぶつけてきたのだ。結果、イスラエルの本は酷評され、商業的にも失敗に終わる。

この一件で売れっ子作家としての彼女の生活は一変する。執筆の依頼は激減、アルコール漬けとなり、業界人の集まりに出かけ悪態をついては追い払われる。これが映画の冒頭で描かれるイスラエルの姿だ。


1992年までにイスラエルのライターとしての仕事は完全になくなっていた。家賃は滞納、飼っている猫の具合が悪くても医者に連れていくお金もない。イスラエルは、手持ちの品を売却して生活費を工面し、ついには、ヘプバーンをはじめとした有名人からもらった手紙をも売却する。と、これが思わぬ金を生む。悪魔が彼女に囁いた。自分宛に送られたものとして、著名人の手紙を捏造すれば、また金儲けができる。イスラエルはゴージャスに暮らしていた過去の暮らしが忘れられなかった。

とはいえ、イチから私信を作り上げるのは無理がある。さらに対象は、直筆ではなくタイプライターで書かれたものに限られる。考えた彼女が向かった先が図書館だ。有名人の手紙が掲載された資料を探すことが目的である。

イスラエルは貸り出した有名人の資料の中からいくつかの手紙を抜き取り、靴の中に隠して家に持ち帰った。ただし、それをそのまま売るような安易な真似はしない。コメディエンヌとして映画や舞台で活躍したファニー・ブライス（１８９１―１９５１）の手紙には下部に大きなスペースがあった。そこで、古いタイプライターを使い気の利いた文章を書き足した（これが彼女が犯した最初の偽造）。ちなみに、サインだけは直筆が前提となるが、これもイスラエルは資料の中の本文のサインを真似て書き、その腕前は後に彼女を逮捕したＦＢＩの捜査員が感心するほどレベルが高かったという。

映画では、イスラエルがタイプライターの前に座り、いとも簡単に偽造手紙を書いていたように思える。しかし、実際は緻密な作業の積み重ねだった。あちこちの図書館から手紙を盗ん

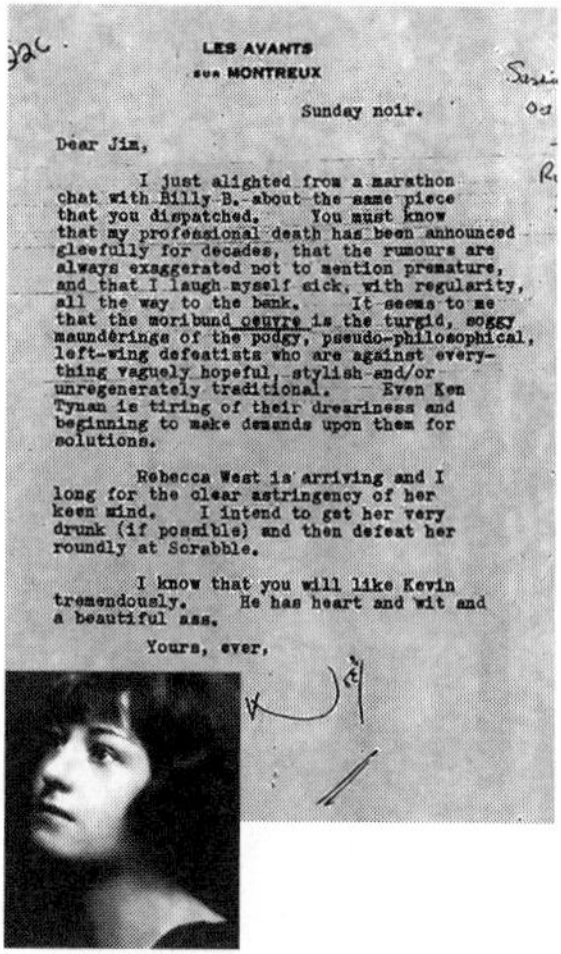

LES AVANTS
sur MONTREUX

Sunday noir.

Dear Jim,

I just alighted from a marathon chat with Billy B. about the same piece that you dispatched. You must know that my professional death has been announced gleefully for decades, that the rumours are always exaggerated not to mention premature, and that I laugh myself sick, with regularity, all the way to the bank. It seems to me that the moribund oeuvre is the turgid, soggy maunderings of the podgy, pseudo-philosophical, left-wing defeatists who are against everything vaguely hopeful, stylish and/or unregenerately traditional. Even Ken Tynan is tiring of their dreariness and beginning to make demands upon them for solutions.

Rebecca West is arriving and I long for the clear astringency of her keen mind. I intend to get her very drunk (if possible) and then defeat her roundly at Scrabble.

I know that you will like Kevin tremendously. He has heart and wit and a beautiful ass.

Yours, ever,

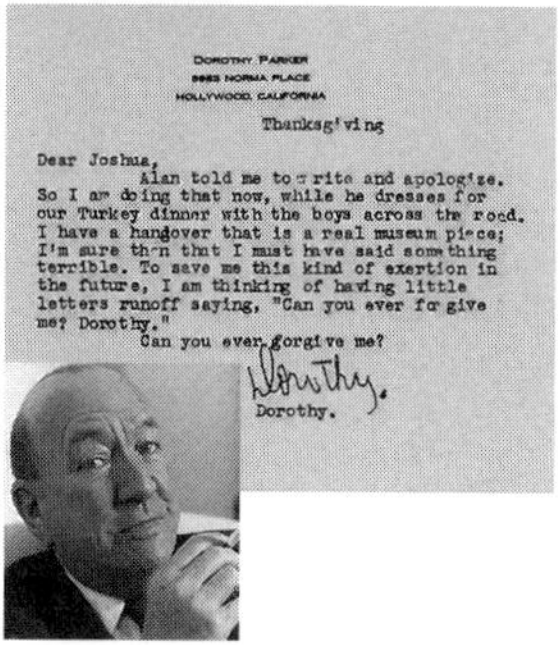

DOROTHY PARKER
HOLLYWOOD, CALIFORNIA

Thanksg'ving

Dear Joshua,

Alan told me to write and apologize. So I am doing that now, while he dresses for our Turkey dinner with the boys across the road. I have a hangover that is a real museum piece; I'm sure then that I must have said something terrible. To save me this kind of exertion in the future, I am thinking of having little letters runoff saying, "Can you ever forgive me? Dorothy."

Can you ever forgive me?

Dorothy.

▲イスラエルが捏造した手紙。上がアメリカの詩人ドロシー・パーカー（1893-1967）が自分に送ったとするもので、泥酔し暴れたことに対する謝罪が書き足されている。下は劇作家ノエル・カワード本人が出したとされる私信で、自分のセクシュアリティについて言及されている。サインもイスラエルが偽造したもの

では、自分で書いた偽造品を図書館に戻し本物を売却。さらには、借りた本と表紙と本文の間に挟まれている「見返し」と呼ばれる無地の用紙を切り取って持ち帰り、その紙が作られた時代に活躍していたセレブを探し出してニセの手紙を作り上げた。

また、劇中で偽造に使われたタイプライターも実際は1台ではなく、ウソが発覚しないよう時代ごとに人気のあった12台を用意、貸しロッカーで保管していたらしい。

肝心な手紙の内容に関しては、オタク気質で伝記本の執筆で評価を得たイスラエルにとってターゲットの情報をもとに本人が手紙にしたためそうなことを書くのは朝飯前。世間には公表できない本人のプライベートな事実を書き足すのが、高値で売るためのポイントだった。

イスラエルのビジネスは予想以上に好調だったが、時が経つにつれて捏造を疑われることが多くなっていく。例えば、イギリスの劇作家ノエル・カワード（１８９９―１９７３）がイスラエルに送ったとされる手紙には、彼がゲイだったことが記されている。しかし、カワードは自分のセクシャリティをひた隠しにしており、たとえ私信の中でもその事実を打ち明けることはないとの見方もあった。

もちろん、イスラエルは疑念を一蹴したが、噂は古物商の間で広まり、やがて彼らのブラックリストに掲載されることに。それでもイスラエルは友人の詐欺師ジャック・ホックとタッグを組み、闇市場でビジネスを続けていく。

犯罪がバレたのは、ホックが売りさばいた作家アーネスト・ヘミングウェイ（１８９９―

1961）の本物の手紙がきっかけだ。入手したディーラーがコロンビア大学所蔵のものと気づき大学に確認すると、図書館の手紙が偽造品と判明。最後にその資料を借り出したのがイスラエルだったことも特定された。

ＦＢＩに逮捕された彼女は全てを告白。1993年6月、連邦裁判所はイスラエルに対し、6ヶ月の自宅軟禁と5年間の連邦保護観察処分を言い渡し、アルコール治療プログラムに参加するよう指示した。

事件後、アメリカのほとんどの図書館は彼女を出入り禁止にしたが、2008年に出版されたイスラエルの自伝は大ヒットを記録。その後はひっそり暮らし、2014年12月24日、骨髄腫によりニューヨーク市で亡くなった。享年75。

生前彼女は、自分の代表作は偽造した手紙の数々だと豪語していたそうだ。それが証拠に、彼女が手がけた偽造手紙は回収しきれず、今も本物として高額で取り引きされているものも少なくないという。イスラエルが偽造・売却した手紙の総数は約400通。1通につき50～100ドルになったというから、最大でも儲けは日本円で500万円程度と推察される。

自分の代表作は偽造した手紙と豪語

▼晩年のイスラエル本人(右)と2008年に出版した自叙伝『can you ever forgive me』

Lee Israel
Can you eveR Forgive Me?
Memoirs of a Literary Forger
Now a Major Motion Picture starring Melissa McCarthy

ジョーンの秘密

35年間にわたりソ連に核開発情報を漏洩

FILMS

▶晩年のメリタ・ノーウッド本人（左）と、彼女をモデルにした主人公ジョーンを演じたジュディ・デンチ。映画「ジョーンの秘密」より

◀▼諜報活動に従事していた20代後半のメリタ。下は彼女の若い頃を演じたソフィー・クックソン。映画「ジョーンの秘密」より

イギリス人女性スパイ、メリタ・ノーウッド事件

２０１８年に公開された「ジョーンの秘密」は、80代でＭＩ５（英国軍情報部第5課）に逮捕された女性の半生を描いた伝記ドラマである。主人公ジョーンのモデルとなったイギリス人女性スパイ、メリタ・ノーウッドの驚愕の実話。

映画は２０００年5月、主人公ジョーン（演：ジュディ・デンチ）の自宅にＭＩ５の職員がやってくる場面から始まる。夫と死に別れ、仕事を引退。郊外で１人悠々自適の生活を送っていた彼女には人に言えない過去があった。

物理学を学んでいたケンブリッジ大学時代、ユダヤ系ロシア人の女友達と仲良くなり、彼女の従兄弟レオに恋をする。彼らは共産党集会に熱心に通っており、ジョーンもレオと一緒にいたい一心で付いていく。

大学を首席で卒業したジョーンが政府の原子力開発機関で働き出すと、熱心な勧誘が始まる。イギリスの核情報を提供してくれないか。彼らは、イギリスに潜入したＫＧＢ（ソ連国家保安委員会）のスパイだった。

最初は突っぱねていたジョーンだが、第二次世界大戦で原爆が広島と長崎に落とされ多くの被害者が出たことで気持ちに変化が生まれる。ソ連が西側と同等の知識を持たなければ世界大

ジョーンの秘密

2018／イギリス／監督：トレバー・ナン
ソ連へのスパイ容疑で逮捕された87歳の老女の数奇な半生を映画化。イギリス史上最も意外なスパイとされた実在の女性メリタ・ノーウッドの実話から着想を得た作家ジェニー・ルーニーによる小説『Red Joan』が原作。

戦がまた起きてしまうのではないか。こうして彼女のスパイ活動が始まる。

映画では、ジョーンがイギリスの原爆開発情報をソ連に流したのは、ごく短期間のように思える。それも自分から進んでの行動ではなく、あくまで恋人にそそのかされたような描写だ。が、事実は違う。

メリタ・ノーウッドは1912年、イングランド南部のボーンマス近郊の町で生まれた。彼女が6歳のときに結核で死んだ父親はラトビア人で、「十月革命」（1917年10月、ロシアで起きた労働者による武装蜂起）に触発され『南部労働者と労働社会主義ジャーナル』という新聞を発刊するほどの社会主義者。母親も左派の協力政党に加わっており、メリタの後の思想信条に大きな影響を与えた。

高校卒業後、入学したのは映画と違いサウサンプトン大学。ここでラテン語と倫理学を学んだものの1年で中退し、職を求めてロンドンへ。1935年、23歳のとき、共産主義者の科学教師と結婚し、自らも英国共産党に加入。党の有力者から推薦される形でKGBの前身であるNKVD（ソ連内務省）のエージェントになったのは、2年後の1937年のことだ。

ソ連側がメリタに期待したのは、イギリスの核兵器開発に関する情報である。彼女が1932年から勤務していた「英国非鉄金属研究協会」は劇中の主人公の職場同様、核技術開発を担っている政府機関で、会長秘書だった彼女はイギリスの原子爆弾計画「チューブ・アロイズ」に直接アクセスできる立場にあった。

金属研究協会の会長は、共産党員を公言していたメリタに情報が渡らないよう腐心していたという。が、彼女は1972年に職場を定年退職するまで、実に35年にわたってイギリスの核兵器開発計画に関する何百もの書簡や報告書などの極秘文書を撮影してはソ連側に横流しした。結果、ソ連の核兵器開発は2年早まり、ソ連は1958年、彼女に「労働赤旗勲章」（卓越した功績を達成した民間人に与えられる賞）を贈っている。

メリタの諜報活動は、映画とは違い当初から自分の意思だった。とはいえ、もし事が発覚すれば、国家反逆罪で死刑に処されてもおかしくない。それでも彼女が情報を漏洩し続けたのは「ソ連がイギリスやアメリカなど西側と肩を並べる手助け」をするためだったという。ちなみに、メリタは35年に及ぶ諜報活動で一切の金銭的見返りを得ていないそうだ。

メリタの〝秘密〟が露呈するは1999年。その7年前にイギリスに亡命した元KGB職員のワ

▼メリタが秘書として働いていた「英国非鉄金属研究協会」。イギリスの核技術開発を担う政府機関だった

シリー・ミトロヒン（1922年生）が暴露したKGBに関する機密文書の中に、メリタの資料が含まれていたからだ。

実は、MI5は彼女が熱心な共産党支持者だったことから、1965年の時点でスパイ容疑をかけていたが、自分たちの行動が露見することを恐れ尋問を控えていたそうだ。そして、諜報活動が明らかになった1999年の際にも、メリタが85歳という高齢だったことに加え、自分たちの調査活動を守るため、逮捕も取り調べも見送りとした。

もっとも、彼女は自分がスパイだったことが露見した事実を公にし、メディアに向け次のように述べている。

「私のやったことは決してお金を得るためではありません。多大なコストをかけて、普通の人々に食べ物と、彼らが余裕を持って暮らせるだけの賃金と、良い教育と公共医療を与えようという新しいシステムが打破されないよう手助けしたのです」

▼元KGBの職員ワシリー・ミトロヒン（2004年死去）。1999年、彼が機密文書をMI5に提供したことでメリタがスパイであることが発覚した。右はミトロキンの手書きによるイギリス人スパイに関するメモ

メリタはその後も自宅で静かに暮らし、2005年に老衰で亡くなった。享年93。

劇中で、主人公がケンブリッジ大学に通っていた設定になっているのには理由がある。実は1930年〜1950年代にかけ、KGBはケンブリッジ大生を狙って勧誘していたのだという。有名なのは「ケンブリッジ・ファイブ」と呼ばれる5人で、MI5や外務省、イギリス王室美術顧問などの職に就きながらスパイ活動を行っていたのが明らかになっているが、1人も逮捕されていない。ちなみに、ワシリー・ミトロヒンはメリタについて「ケンブリッジ・ファイブ以上に有益だった」と評しているそうだ。

逮捕はおろか取り調べもなし

▲1999年、自宅前で「ソビエト連邦のスパイとして働いていた」と報道機関への声明文を読みあげるメリタ（当時85歳）

◀"ドニー・ブラスコ"と名を変え、マフィア組織に潜入していたジョー・ピストーネ本人。写真は1977年、覆面捜査官とは知らずにFBIが撮影したもの

フェイク

ニューヨーク・ボナンノ一家の構成員として6年間

マフィアをはめたFBI捜査官ジョー・ピストーネの潜入ミッション

▲ブラスコ（ジョセフ・ピストーネ）をジョニー・デップ（左）、その兄貴分であるレフティをアル・パチーノが演じた。映画「フェイク」より

「インファナル・アフェア」（2002）、そのリメイク版である「ディパーテッド」（2006）など、警察官の潜入捜査を描いた映画は珍しくないが、ジョニー・デップ主演の1997年公開作「フェイク」は、実際にマフィア組織に潜入したFBI捜査官、ジョー・ピストーネの体験が基になっているいう点で特筆すべき作品だろう。ニューヨークマフィア五大ファミリーの一つ、ボナンノ一家に〝ドニー・ブラスコ〟の偽名でスパイとして潜り込み、彼らの大量摘発に貢献した捜査官の実話を紹介しよう。

映画は正体を偽り組織に潜り込んだピストーネと彼と友情を育むアル・パチーノ扮するレフティなる構成員との絆を軸に進んでいく。

劇中では省略されているが、ピストーネは1939年、米ペンシルバニア州に生まれた。州立の教育大学を卒業後いったん中学の社会科教師の職に就いたものの、長年の夢だったF

フェイク

1997／アメリカ／監督：マイク・ニューウェル
ニューヨークマフィアのボナンノ一家に“ドニー・ブラスコ”の変名で6年間潜入し、彼らの大量摘発に貢献した実在の元FBI捜査官、ジョー・ピストーネの実録手記『Donnie Brasco: My Undercover Life in the Mafia』に基づいたマフィア映画。

BI捜査官になるため資格を取り、1969年、30歳のとき正式職員として採用される。5年間、全米各地の支部で勤務した後、1974年、ニューヨークで貨物強奪犯捜査チームに異動。犯人グループ30人の検挙、100万ドル相当の車両摘発など目覚ましい成果を上げ、1976年、FBIエージェント（潜入捜査を専門に行うスパイ捜査班）に配属となる。

当時、ニューヨークではギャングによるトラック強奪が頻発していた。捜査は警察とFBIが合同で当たっていたのだが、その一環としてボナンノ一家への隠密捜査が決定。宝石鑑定能力に長けていたピストーネが、その道のプロフェッショナルという触れ込みで、組織の構成員レフティことベンジャミン・ルッジェーロ（1926年生）への接触に成功する。

その頃ボナンノ一家はソニー・ブラック（1930年生）とソニー・レッド（1931年生）の2人の幹部が勢力を争っており、レフティはブラックの手下。ピストーネは〝ドニー・ブラスコ〟としてレフティに可愛がられ、ビジネスパートナーとして組織の中で徐々に頭角を現し、やがてレフティを飛び越えブラックから目をかけられるようになる。この間、ピストーネがエージェントに組織構成や犯罪情報を流し続けていたのは映画のとおりだ。

こうした隠密捜査に就いたことで、彼の家庭は劇中同様、崩壊寸前まで追い込まれる。滅多に帰らない夫に妻は呆れ果て、不幸にも交通事故で重傷を負う悲劇に見舞われている（このエピソードは劇中には出てこない）。

やがてピストーネは、マイアミにカジノ店を開き一儲けを企んでいたブラック一派をおびき寄せるため、ＦＢＩに囮の客船を用意させ船上パーティを実施する。が、作戦に実施した船が、かつてＦＢＩが囮捜査に使われていたことにレフティが気づく。レフティには、それが信頼すべき〝ブラスコ〟の計画によるものとまでは見抜けなかったものの、ＦＢＩはピストーネに危

▼実際のブラスコ(左)とレフティことベンジャミン・ルッジェーロ

▼ボナンノ一家の大幹部、ソニー・ブラックことドミニク・ナポリターノ本人(右)と、劇中で彼を演じたマイケル・マドセン

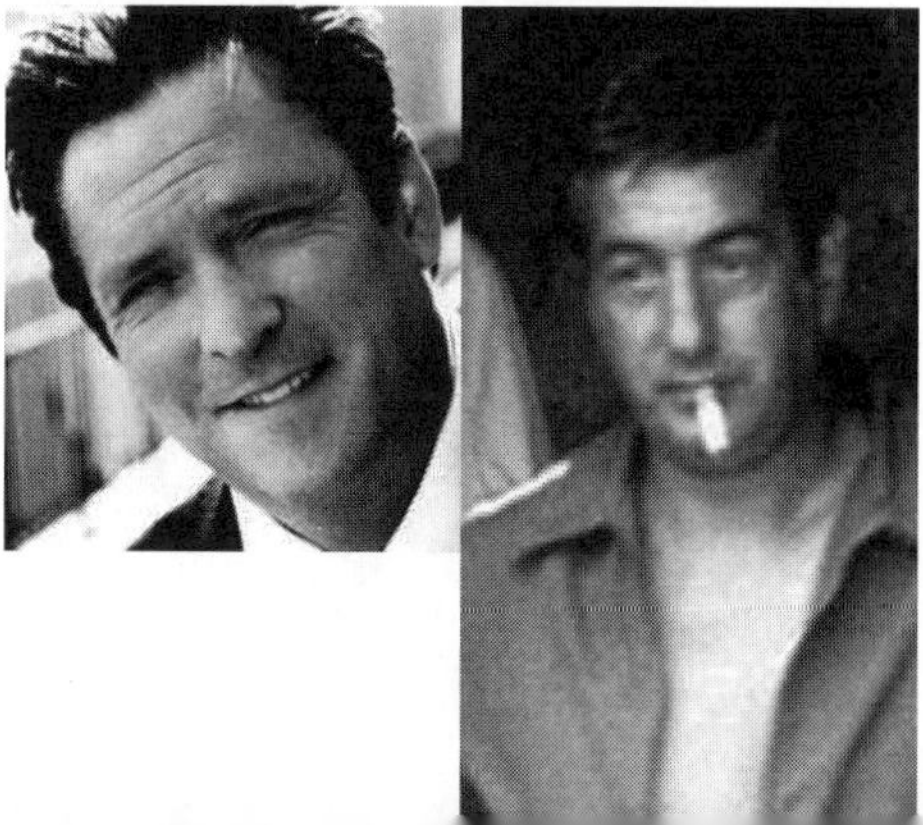

険が迫っていると判断し、ブラックのカジノ店オープン当日に突入を敢行。これにてピストーネの隠密作戦は終了する。1981年6月。潜入生活は6年に及んでいた。

映画の最後、組織にFBIを潜入させた責任でレフティが仲間から消される（と思わせる）描写があるが、事実は違う。レフティは店の摘発後、逮捕され懲役20年の刑を受け1994年に獄死。一方、ブラックはブラスコの正体が判明した直後に行方不明となり、1981年、両手が切断された死体で発見された。映画では〝ブラスコ〟と友情を築いたのはレフティかのように描かれているが、実際はブラックとの絆の方が深く、その罰としてブラックは組織から容赦のない粛正を受けたのだ。

ピストーネは公判で証言、ボナンノ一家の幹部を数多く逮捕に追い込み、組織を弱体させることに成功。1983年、功績を讃えられ、FBI司法長官功労賞を授与される。映画ではこ

▶1981年、逮捕時のレフティ（ベンジャミン・ルッジェーロ）。映画が公開される3年前の1994年、獄中で死亡した

の場面、ピストーネが友情を育んだレフティのことを思い複雑な表情を見せるが、実際は「プロフェッショナルとして人生最高の瞬間を迎えた」と感激していたのだという。

一方で彼はマフィアから50万ドルの懸賞金がかけられ、長らく命を狙われることになる（懸賞金は後に取り下げ）。そして出廷・証言が続いていた1986年、FBIを退職し、映画の原作となる本『ドニー・ブラスコ』を出版。その後は、証人保護プログラムの適用を受け変名、変装を余儀なくされながらも、マフィア映画のプロデュース、各国警察の組織犯罪対策のコンサルタントなどを務めている。

▲ピストーネの近影。自身の体験を基にした2006年のマフィア映画「狼の街」では製作総指揮を務めた

潜入捜査終了後、マフィアから50万ドルの懸賞金をかけられ暗殺のターゲットに

アンストッパブル

時速100キロで市街地の急カーブへ

FILMS

映画「アンストッパブル」より
©2010 TWENTIETH CENTURY FOX

▲暴走中の「クレイジーエイツ」ことCSX8888号（実際の写真）

毒物を積んだ無人列車「クレイジーエイツ」暴走事故

2010年に公開されたアメリカ映画「アンストッパブル」は、無人の暴走機関車を止めるべく、2人の鉄道員が命がけで闘う姿を描いたアクションドラマだ。映画のモチーフになった列車事故がある。2001年、米オハイオ州で毒物を積んだ無人列車が2時間以上にわたり暴走を続けた、通称「クレイジーエイツ」暴走事故だ。

2001年5月15日12時過ぎ、米オハイオ州トレド郊外のワルブリッジにある列車操車場・スタンリーヤードにて、勤続35年のベテラン機関士がディーゼル機関車CSX8888号と47両の貨車を、仕分線から出発線に入れ替える作業を行っていた。

機関士は列車を発車させた後、進行方向のポイントの向きが間違っていることに気づき、空気ブレーキを作動させたが、ポイントまでに止まり切れないと判断。ブレーキをかけたまま機関車がポイントに到達するまでに飛び降りて走り、ポイントを切り替えてまた運転席に戻ろうとした。このときの機関車の時速は約13キロ。機関士はさらにブレーキをかけるため、ダイナミックブレーキを最大まで動作させてから機関車から飛び降りた。

しかし、機関車に空気ブレーキはかかって

アンストッパブル

2010／アメリカ／監督：トニー・スコット
2001年5月、米オハイオ州で実際に起こった史上最悪の列車暴走事故を水際で食い止めた鉄道員たちの活躍を描くアクション映画。撮影は、実際に時速80キロで走る列車の上で行われた。通算5回目となる監督トニー・スコットと俳優デンゼル・ワシントンのコラボレーション作品でもある。

▼主役の機関士はデンゼル・ワシントン（右）、車掌をクリス・パインが演じた。映画「アンストッパブル」より
©2010 TWENTIETH CENTURY FOX

いたものの、入れ替え中のため貨車にはブレーキホースが接続されておらず、列車は減速するどころかスピードを加速。機関士が大慌てで車両に飛びかかったが、運悪く連結部に足を巻き込まれ重傷を負ってしまう。

12時35分、CSX8888号の時速は113キロにまで達しった。車両の一部には大量の有毒物質が積み込まれており、その先にある人口1万5千人の町ケントンの急カーブに差しかかれば脱線は確実。住民を巻き込む大惨事になる可能性も十分考えられた。

13時、事態の深刻さを知った鉄道会社と地元警察は急カーブまで残り80キロ（時間にして残り約60分）の地点で、機関車の緊急停止用非常スイッチを狙撃し列車を停止させることを決定。13時30分、フィンドレイの踏切で警官2名が、少しでも当たるようにと至近距離からショットガンで狙撃したが、非常停止スイッチはわずか3センチの幅しかなく、さらに8888号の速度がこの時点で約70キロだったため、作戦は失敗に終わる。

13時35分、あらかじめ待避線の切り替えポイントに先回りしていた機関士が、周囲に人気がなく脱線・爆発しても被害が最小限に抑えられる場所で列車を脱線させ停止させようと試みるも、またもや失敗。すでに急カーブまでに残り30キロ（時間にして約20分）。ケントンの町では避難誘導が始まった。

この後、映画では、現場に居合わせたデンゼル・ワシントン演ずるベテラン機関士と新米車掌が、鉄道会社の制止を振り切り、決死の覚悟で暴走列車を追う。が、実際は、たまたま近くの側線に避難中の鉄道員2人が、

他の列車に追跡させ車両の最後尾を繋げる前代未聞の作戦敢行

▲2つの列車の最後尾を繋げる停止作戦を再現した劇中シーン。映画「アンストッパブル」より

会社から指令を受けたものだ。車掌のテリー・ファーソン（当時40歳）と、機関士のジェフ・ノールトン（同57歳）。劇中とは異なり、両者共にベテランの鉄道員だった。

大惨事を回避すべく、鉄道会社が2人に命じた作戦は過去に例のないものだった。暴走列車の背後から貨物列車「Q96号」で接近し、最後尾の車両を連結。その状態でフルブレーキをかけ、力尽くでスピードを落とすというものだ。タイミングを誤れば8888号もろとも転倒しかねないが、他に方法はなかった。

事故発生から90分後の14時5分、ノールトンはQ96号を時速100キロで走らせ追跡開始。急カーブまで10数キロ手前の地点で、どうにか暴走機関車の姿を捉える。残された時間は7分しかない。彼は、小刻みな減速を繰り返しながらターゲットへ接近。と同時にファーソンが運転席を飛び出し、後部のラッチを繋いだ。

◀デンゼル・ワシントンを中央に、モデルとなった元機関士のジェフ・ノールトン（左）と、元車掌のテリー・ファーソン。

果たして、作戦は一発で成功し速度は瞬く間に平均時速20キロまで低下。列車は、無事に急カーブを曲がりきった。映画では、ここで新米車掌がいったん列車と併走するオープンカーへ移り、その足で8888号の先頭車両へ飛び移ってブレーキレバーを引く。しかし、実際に列車を止めたのは、ジョン・ホスフェルド（同62歳）なる第三の男だ。ローカル線の列車長だったホスフェルドは、その日、鉄道会社からの依頼を受け、車で暴走機関車を追っていた。そして、ノールトンの作戦が成功したのを確認するや、車から列車に飛び乗ったのである。

14時30分、前代未聞の暴走事故は、かくして1人の死者も出さずに収束。作戦の一部はテレビで生中継され、メディアはCSX8888号に「クレイジーエイツ」という呼び名をつけた。

▶惨事を回避させた直後のファーソン

ハスラーズ

泥酔した客のクレジットカードでボッタクリ

ニューヨーク ストリッパー集団昏睡強盗事件

▲▼大金を手にして乾杯する4人組(上)。ジェニファー・ロペスが人気ストリッパーを演じた。映画「ハスラーズ」より

２０１４年、米ニューヨークのストリップクラブで働く女性たちが裕福な男性客たちを騙し、大金を巻き上げる驚愕の事件が発覚した。２０１９年公開の「ハスラーズ」は、この実話をベースに描かれたクライムムービーで、主演のジェニファー・ロペスがキャリアベストの芝居で観る者を魅了した。

２０１４年6月11日、米ニューヨーク市のクラブで男性に薬物を投与、クレジットカードの不正使用で数千ドルを詐取したとして、サマンサ・バーバッシュ（逮捕時41歳）、ロージィ・ケオ（同31歳）、マルシ・ローゼン（同29歳）、カリナ・パスクッチ（同27歳）の4人が起訴された。

彼女らは、ニューヨークのクラブでポールダンスを踊るストリッパー。ただ劇中とは異なり、サマンサは当時、マンハッタンのチェルシー地区にある「スコア紳士クラブ」（通称スコア）のホステスだった。

映画は、そのサマンサ（役名はラモーナ。演：ジェニファー・ロペス）と後輩のロージィ（役名はデスティニー。演：コンスタンス・ウー）を主人公に物語が展開していく。

ロージィは子供の頃にカンボジア移民の母に捨てられ、祖母のもとで育った。劇中では高

ハスラーズ

2019／アメリカ／監督:ローリーン・スカファリア
リーマン・ショック後のニューヨークで実際に発生した、ストリッパーによる昏睡強盗事件を描いたクライム・サスペンス。女性ライターのジェシカ・プレスラーが当事者や警察を取材し書き上げたノンフィクション『The Hustlers at Scores』が原作。

▲昏睡強盗グループのリーダー、サマンサ・バーバッシュ本人(右)と、演じたジェニファー・ロペス

▲サマンサの片腕、ロージィ・ケオ本人(右)と、演じたコンスタンス・ウー

▲実行犯のカリナ・パスクッチ(役名はアナベル)本人(右)と、演じたリリ・ラインハート(左)

▲カリナと同じく実行犯のマルシ・ローゼン(役名はメルセデス)本人(右)と、演じたキキ・パーマー

校中退後、祖母を介護するためレストランのウエイトレスとして働き、さらに稼げるストリップクラブに入ることになっているが、実際には祖母は彼女が16歳のときに死亡。その後、大学に通いながらレストランでアルバイトしていたとき、店を訪れた客でストリップクラブのオーナーからスカウトされポールダンサーとなった。2007年のことだ。

そこで出会ったのが10歳上のサマンサである。彼女は19歳のときからポールダンサーとして働くベテランで、ロージィをことさら可愛がった。

ストリップクラブのホステスに固定給はなく、自分の客が使った金額の数割が懐に入る完全歩合制だ。映画同様、ロージィが勤め始めた頃は景気が良かったものの、交際相手との間に娘を妊娠し仕事から身を引いていた間にリーマン・ショック（２００８年9月）による世界的金融危機が巻き起こる。それでも、交際相手と別れ子供を１人で育てていたロージィが生活費を稼ぐ手段はストリップ以外になく、再びクラブに舞い戻る。２０１２年、店からは客足が遠のき閑古鳥が鳴いていた。

そこで、悪巧みを企んだのが、すでにストリッパーを引退し、スコアで働いていたサマンサである。店で金持ちの男性客を深酔いさせ、クレジットカードで多額の飲み代を支払わせる〝釣り〟で荒稼ぎを画策したのだ。早い話が昏睡強盗である。

さっそく、サマンサはストリッパー時代から蓄積した常連客に向け、仲間に引き入れた若くてセクシーなストリッパーのマルシやカリナの写真を添えスコアに来るよう営業メールを送信。誘いに乗った客を薄暗い光とガンガン音楽の流れる個室に招き入れ、高額のシャンパンやテキーラをどんどん注文させた後、ストリップクラブに連れて行きさらに金を使わせる。が、酒を飲まなかったり、飲んでも自分のペースを全く崩さない男性に対しては効果がないことから、手っ取り早く客の意識を朦朧とさせるため、ケタミンとＭＤＭＡを混ぜた合法麻薬を酒に入れた挙げ句、客の服を脱がせ泥酔する姿を写真に撮った。

映画でも描かれるとおり、彼女たちの〝釣り〟はどんどんエスカレートし、セックスをリクエストする客に応えるべく、売春婦を求人広告で募集。ロージィが彼女たちに上品な服を買い、マナーや立ち居ふるまいを教育した。

ただ、劇中では一連の犯行が全てサマンサの発案のように描かれているが、実際に手順をビジネス化したのはロージィで、特に支払いの際に利用する客のクレジットカードには細心の注意を払った。

北米では、クレジットカードで高額の支払いが生じた場合、すぐにカード会社から本人確認の連絡が入り、カード番号の下4桁、母親の旧姓、最後にカードを利用して購入したもの、購入場所、購入金額などを聞かれることになっている。逆に言えば、この質問に答えられないと支払い手続きが完了せず、カードが利用停止となってしまう。そこでロージィはカード会社に自ら電話をかけ、ハイになった客から必要情報を聞き出し、確認手続きを済ませたそうだ。

彼女たちの悪どい商売は、クインズにあるクラブ「ロードハウスニューヨーク」のマネージャーを仲間に引き入れたことで、さらに売上が増加。客のクレジットカードを限度額いっぱいまで不正操作するようになる。

さすがにそんな目に遭えば、客は警察に駆け込みそうだが、大半は薬と酒で潰れてしまい、翌朝、目が覚めても前夜のことは思い出せない。何があったのか尋ねてくる客には、裸の写真を送信。それでも文句を言ってきた場合は「奥さんや会社の人が見たら……」と脅しまがいのメールを送れば、誰もが口をつぐんだという。

しかし、黙らなかった客が2人いた。1人は、ハリケーンで家を壊され、妻に逃げられた男性だ。自閉症の子供を抱えるシングルファーザーで、1万7千ドル（約180万円）の請求に驚き、警察に直訴。また、1万3千500ドル（約150万円）を請求された心臓病専門医も支払いを拒否し、警察に届け出た。

これを受け、警察が動き、2014年6月9日、サマンサら4人と、ロードハウスニューヨークのマネージャーの5人が陰謀、大規模な窃盗、偽造、暴行などの容疑で逮捕される。ちなみに、劇中でサマンサは街のATMに出向き、現金を引き出し振り向いたところ警官が包囲しており、現金を持ったまま手を上げ逮捕されるが、このシーンは完全に事実に即している。

映画は、「ストリッパーがウォール街の裕福なサラリーマンから大金を奪う」と宣伝されたが、実際に彼女たちの被害者となったのは、銀行家やファンドマネージャーだけでなく医者、不動産屋、弁護士など手当たり次第で、2013年9月から12月の4カ月間で20万ドル（約2千200万円）を荒稼ぎしたそうだ。

その後、ロージィは司法取引により刑務所入りを免れたばかりか罪状も認否。対し、サマンサは有罪を認めたうえで司法取引に臨んだものの、5年間の保護観察処分となった。また、実行部隊のマルシとカリナは4ヶ月の懲役と5年間の保護観察、マネージャーにも3年間の保護観察処分が下された。

ATMで金を下ろした直後に逮捕

▶サマンサ役ジェニファー・ロペスの逮捕シーンは事実に基づき描かれた。映画「ハスラーズ」より。左はモデルとなったサマンサ・バーバッシュが実際に逮捕・連行された際に撮られた1枚

ディア・ブラザー

賠償金を巡り家族間で骨肉の争いが発生

FILMS

妹が兄の冤罪を晴らしたマサチューセッツ強盗殺人事件の意外すぎるその後

▶2001年6月、無罪を勝ち取り釈放となったケニー（左）と妹のベティ・アン本人

▲ヒラリー・スワンク（左）が妹、サム・ロックウェルが兄を演じた。映画「ディア・ブラザー」より

「ボーイズ・ドント・クライ」（1999）と「ミリオンダラー・ベイビー」（2004）で二度、アカデミー主演女優賞に輝いたヒラリー・スワンクがヒロインを演じた2010年公開のアメリカ映画「ディア・ブラザー」は、身に覚えのない殺人罪で終身刑に服した兄の冤罪を、自ら弁護士になった妹ベティ・アン・ウォーターズが18年の歳月をかけて晴らす実話に基づいた作品だ。

〝兄妹の絆〟。正義を追究する強い信念。映画は観る者の心を揺さぶる一級の人間ドラマに仕上がっているが、本作を観たベティ・アン・ウォーターズの他の兄妹は怒り狂った。劇中で描かれているのは、あまりに事実とかけ離れた〝ファンタジー〟だというのである。

1980年、米マサチューセッツ州の片田舎で強盗殺人事件が起きる。1人の女性が自宅のトレーラー内で刺殺され、金品が盗まれたのである。この事件の犯人として疑われたのが、ベティ・アンの兄、ケニーだった。

被害者はケニーの隣家に住み、彼の勤務先のレストランをたびたび訪れては自宅に現金や宝石を保管していることを吹聴していた。現場に残された加害者のものと思われる血痕がケ

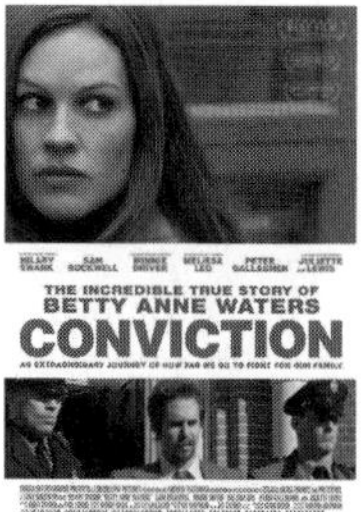

ディア・ブラザー

2010／アメリカ／監督：トニー・ゴールドウィン
殺人罪で収監された兄の冤罪を晴らすため、18年間をかけ再審のすえ兄の無罪を勝ち取った実在の女性弁護士ベティ・アン・ウォーターズの半生を描いた人間ドラマ。日本では劇場公開されていないビデオスルー作品。

▲兄の冤罪を晴らすべく、証拠集めに奔走する妹役のヒラリー・スワンク（右）。映画「ディア・ブラザー」より

ニーと同じO型だったのも災いし、警察はケニーを犯人と決め付け執拗に取り調べる。が、確たる証拠は見つからず、事件はお蔵入りになったかにみえた。

しかし、その2年後、突然ケニーは逮捕される。なんと、ケニーの当時のガールフレンドが「ケニーが女性を殺したと自分に告白した」と名乗り出たのだ。この証言が決定的な証拠としてケニーは第1級殺人事件と武装強盗で有罪となり、仮釈放なしの終身刑が言い渡される。

控訴審でも敗訴し、家族が絶望するなか、兄の無実を一寸たりとも疑わず、自ら兄を救う決意をするのが、7人兄弟の中で特に仲が良かったベティだ。彼女は12年をかけ大学を卒業してロースクールに進学、生活全てを兄優先とした。そのため夫が愛想を尽かし2人の子供を連れ家を出ていってしまうが、それでも彼女は挫けず、42歳で司法試験を突破して弁護士に転身する。

果たして、ベティは加害者の血痕とケニーのDNAが一致しないことを突き止め、再審で無罪を勝ち取る。映画は、ベティと18年ぶりに釈放されたケニーが実家の庭で肩を寄せ、喜び合うシーンで幕切れとなる。

物語は実に感動的だが、その後、当事者には修羅場のような現実が待っていた。

釈放後、ケニーはしばらくベティの家で一緒に暮らしたものの、すぐに折り合いが悪くなり、下の妹キャロラインの家へ移り住む。そして、事故は起きる。2001年9月、近道すべく5メートルの塀を乗り越えようとして落下し頭蓋骨を骨折。そのケガがもとで翌年2月に死亡してしまったのだ。自由になってからたった半年後のことだった。

一方、ベティは、兄が亡くなってから州や警察を訴え障害賠償金を請求し、加えて、映画化されたことで数百万ドルを手に入れる。この大金が家族をバラバラにした。最後にケニーの面倒をみたキャロラインによると、映画のように何度もケニーの面会に出向き、頻繁に手紙のやりとりをしていたのは彼女で、その間、ベティは兄に見向きも

▲子供の頃は仲の良かった7人の兄妹が、冤罪が証明されたことをきっかけにバラバラになった（後列右がベティ、前列左から2人目がケニー）

▲ベティ・アン・ウォーターズの近影。賠償金をもとに「イノセント・プロジェクト」を設立。兄ケニーのように無実で苦しむ人たちの手助けをしているそうだが…

しなかったらしい。
それればかりか、ベティは賠償金を勝ち取ると、ケニーのために全財産を使い果たした母親にも、がんで闘病中の弟ジョンにも、お金を分配することはなく、家族間で大問題に発展。映画の公開で再び事件が注目されたことを受け、キャロラインは全国ネットのTVで、訴訟を考え弁護士と相談中だと発言したが、その後、事の収束を伝える報道はない。

本作では、警察の捜査のでたらめさ加減にも驚く。ケニーが冤罪だったことが証明されたことで、彼を逮捕した女性警官ナンシー・テイラーがケニーのアリバイを示す証拠を隠し、元のガールフレンドを脅して偽証を強いたことも明るみに出た。しかし、ケニーが釈放された2001年3月の時点で、すでに時効が成立しており、彼女には一切お咎めがなかった。ちなみに、このナンシー、実は警察署長の秘書で、事件捜査の経験などないド素人だったというから呆れるほかない。

捜査経験のない女性警察職員が証拠を隠滅し、偽証を強制

▲無罪と知りながらケニーを逮捕したナンシー・テイラー（右）。劇中では女性巡査の役柄だが、実際は警察署署長の秘書で、捜査経験もなかった
▼テイラーを演じたメリッサ・レオ。映画「ディア・ブラザー」より

工作　黒金星と呼ばれた男

核開発の実態を探るため北朝鮮に潜入

金正日と面談した韓国人スパイ「ブラック・ヴィーナス」の真実

▶名優ファン・ジョンミンが主人公のスパイを演じた。映画「工作　黒金星と呼ばれた男」より

▶1900年代後半、北朝鮮国営の「高麗航空」で北京とピョンヤンを行き来していた当時のパク・チェソ本人（映画の主人公のモデル）

FILMS

2018年公開の「工作　黒金星と呼ばれた男」は、世界で最も成功したスパイと称された韓国人工作員「黒金星」の暗躍を描いた実録ドラマだ。核開発の実態を探るため北朝鮮に潜入、最高指導者の金正日《キムジョンイル》にも直接面会した実在のスパイ、パク・チェソの諜報活動は驚愕に値する。

映画の舞台は、1990年代初頭の朝鮮半島。南北両国は1991年に国連同時加盟を果たし、翌1992年には「南北非核化共同宣言」に合意、半島の平和と統一に向かって歩み出す。

ところが、北朝鮮は1993年、「NPT（核不拡散条約）」からの脱退を表明するなど、核をタテに韓国を揺さぶり始め、水面下で、北の核開発を巡って熾烈な諜報合戦が繰り広げられることになる。

韓国の情報局とでもいうべき国家安全企画部（安企部）は、100万ドル（約1億円）の賄賂で中国の物理学者を買収し、北朝鮮が2機の低出力核兵器を装備している事実を掴む。が、詳細を知っているのは当時の最高指導者、金正日と限られた側近のみ。実態を把握するには、誰かを北に送り込むしか方法はない。そこで白羽の矢が立ったのが、劇中でファン・ジョンミン演じる情報部隊の将校のモデルとなったパク・チェソで

工作 黒金星と呼ばれた男

2018／韓国／監督：ユン・ジョンビン
北朝鮮の核開発をめぐり緊迫する1990年代の朝鮮半島を舞台に、北への潜入を命じられた韓国人スパイの命をかけた工作活動を描くサスペンスドラマ。韓国で最も栄誉ある「青龍映画賞」で最優秀監督賞など3部門を受賞した。

ある。彼は当時40歳。安企部で諜報活動に携わり「黒金星（ブラック・ヴィーナス）」のコードネームを持つ凄腕のスパイだった。

半島での戦争を回避するため必要な任務だと捉え、この指令を受諾したパクは劇中で描かれるとおり、まずは準備段階として新たな身分の裏付け工作を行う。軍を除隊し、酒に溺れ。ギャンブルに入れ上げ、知人に借金しまくった結果、自己破産。そんな生活を1年以上送った後、中国に飛んだ。

▲北朝鮮の高官を演じたイ・ソンミン。映画「工作　黒金星と呼ばれた男」より

▼1997年、ピョンヤンにある金正日の像の前にて

▲実業家を装い、北朝鮮側に広告キャンペーンについて説明するパク・チェソ（写真を持っている男性）。

貿易商になりすまし北京に事務所を構えたのが1995年。当時、韓国は北朝鮮に対して非課税だったため、中国品を北朝鮮品と偽装し利ザヤを稼ぐ手口が横行。北朝鮮も北京に駐在員を置き、国をあげて外貨獲得に注力していた。

パクは、羽振りのいい実業家を装い北の高官に接触する。劇中では、北朝鮮の窓口である対外経済委員会のリ・ミョンウン所長（演：イ・ソンミン）と交流するうちに彼の信頼を得て、南北を超えた友情が芽生えることになっているが、この描写は事実とは異なる。実際のパクは、当時、中国の刑務所に収監されていたチャン・ソンテク（金正日の妹の夫で、当時のナンバー2。2013年に「国家転覆陰謀行為」により処刑）の甥を釈放させるため約1千700万円を肩代わりし、北の信頼を勝ち取ったのだという。ちなみに、パクは後にチャンの家族に感謝の印としてピョンヤンに招待されている。

こうして、北の高官から信用されたパクは北朝鮮に幾度か足を運ぶ過程で、重大な提案を行う。韓国企業のCMを北朝鮮内で撮影したいという前代未聞の企画である。

真の目的は北の軍事施設を記録することにあったが、すでに信頼関係が築かれていた北の高官はパクの申し出を許諾。最高指導者・金正日の許可が得られるよう面会をセッティングする。

1996年4月27日、パクはピョンヤンの宮殿で金正日との面談に臨んだ。事前に厳重な身体検査をされ、接見の際の注意事項を伝えられたのは劇中のとおりだが、映画で描かれていない事実もある。このときパクは自分の尿道にマイクロマイクを隠していた。会談の様子を録音し国に持ち帰るためだ。もし、これがバレたら即座に自死する覚悟はできていた。危険なミッションに臨むにあたり、パクは、道具を使わず自分の手だけで自殺する訓練を受けていた。

果たしてボディチェックは無事通過し、直で面談した金正日はパクのことを疑うどころか、極めて上機嫌だった。後のパクのインタビューによると「彼の声は少しハスキーで、良識と強い決意を持っていた」そうだ。

4億3千万円で、北朝鮮の精神的象徴とでもいうべき白頭山でCM撮影を行う契約が許可された後も、金正日は壺の販売について話し出したという。当時は主な資金提供者だったソ連が崩壊し、北朝鮮は切実に資金を必要としていた。そこで彼らは、自国の骨董品を南で売却する事業を始めたがっていたらしい。

さらに本作で明かされた衝撃の事実は、俗に"北風"と呼ばれる北朝鮮の武力攻撃の裏側だ。韓国の選挙年になると国境で軍事危機が発生し、浮動票が保守派に流れて勝利するケースが続発。〝北風〟と呼ばれてきた。

偶然の出来事と思われていたが、南北の間に取引が存在した。実はパクは金正日と3度面談しており、1997年にも彼と接見している。同年は韓国の選挙年。日にちは明らかではないが、パクは取引相手である北の高官が、韓国の保守派候補者陣営から軍事攻撃を依頼され、北京のホテルで札束を数えている姿を自分の目で見たのだという。

結局、パクが野党候補の側近にその事実を知らせたため、軍事攻撃は行われず、野党候補が勝利。保守派陣営の人間が国家安全保障法に違反したとして有罪判決を受ける事態になった

（上訴で無罪）。

映画は、選挙の一件に絡み安企部を解雇された主人公が、南北のモデルが共に出演するCM撮影の記者会見場で北側の高官と再会し、2人の絆を確かめ合うシーンで終わる。

だが実際のパクに、そんなドラマチックな場面はない。中国で暮らしていた2010年、安企部から「国家情報局」に組織が変わり、トップが変更になった途端に逮捕。北朝鮮に機密情報を提供したとして国家保安法違反で有罪判決が確定する。

パクは、北朝鮮の信頼を得るために提供した情報は機密でも何でもないものばかりだったと主張し続けたものの、独房で6年間を過ごした後、釈放された。

▼金正日との面談シーンは、日本円にして約6千万をかけ当時の北朝鮮の迎賓館を再現したという。映画「工作 黒金星と呼ばれた男」より

2010年に逮捕され、6年間を独房で

◀映画公開にあたり、パクはメディアの前に姿を現した

1917 命をかけた伝令

イギリス軍の「信号係」として従軍した監督の祖父の実体験がモチーフに

FILMS

▶サム・メンデス監督の祖父アルフレッド・メンデス本人（主人公のモデル）
▲主人公の1人、スコフィールド上等兵を演じたジョージ・マッケイ。映画「1917 命をかけた伝令」より

第一次世界大戦「パッシェンデールの戦い」

２０１９年度のアカデミー賞で、作品賞、監督賞を含む10部門にノミネートされた「１９１７　命をかけた伝令」は、戦場における最前線の地獄を圧倒的な迫力とリアリティで描き出した戦争ドラマの傑作である。

作品の舞台は１９１７年の第一次世界大戦。ドイツ軍と戦う若きイギリス兵のスコフィールドとブレイクに、命がけの任務が与えられる。砲弾が飛び交う戦場を通り抜け、最前線で戦う１千６００人の友軍部隊への伝令係だ。

「ドイツ軍への追撃作戦を中止せよ」

友軍部隊は翌朝、退却したドイツ軍に追撃を加えようと秘密作戦の準備を整えていた。が、直前で退却はフェイクだったことが判明する。ドイツ軍は友軍部隊を一網打尽にすべく待ち構えていたのだ。

このまま作戦が決行されれば、友軍の全滅は必至。通信網が遮断されているなか、２人はミッションを敢行すべく、塹壕を飛び出し、罠が仕かけられた荒野やドイツ軍に占領されたエリアを命がけで駆け抜けていく――。

物語自体は創作である。が、映画は第一次世界大戦にイギリス軍の「信号係」として従軍し、仲間の救出作戦を敢行した本作監督サム・メンデス監督の祖父、アルフレッド・メンデスの実

1917 命をかけた伝令

2019／イギリス・アメリカ／監督：サム・メンデス
防衛線を挟んでドイツ軍と連合国軍のにらみ合いが続いていたフランスの西部戦線を舞台に、2人の若き兵士が仲間たちを救うため最前線を駆け巡る1日を追った戦争映画。臨場感を醸し出す全編ワンカット風の映像が話題に。

体験がモチーフとなっている。

第一次世界大戦（１９１４年７月勃発、１９１８年11月終結）での西部戦線は、ドイツ対イギリス・フランスら連合国の戦いをいう。フランス北東部からドイツ西部の国境沿いに掘られた長い塹壕が戦線だった。

監督の父方の祖父であるアルフレッド・メンデスは１８９７年、トリニダード・トバゴで生まれた。15歳でイギリスに留学後、19歳のときにイギリス軍歩兵部隊の「ライフル旅団」として第一次世界大戦に従軍。１９１７年７月31日から11月10日にかけて行われた「パッシェンデールの戦い」に参加する。

作戦の目的は、当時ドイツ軍が占拠していたベルギーのウェスト＝フランデレン州イーペル付近にある町パッシェンデールを制圧し、ベルギーの海岸線まで進出、Uボート、（ドイツ海軍が誇った潜水艦の総称）の活動拠点を占

◀西部戦線で連合国軍が作った土壁の塹壕（上）。「パッシェンデールの戦い」となった場所の大半は沼沢地で兵士を苦しめた

拠することだった。これに成功すれば、戦局が連合国に有利に傾く重要な作戦でもあった。

しかし、戦地となったエリアはもともと、ぬかるんだ沼沢地。さらに8月以降に思わぬ大雨が降り続き、当時発明されたばかりの戦車ですら通行不能な底無し沼がいたる場所に出現し、多くの兵士が溺死する事態に。連合国軍は人の背丈程度に掘り下げた剥き出しの土壁で塹壕を作っていたが、長引く戦いで土壌は悪性細菌に汚染され、わずかな掠り傷でも破傷風などの感染症にかかり、痙攣でのた打ち回った挙げ句に無数の兵士が命を落とした。

対するドイツ軍は、整備されたトーチカ（鉄筋コンクリート製の防御陣地）で連合国側の砲撃を防衛していたものの、やはり多くの兵士が感染症や脱水症状に苛まれる。

最終的に3ヶ月に渡る激戦の末、パッシェンデールは連合国側のカナダ軍によって奪還されたが、連合国軍の死者・負傷者は実に約45万人に及び、ドイツ側の損害も26万人を数えた。

ちなみに、第一次世界大戦で「パッシェンデール」と言えば、具体的な戦いを指すだけでなく、〝近代的戦争が見せた極端な残虐性〟を意味するそうだ。


アルフレッドは、この地獄のような戦いを生き抜き、後年、孫のサムに、1917年10月12日、イギリス軍が挑んだベルギーのフランダース地方にあるプールカペレ村での戦いについて繰り返し語ったそうだ。

朝から霧雨が止まないなかでの当日の接近戦は熾烈を極め、連合国軍は1日で約1万1千人の死傷者を出す。遺体が散らばった粘着性の泥沼の中を、アルフレッドたちは腹ばいになって移動するしかなかった。

この戦いでアルフレッドの大隊も484人の3分の1が死亡。生存者は泥だらけの沼地に身を隠していたものの、いつ敵に銃撃され命を落としてもおかしくない危険にさらされていた。

指揮官が兵士たちに聞く。銃弾が飛び交う戦地を駆け抜け、生き残った者たちを救出してくれる者はいないか、と。この恐るべきミッションに自ら志願したのがアルフレッドだった。「信号兵」（手旗などで通信する係）だった彼は、自分が負うべき任務と手を挙げたそうだ。

映画の主人公である2人の兵士のように、アルフレッドは塹壕を飛び出し、ドイツ軍の狙撃兵が狙いを定め銃弾が横をすり抜けていく戦場を、味方の部隊を探して駆けまわった。

このときの様子を彼は自叙伝にこう綴っている。

「最初、弾丸は私の頭をかすめて通り過ぎたが、攻撃はやがて止んだ。ドイツ軍は、私が当惑してさまよっていると思い、標的にしないことに決めたようだ。あるいは彼らは私を明らかに狂ったと思ったのかもしれない」

銃弾が飛び交う戦地を駆け抜け、生存者を救出せよ

▼荒野と化した戦場に爆撃が。実際の写真

その日のうちにアルフレッドは3つの部隊を全て見つけ出し、立ち往生している生存者を救出。無傷で自分の隊に帰還することに成功しただけでなく、白旗を振って捕虜になりたがっているドイツ兵10人も自軍に連れ帰ったそうだ。彼のこの勇敢な行為に対し、イギリス軍は軍事勲章を授与した。

アルフレッドは１９１９年にトリニダード・トバコに戻り、父親の食料品事業に従事する傍ら西インド諸島最初の作家の一人として活躍した。が、彼は70歳を超すまでは決して戦争のことを口にしなかったそうだ。ただ、後に驚愕の体験を聞いた家族には、腑に落ちたことがあった。アルフレッドが日に何度も手を洗っていたのは、泥だらけの塹壕戦でのトラウマが原因だったらしい。

孫のサムに映画のヒントを与えたアルフレッドは、１９９１年に老衰でこの世を去った。享年94だった。

▼戦後、トリニダード・トバコに帰還したアルフレッド（中央）。右は3番目の妻エレンペラチーニ

▼アルフレッドが75歳のとき出版した自叙伝

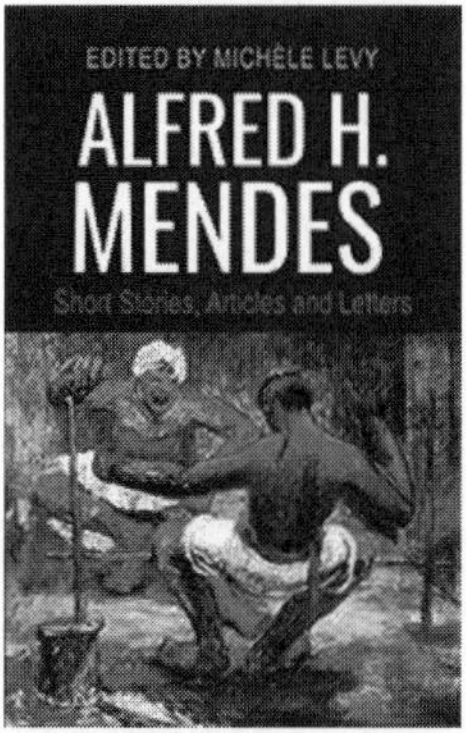

第2章 惨劇

映画「楽園」より

ワンス・アポン・ア・タイム・イン・ハリウッド

悪名高き「チャールズ・マンソン・ファミリー」が起こした凶行

FILMS

▲ シャロン・テート本人（右）と、彼女を演じたマーゴット・ロビー。映画「ワンス・アポン・ア・タイム・イン・ハリウッド」より

▲ 主人公の売れない俳優リック・ダルトンを演じたレオナルド・ディカプリオ（右）と、彼のスタントマンで親友のクリフ・ブース役のブラッド・ピット。2人とも架空の人物とされているが、一部ではダルトンは俳優のバート・レイノルズ、ブースはレイノルズのスタントを務めていたハル・ニーダムがモデルとの指摘もある。映画「ワンス・アポン・ア・タイム・イン・ハリウッド」より

タランティーノが意図的に描かなかったシャロン・テート殺害事件

クエンティン・タランティーノ監督作「ワンス・アポン・ア・タイム・イン・ハリウッド」は1969年のハリウッドを舞台に、落ち目の俳優リック・ダルトン（演：レオナルド・ディカプリオ）と、彼のスタントマンであるクリフ・ブース（演：ブラット・ピット）の友情と、同時期に現れた新進女優シャロン・テート（演：マーゴット・ロビー）の運命を描いたサスペンスだ。

映画のタイトルは「昔、昔ハリウッドで」という意味。そこには、ハリウッド映画は現実逃避で、実際の出来事とは異なる命運を描くお伽噺というタランティーノの解釈が加えられ、劇中でシャロン・テートは殺されない。が、お伽噺はあくまで空想。実際のテートは、当時のヒッピー文化の中で若者を率いてカルト集団を形成していたチャールズ・マンソンの信奉者に惨殺された。

映画は架空のアクション俳優ダルトンと親友ブースの冴えない日日を主軸に描きながら、物語前半でダルトンの自宅隣に引っ越してきたシャロン・テートを登場させる。

1943年、米テキサス州ダラスで生まれたテートは1961年、映画「バラバ」で銀幕デビューを果たした。TVシリーズ「じゃじゃ馬億万長者」で人気を博し、1967年に映画「吸

ワンス・アポン・ア・タイム・イン・ハリウッド

2019／アメリカ・イギリス／監督：クエンティン・タランティーノ　レオナルド・ディカプリオとブラット・ピットの2大スターが初共演を果たしたタランティーノ監督9作目。1960年代末のハリウッドを舞台に、シャロン・テート殺害事件がタランティーノ自身の解釈で描かれる。

▲新婚当初のロマン・ポランスキー監督（左）とシャロン・テート本人。惨劇は結婚式から1年7ヶ月後に起きた

血鬼」に俳優として出演していたロマン・ポランスキー（1933年生）と共演したことをきっかけに、1968年1月、彼と結婚。劇中でも描かれるように、同年にはブレイク前のブルース・リーによるアクション指導のもと「サイレンサー第4弾／破壊部隊」に出演する。一方、夫のポランスキーは1962年の監督作「水の中のナイフ」が絶賛を浴び、1968年のアメリカ映画「ローズマリーの赤ちゃん」がアカデミー賞にノミネートされ、ハリウッドの寵児となっていた。

1968年末、将来を期待される若手女優と才能溢れる映画監督が新居を構えたのは、高級住宅地として有名なビバリーヒルズの「シエロ・ドライブ10050番地」。ほどなく妻テートは妊娠し、夫婦は幸せの絶頂にあった。

4ヶ月後の1969年3月24日、そんな2人の邸宅を1人のヒッピー風の男が訪問し「テリー・メルチャーを探している」と尋ねる。テリー・メルチャーは、この家の以前の持ち主で、すでに4ヶ月前に引っ越し済み。その旨を告げると、男はすごすごと帰っていった。劇中でも描かれているが、この不審な訪問者こそがチャールズ・マンソン。5ヶ月後、マンソンの手下に命を奪われるとはテートは想像だにしていなかった。

1934年、オハイオ州シンシナティの娼婦の息子として生まれたマンソンは少年期から犯罪を繰り返す札付きのワルだったが、話術で人を操る才能に長け、仮釈放後の1967年、刑務所で覚えたギターを抱え、ヒッピーミュージシャンとしてサンフランシスコの路上に立つ。ドラッグ&フリーセックスを説く彼にはカリスマ性があり、すぐに数多くの取り巻き女性が誕生。彼女らを利用して男たちをも魅了し「ファミリー」を形成した。

本気でプロのミュージシャンを目指していたマンソンはやがて「ザ・ビーチ・ボーイズ」のメンバーであったデニス・ウィルソンと知り合い、ファミリーともどもウィルソン邸に居候。楽曲を共作し、信者の女性らとドラッグとセックスを謳歌する。

そんなある日、ウィルソンに紹介されたのが音楽プロデューサーのテリー・メルチャーだ。前記した「シエロ・ドライブ10050番地」に建つ邸宅の以前の住人で、マンソンは彼を介

スティーブ・マックイーン、ブルース・リーも殺されていた可能性が

▲事件の犠牲者。左からヴォイテク・フリコウスキー、シャロン・テート、スティーヴン・ペアレント、ジェイ・セブリング、アビゲイル・フォルジャー

◀事件当時、マンソンと彼の信奉者の女性らが暮らしていた「スパーン牧場」(実際の写真)

してレコードデビューの約束を取り付けた。

１９６８年5月、ウィルソンが引越したことで行き場をなくしたファミリーは、映画にも登場するカリフォルニア州チャッツワースの西部劇映画撮影用の「スパーン牧場」を拠点とし、表向きドラッグとセックスを楽しみながら、しだいに思想を過激化させていく。

同年11月に発売されたザ・ビートルズの通称「ホワイトアルバム」に収録の「ヘルター・スケルター」からインスピレーションを得て「やがて黒人と白人の戦争が始まり黒人側が勝利するが、世界を統治するのは我々ファミリーである」などという幻想に取り憑かれたマンソンと、それに感化された一部メンバーが武器や車両を蓄えて、射撃訓練を実施。殺人をも厭わぬカルト集団に変貌したのだ。

そして、彼らは本当に実行する。１９６９年8月9日未明、マンソンの命を受けたテックス・ワトソン（当時24歳）、スーザン・アトキンス（同20歳）他女性2人の計４人が車でテートの邸宅に接近。そこへ偶然車で通りかかり「何をしてるの？」と聞いた若者スティーヴン・ペアレント（同18歳）を射殺した後、テート家に侵入したのだ。

もともとマンソンの標的は、知らぬ間の転居でプロデビューの約束を反故にしたテリー・メルチャーだった。が、セレブの彼が所有していた邸宅の次の所有者もまたセレブ。マンソンにとっては、金持ち自体が殺すべき相手に変化していた。

映画でマンソン一味は、以前、ダルトンに恫喝されたことを理由に、旧メルチャー邸ではなく隣に住んでいたダルトンの家に侵入し、たまたま家にいたブースに返り討ちに遭うことになっている。

しかし、実際にはおぞましい惨劇が起きる。このとき、テートの家にいたのは、テートの元恋人でヘアスタイリストのジェイ・セブリング（当時35歳）、有名なコーヒー・ブランド「フォルジャーズ・コーヒー」の跡取り令嬢アビゲイル・フォルジャー（同25歳）、フォルジャーの恋人のヴォイテク・フリコウスキー（同32歳）、そしてシャロン・テート（同26歳）と、ポールと名付けられていた男性胎児の5人。犯人は「子供だけでも助けて」と哀願する妊娠8ヶ月のテートの言葉を無視して計16ヶ所を刺して殺害。他の3人も銃とナイフで容赦なく殺された。

ちなみに、当日はテートの友人である俳優のスティーブ・マックイーンやブルース・リーも招待されていたが所要のため来訪せず、また家の主人ポランスキーも新作の仕上げのためにヨーロッパにおり難を逃れている。

1971年4月19日、首謀者のマンソンは裁判で死刑を宣告されたが、翌年カリフォルニア州が死刑制度を一時的に廃止したため終身刑に減刑され、2017年11月19日に83歳でこの世を去った。

▼右／チャールズ・マンソン本人。写真は1969年12月15日、公判が行なわれたロサンゼルスの裁判所内で撮られた1枚。左／殺害実行犯の女性信者3人。左からスーザン・アトキンス（事件当時20歳）、パトリシア・クレンウィンケル（同21歳）、レスリー・ヴァン・ホーテン（同19歳）。全員に終身刑の判決が下り、2009年に獄中死したアトキンス以外の2人は2022年12月現在も服役中

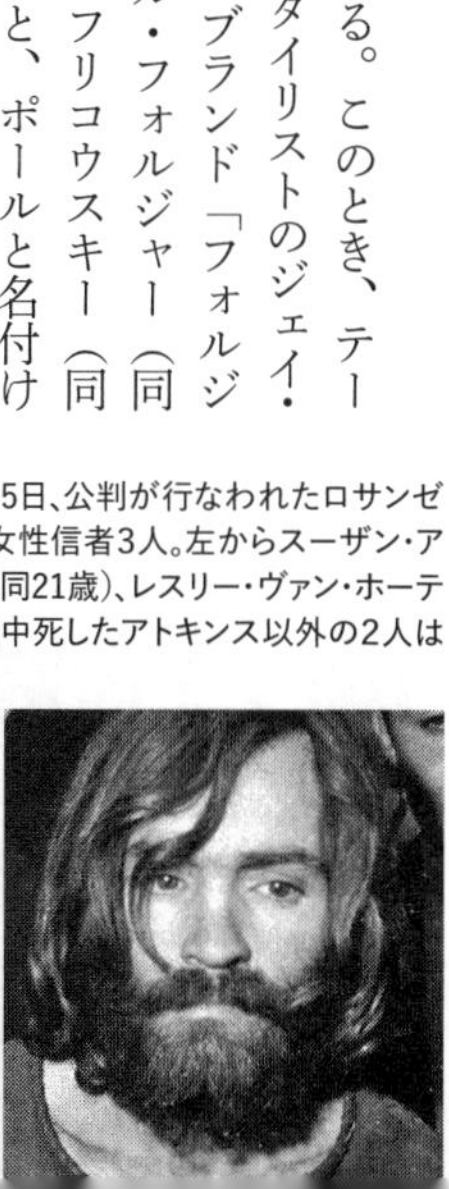

MOTHER マザー

ネグレクト、虐待、借金、ホームレスの果てに

FILMS

毒母に支配され続けた17歳少年が起こした悲劇、川口祖父母殺害事件

▶息子・周平役の奥平大兼(左)と母親・秋子を演じた長澤まさみ。映画「MOTHER マザー」より

2020年公開の「MOTHER マザー」は男たちと行きずりの関係をもち、その場しのぎで生きてきたシングルマザーが息子を精神的に支配し、彼に金銭強奪目的で祖父母を殺害させるまでの壮絶な過程を描いた人間ドラマだ。

本作は2014年、当時17歳の少年が埼玉県川口市のアパートで起こした祖父母殺害事件に着想を得ているが、映画の原案となった毎日新聞記者、山寺香氏のノンフ

イクション『誰もボクを見ていない　なぜ17歳の少年は、祖父母を殺害したのか』（ポプラ社）を読めば、実際の事件が映画より何倍も悲惨だったことがよくわかる。

映画は三隅秋子（役名。以下同。演・長澤まさみ）が小学校低学年の息子周平（演・奥平大兼。幼少期＝郡司翔）と借金の依頼で実家を訪ね、両親や妹からパチンコなどの浪費癖をなじられるシーンから始まる。

劇中で秋子の過去は語られていないが、モデルとなった女性は１９７２年、埼玉県川口市に生まれた。父は金属加工工場勤務、母はパート、他に劇中とは異なり母の連れ子である13歳上の姉がいた。

地元の小中学校を出て、定時制高校に入学したもののまもなく中退。スナックやキャバクラでアルバイトをしながら遊び歩き、異性や金銭関係で頻繁にトラブルを起こすようになる。実家は決して裕福ではなかったが、親からの愛情も普通に受け育っており、彼女が素行不良になった要因は本人の性格によるところが大きかったと思われる。

１９９１年、都内のディスコで知り合った男性と最初の結婚。2人の子供を授かったが、やがて離婚。子供は夫が引き取り、１９９５

MOTHER マザー

2020／日本／監督：大森立嗣
2014年、埼玉県川口市で実際に起きた事件をモチーフに、母親の歪んだ愛情しか知らずに育った少年が、その母親の一言がきっかけで祖父母殺害の凶行に走るまでの過程を描く。長澤まさみの演技が絶賛され、第44回日本アカデミー賞の最優秀主演女優賞に選出された。DVD販売元：Happinet

年、知人の紹介で知り合った男性と再婚し、翌1996年、長男周平を生む。

当初は関東近郊にある夫側の両親が住む近くのアパートで暮らし、周平が小学校入学と同時に、夫の勤務先である、さいたま市に転居。この頃すでに秋子はギャンブルや酒にハマり、夫から生活態度を改めるよう再三注意されるも改善の余地なし。やがて他に女性を作った夫は家に帰らなくなり、夫婦関係は事実上破綻する。それでも、周平には一定の愛情があったようで、秋子はスポーツが苦手だった息子が小学校のクラスメイトと馴染めるよう一緒にサッカーの練習をしたという。周平の後の証言では、当時の母が最も好きだったそうだ。

周平が小学校2年後半になる頃、秋子はホストクラブにハマり出す。勤め先の水商売店を辞め、食事も作らず、連日のようにホスト や、ホストクラブに通う女友だちを家に呼び酒盛りに興じた。周平はそんな母を嫌悪しながらも、場の空気を乱さないよう誘われるまま酒に付き合ったこともあったという。

2006年、周平が小学校4年のとき、両親が正式に離婚。ここで父親が息子を引き取っていれば後の悲劇も起きなかった可能性は高いが、「ママはずっと一緒にいてあげられるけど、パパはいずれ他の女性と再婚するかもしれない」という秋子の言葉を信じ、周平は母と一緒に暮らす道を選択する（映画の冒頭シーンはこの辺りの時期）。

離婚によりアパートを出ざるをえなくなった秋子は、以前勤務していた店の常連客だった中年男性が住むさいたま市のアパートに息子と一緒に転がり込み、生活費の全てを彼に依存。周平は秋子がホスト遊びを始めた頃から学校を休みがちだったが、両親の離婚を機に完全に不登校となり、TVゲームに明け暮れる日々を送る。

そんなある日、秋子が突然行方をくらまし、1ヶ月後、周平の面倒をみていた男性客のいないすきを狙い、アパートに戻ってくる。このとき彼女と一緒にいたのが、後に周平の義父となる20代の男性ホスト、遼（役名。演：阿部サダヲ）だ。劇中で2人はゲームセンターで知り合ったことになっているが、実際は水商売に就く人が専門で利用するネットの掲示板で親密になり、秋子は名古屋のホストクラブに勤務する彼に会うため息子を放ったらかしにしていた。

その間、周平は母親に戻ってきてほしい一心で、帰りの交通費として親戚のおばさんから貰い貯めていた小遣いから1万円を秋子に送金しているが、それでも母親が帰らなかったことで「捨てられた」という思いを強くしたそうだ。

▼少年の義父となる元ホストを演じた阿部サダヲ（左）。映画「MOTHER マザー」より

3人は名古屋に移転し、遼の働くホストクラブで寝泊まりした後、さいたま市のアパートに戻り、住人の男性客がいないことを良いことにその部屋で暮らし始めるが、遼も秋子ともに仕事をせず、周平のゲーム機を売ったり、周平に親族から金を借りさせるなどして生活費を工面。それも尽きると件の男性客を騙し、数十万の金を奪う。

その後、静岡県西伊豆町の旅館で住み込み暮らしを経て、2008年1月から2年間、3人はさいたま市のモーテルで暮らす。周平は学校に通わず、秋子とともにゲームセンターや漫画喫茶でチェックインの時間となる20時まで時間を潰し、日雇い仕事から帰ってくる遼を待った。

劇中では描かれないが、この頃の暮らしはまさに絶望的で、遼と秋子は周平の存在に構わず部屋で行為に及んだどころか、セックスを見せつけるだけでは飽き足らなくなった遼が周平の顔をつかみフェラチオを強要した。秋子は、ただ笑ってその様子を見ているだけだったという。

さらに、日雇いで食いつないでいた遼の収入がなくなると、周平に親族宅を回らせ金を無心。最も同情的だった親戚のおばさんは、この頃を中心に400〜500万円を融資したそうだ。

それでも金がなくなると、彼らはモーテルの敷地内にテントを張り生活する。ちなみに、劇中ではモーテルの支配人と秋子が肉体関係を持ったことでテント暮らしが許されたように描かれているが、そのような事実はない。

モーテルでの暮らしが終盤に差しかかった2009年半ば、秋子が遼の子供を妊娠。映画ではその事実を聞いた遼が2人の前から姿を消すが、実際には遼は2人と生活を続けており、2010年初め、秋子が娘を出産。冬華（役名）と名付けられるが、出生届も提出されず、戸籍のない子供となる。

その後、一家は親しくなった家族の金を持ち逃げして、横浜市へ逃走。初めはホテル暮らしをしていたものの、ほどなくして金も尽き、横浜スタジアム周辺や児童公園で野宿をするようになった。冬華の面倒は全て周平がみて、ミルクを与えたりオムツを替えたりと、その姿は実に献身的だったという。

やがて一家は、時間つぶしのために入った図書館で生活困窮者向けの相談窓口を知り、生活保護を受給することに（映画では野宿していた一家を役所の児童相談員が生活保護を勧めることになっている）。本来なら中学2年になる周平と、まだ幼い冬華のことを心配した児童相談所は一時保護を勧めるも、秋子は「家族一緒でないとダメ」と拒否。4人全員が簡易宿泊所で生活しながら、周平はフリースク

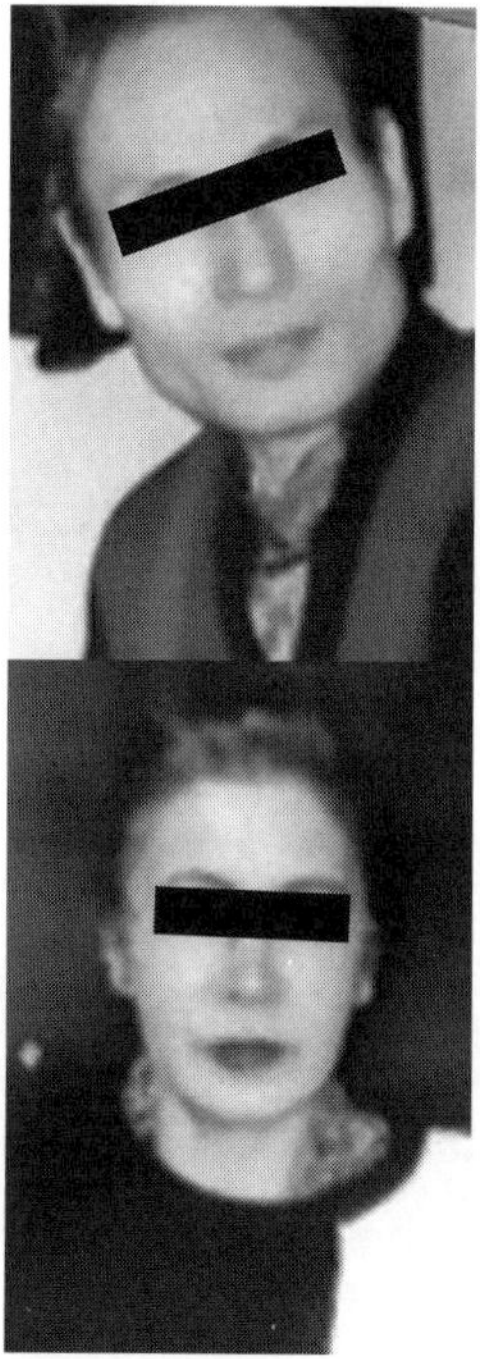
◀孫に殺された老夫婦。事件当時、2人とも年金暮らしだった

ールに通うようになる。

これでようやく安定するかのように見えた暮らしも、わずか半年間で終わる。生活保護費を得ても秋子の浪費癖は直らなかったばかりか、行政から保護費の使い方について指導を受けるのを嫌い、簡易宿泊所を出てしまったのだ。

以降、一家は秋子の川口市の実家、遼が住み込みで働いた横浜市鶴見区の新聞配達店、埼玉県内の建設会社の寮を転々とした後、2012年8月、同県内の塗装会社の寮に居住する。この頃、遼のストレスは限界に達しており、酒に酔っては周平や秋子に暴力を働き、他に女を作った挙げ句に失踪。そのまま戻ることはなかった。

残された3人は寮を出なければならなかったが、周平が同じ塗装会社で働くことで、今までどおりの生活が続く。しかし、秋子の生活態度は変わらず、周平の給与でパチンコやゲーセンで毎日遊び放題。社長が人の良いことに甘えて周平に前借りを強要させ、その額は約60万円に及んだそうだ（秋子と社長が肉体関係を結ぶ劇中描写は創作）。

そんな折、事件が起きる。周平が会社の備品であるカーナ

▲殺害現場となったアパートと、犯行時、母と妹が待機していた児童公園（江戸川大学メディアコミュニケーション学部「隅本ゼミ調査報告」より

ビを盗んだのだ。母の遊行費に当てるためで、秋子は翌日には質屋にカーナビを入れ2万円を手にしている。

当初、この一件は周平の犯行と明らかにならなかったが、周平を疑う社長は以降、前借りの依頼を拒否。退寮までは命じられなかったものの、周平は勤務停止となり一家の収入は完全に途絶えてしまう。

行き場を失った母子は、秋子の父母へ借金を申し入れるも、すでに積もった債務は数十万。当然ながら、無下に断られた。

そして、2014年3月27日、映画で描かれるように、秋子と周平の間でこんな会話が交わされる。

秋子「ばあちゃんたち殺しでもすれば（金が）手に入るよね」
周平「そうだね（冗談だと思って笑う）」
秋子「本当にできるの？」
周平「（やる気なさげに）ああ」
秋子「やる気がないなら言わないで。見た目だけの話、好きじゃないの知ってるでしょ。結局、できるの？」
周平「やろうと思えば、できるんじゃない？」

翌26日朝、2人は具体的な殺害方法を話し合った後、特に理由もなく実家を訪問しても追い返されるだけと案じた秋子が、周平が建設会社に就職が決まったというウソの理由を作り上げ、息子に実家アパートの父母宅を訪ねさせる。

果たして、周平の祖父母は彼を中に招き入れてくれる。周平は最初から殺すつもりはなかった。できれば金を借りるだけで帰りたかった。が、借金の話をすると案の定、2人は申し出を拒否。このままでは母に会わす顔がないと追い詰められた周平は、覚悟を決め事前に用意していた延長コードで祖母の首を絞め、キッチンにあった包丁を使って殺害。続いて祖父も背中を刺して死に至らしめた。

その後、母と妹が待機していた近所の児童公園に戻ったが、そこで秋子から何も盗んで来れなかったことを叱責され、再び祖父母宅へ。2人が確実に死亡しているのを確認した後、現金8万円、キャッシュカード、カメラなどを盗んで家を出た。改めて母と妹と合流し、3人でホテルにチェックイン。祖父母を殺して得た金は秋子がわずか3日あまりで散財した。その後は周平が求人紙で見つけた都内の解体作業会社に就職し一家で寮に入ったものの、奪ったキャッシュカードを使い秋子が銀行のATMで金を引き出した際の防犯カメラの映像がきっかけで、秋子と周平は逮捕される。犯行から1ヶ月が過ぎた4月29日のことだ。

裁判では、秋子に殺人教唆があったかどうかが最大の争点となった。秋子はあくまで息子独自の判断による犯行と主張した。対し、周平は母の証言を否定したが、さいたま地裁は秋子に〝金づる〟である両親を殺害するメリットがないことを最大の理由として教唆はなかったと判断。劇中では「秋子　懲役2年6月、執行猶予3年、周平　懲役12年。控訴せず」とクレジットされるが、2014年12月2日、実際に下った判決は秋子に懲役4年6月、周平に懲役15年。周平は弁護士の薦めで最高裁まで争い、2016年6月8日、上告は棄却され一審判決のまま刑が確定した。

周平の犯行は小学校時代に芽生えた母親に捨てられるのではないかという恐怖と、そこからくる盲目的な服従、また義父から受けた数々の虐待が要因になっていることは明らかだ。しかし、2017年12月、フジテレビ系の報道番組「Mr.サンデー」の取材に応じた義父は「俺も悪いと思っている」としながらも「あいつは本当にクソ」と秋子を罵倒。一方、秋子も番組の取材依頼に対し「どうせ全て私が悪いんでしょう。みんなそう言う。あれは全て息子がやったこと。証言するにもタダではできない」と刑務所への差し入れ希望リストを手紙に書いて寄こした。

2021年9月現在、母親はすでに刑期を終え自由の身になっているはずだが、その後の消息は不明。息子は現在も服役中で、刑務所内で勉学に勤しんでいると伝えられている。

「あれは全て息子がやったこと。証言するにもタダではできない」

映画「MOTHER マザー」より
©2020「MOTHER」製作委員会

楽園

台湾から来た青年と、「村八分」にされた男が起こした凶行

FILMS

栃木小1女児殺害事件&山口・周南5人連続殺人放火事件

▶主人公の青年・豪士を演じた綾野剛。右は失踪女児の友人役の杉咲花。映画「楽園」より
©2019「楽園」製作委員会

▲失踪女児が最後に目撃された栃木県今市市（現・日光市）木和田島のY字路（実際の写真）

２０１９年に公開された「楽園」は、長野県飯山市を舞台に、幼女失踪事件の犯人とされた青年と、集落で孤立した末に村民殺戮を起こす男の運命を描いた人間ドラマだ。作家・吉田修一の短編小説集『犯罪小説集』収録の「青田Y字路」「万屋善次郎」を原作とした本作には、モチーフとなった実在の事件がある。２００５年に栃木県の小１女児が殺害された事件、そして２０１３年に山口県周南《しゅうなん》市の集落で発生した連続放火殺人だ。犯人は捕まり、すでに刑も確定済みだが、獄中の受刑囚は両者ともに無罪を主張している。

映画で描かれる第一の事件は２００４年の夏に起きる。２人の小学生女児が下校途中のY字路で別れたのを最後に１人が行方不明となる。住民が一体となって捜すも少女の姿はどこにもない。それから12年後の２０１６年の夏祭りの夜、別の少女が失踪し、外国人とのハーフで母と２人で偽ブランド品の売買で生計を立てていた青年・豪士（演：綾野剛）に疑いがかかる。彼は２００４年の事件の捜索時に不審な行動を取っており、当時も警察の取り調べを受けていた。

豪士を真犯人と信じて疑わない住民に追い詰められ、彼は灯油をかぶり焼身自殺。回想シーンで、豪士が２００４年に失踪した少女の後を付いていく描写があり、事件に関わっているよ

楽園

2019／日本／監督：瀬々敬久
「悪人」「怒り」など、数多くの作品が映画化されてきた人気作家・吉田修一の短編を基に、失踪した少女の殺害犯に疑われる青年、過疎の集落で孤立していく男、被害者遺族など、様々な人間の運命を描く。
DVD販売元：Happinet

う思わせるが、その真相は明らかにされない。

　このストーリーの題材となった栃木小１女児殺害事件は２００５年12月１日、同県今市市（現・日光市）で発生した。同日14時50分頃、地元の小学校に通う女児（当時７歳）が徒歩で下校途中、映画と同じようなＹ字路で同級生３人と別れた後、行方不明となる。家族が警察に届けを出し、警察犬による捜索が始まったところ、Ｙ字路から１２０メートル先の砂利道に曲がる前の場所で女児の痕跡が消えていることが判明。この辺りで連れ去られたのは濃厚だった。

　栃木県警が公開捜査に踏み切った翌12月２日14時頃、女児の自宅から60キロ離れた茨城県常陸大宮市の山林で、野鳥観察をしていた老人３人が女児の遺体を発見する。胸を数ヶ所刺されていたことなどから、栃木県警は殺人と断定。茨城県警と合同捜査本部を設置し、本格的な捜査に乗り出した。

　しかし、女児の遺留品がほとんど残っていなかったこと（劇中同様、ランドセルも消えていた）に加え、目撃情報も皆無。一帯の防犯カメラ・監視カメラの映像をチェックしても、疑わしい人物や車は撮影されていない。捜査本部は２００万円の懸賞金（後に５００万円に引き上げられた）をかけ情報提供を募ったが、有力なものは寄せられなかった。

　事件が迷宮入りの様相を呈し始めた２０１４年４月17日、栃木県警は突如、同県鹿沼市在住の勝又拓哉《かつまたたくや》容疑者（当時32歳）が犯行への関与を認めたとの発表を行う。

　勝又容疑者は台湾出身で、小学生の頃、日本人男性と再婚した台湾人の母親とともに日本で暮らすようになった。劇中の綾野剛扮する豪士と同様、日本語がたどたどしく、小中学時代は周囲にからかわれていたそうだ。

中学卒業後、栃木県内の寺などで開かれる骨董市に店を出す母親を手伝うようになり、劇中のとおり2000年頃から偽ブランド品を扱い出し、たびたびトラブルに。県警が事件との関与を発表した際も、偽ブランドのバッグを譲渡目的で所持していた商標法違反容疑で母親とともに逮捕、勾留中だった。

栃木県警が勝又容疑者に目星を付けたきっかけは一般市民からの情報提供だったようだ。その具体的な内容は不明ながら、同県警は発表から1ヶ月半後の6月3日に、殺害を告白したとして彼を未成年者誘拐、殺人、死体遺棄罪の容疑で逮捕。9月には犯人逮捕に繋がる情報を提供した2人に報奨金500万円を支払っている。

しかし、2016年2月から宇都宮地方裁判所で始まった公判で、勝又被告は、自白は警察に強要されたもので自分は無罪と主張。実際、自白以外に物的証拠は

今市の女児 遺体で発見
胸に複数の刺し傷
茨城山中 連れ去り殺害か
不明前日に不審な男
下校児童に声掛け

▲事件を報じる、2005年12月3日付けの『下野新聞』紙面

▲女児の遺体発見から9年後の2014年、殺人罪などで逮捕・起訴された勝又拓哉被告（現・受刑囚）

存在しなかった。が、同地裁は4月8日、女児を拉致して鹿沼市の自宅でわいせつ行為をし、ナイフで刺殺した後、遺体を山林に遺棄したとして、検察の求刑どおり無期懲役の判決を下し、自白の強要はなかったとの認識も示した。

勝俣被告は即日控訴し、2017年10月から東京高裁で第二審開始。改めて無罪を主張する弁護団に対し、2018年8月3日、同高裁は警察の取り調べの録音録画映像で事実認定した違法性や、殺害の日時場所の事実誤認を指摘して一審判決を破棄する。しかし、判決は変わらず無期懲役。理由は「状況証拠を総合すれば犯人であると認められる」というものだった。

2020年3月4日、最高裁が上告を破棄し刑確定。千葉刑務所に収監された勝又死刑囚は、今後は自身の無罪を信じる支援者らの協力を得て、再審開始を目指すのだという。

劇中で描かれるもう一つの事件は、佐藤浩市扮する初老の男が、女児が失踪したY字路の先にある「限界集落」（人口の50％以上が65歳以上の高齢者で、社会的共同生活の維持が“限界”に近づきつつある地域）で起こす大量殺人で、これは2013年7月21日、山口県周南市大字金峰《みたけ》で住民5人が殺害、住宅が放火された事件が題材となっている。

犯人の名は保見光成《ほみこうせい》（事件当時63歳）。中学卒業後、長らく関東で左官業に就き、1994年、44歳のとき、認知症を患った父親の面倒をみるため故郷に戻ってきた男性だった。

彼が生まれ育った金峰地区は、まさに限界集落だ。事件が起きた当時、人口は8世帯14人で、65歳以下は保見以外に1人だけ。そんな過疎化、高齢化が進む集落で、保見は劇中の佐藤浩市演ずる男のように、住民の集まりに顔を出し、高齢者ばかりの村の中で手が空いていれば農作業や近隣の家の修繕などを手伝い、限界集落を何とかしようと村おこしも企画するなど、積極的に村人たちと関わっていた。

しかし、長い間都会で暮らしていた保見は、しょせん余所者だった。良かれと思ってやったことを余計なお世話と感じている人もおり、必死に村に溶け込もうとする保見の思いとは逆行するように、住民との間に軋轢が生じ始める。

それを決定づけたのが、彼の母親が死んだ翌年2003年の正月に起きた小さな事件だった。酒の席で集落の住民と口論になり、その住民が牛刀2本を持ち出し「殺してやる」と保見の喉元と胸を刺したのだ。大事には至らなかったものの、傷害事件を起こした住民に下されたのは罰金刑のみ。納得のいかない保見に対し、警察は「小さな集落だから、コトを大きくしちゃいかん」と説得したそうだ。

これを機に保見と村民の対立は

▲妻に先立たれ故郷に帰ったものの、周囲から孤立していく初老男性・善次郎を演じた佐藤浩市。映画「楽園」より　©2019「楽園」製作委員会
▼現代の「八つ墓村事件」とも称された大量殺戮を犯した保見光成・現死刑囚（写真は逮捕時）

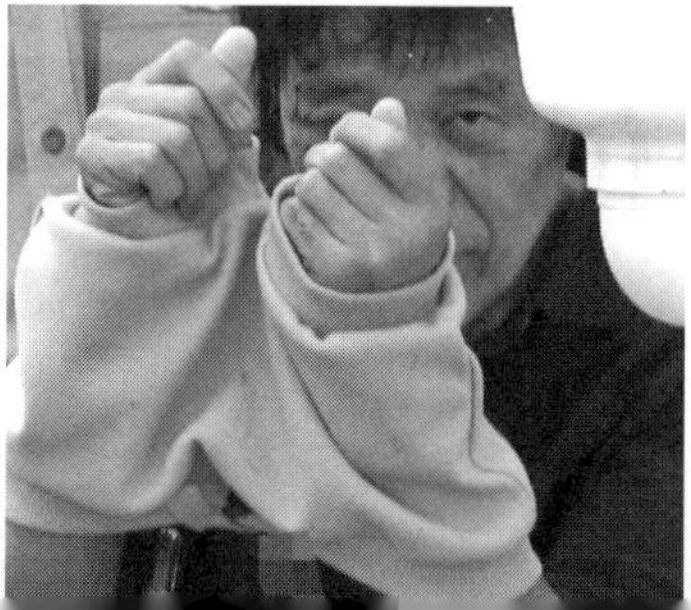

深まり、その後、農薬散布や草刈り作業などを巡って頻繁にトラブルが発生。劇中で佐藤浩市が飼っていた犬が村民の1人を噛むシーンがあるが、実際、保見も犬を飼っており、住民が「臭い」と苦情を言うと「殺してやる。血を見るぞ」と大声を上げたこともあったという。

さらに保見は、劇中でも描かれるとおり自宅にマネキン人形を置いたり、実際は作動しない監視カメラを設置。また自宅の窓に外から見えるように「つけびして　煙り喜ぶ　田舎者」という意味深な川柳を貼るなど奇妙な行動を取る。こうした状況から、事実はともかく、少なくとも保見自身が「村八分」の状態にあると思っていたことは間違いない。

劇中で、殺害の直接描写はないが、実際の犯行は残忍極まりないものだった。

2013年7月21日21時頃、保見はまず村民の71歳と72歳の夫婦の住宅に押し入り2人を木の棒で撲殺。家に火を放った後、自宅近くまで戻り隣家の79歳女性を殴り殺し、被害者宅に放火。日をまたいで22日早朝、自宅前を流れる川を挟んだ場所に住む80歳男性と73歳女性を殺害する。いずれの現場も血の海だった。

映画では犯行を終えた佐藤浩市が山中に逃げ込み、刃物で腹を刺し自殺することになっている。しかし、保見はこの後、多量の睡眠薬とロープを持って自殺を図ったものの死にきれず、5日間にわたり山中に潜伏。26日午前9時頃、山道で裸足、下着姿で座っているところを山口県警機動隊員に見つかり逮捕された。

取り調べで、保見容疑者は5人の殺害を認め、被害者・遺族への謝罪の念も述べていたそうだ。が、２０１５年６月から山口地方裁判所で始まった裁判員裁判では供述を一転させ「被害者の頭は殴っておらず、家に火もつけていない」と、殺人・放火の起訴内容を否認して無罪を主張。３日後の29日、検察側が事件後に山中で発見し証拠品として提出したＩＣレコーダーには「これから自殺する。周囲の人間から意地悪ばかりされた。田舎に娯楽はない。飼い犬を頼む」など、すでに亡くなっている両親に向けたと思われる保見被告の肉声が記録されていた。

保見被告は最後まで無罪を主張したものの、７月28日に下った判決は死刑。２０１６年９月13日に開かれた控訴審判決公判でも、広島高等裁判所は第一審・死刑判決を支持して被告人保見、および弁護団の控訴を棄却する判決を言い渡した。

２０１９年８月１日、最高裁が上告を棄却して正式に死刑判決が確定。広島拘置所に収監された保見死刑囚は、同年11月に山口地裁へ再審請求したものの、２０２１年３月22日、地裁はこれを棄却。弁護団は同決定を不服として、同月26日付で広島高裁へ即時抗告した。

▲保見死刑囚の自宅窓に貼られていた川柳。「つけび(付け火)して」とは、集落内で自分への悪いうわさを流すという意味。警察はこの張り紙を見て、保見を事件の犯人とみなした。左は保見死刑囚の自宅車庫に置かれていた奇妙なマネキン

「つけびして
煙り喜ぶ
田舎者」

▲イラク戦争従軍時のクリス・カイル本人。敵側が懸賞金を付けるほど有能な狙撃手だった
◀劇中でカイルを演じたブラッドリー・クーパー（右）は、プロデューサーも兼務している。映画「アメリカン・スナイパー」より

アメリカン・スナイパー

敵対勢力から「ラマディの悪魔」の異名で恐れられた狙撃手

イラク戦争の英雄、クリス・カイル殺害事件

イラク戦争（2003年〜2011年）に4度従軍し、その卓抜した狙撃術で160人もの敵戦闘員を殺害、特に「ラマディの戦い」（2007年）の目覚ましい戦果からイラク武力勢力より「ラマディの悪魔」の異名で恐れられた米軍最強の狙撃手、クリス・カイル（1974年生）。2014年公開の映画「アメリカン・スナイパー」は、巨匠クリント・イーストウッド監督が、カイルの壮絶な人生を通し、戦場の現実を冷徹な視線で描写した傑作である。アメリカにとっては英雄と賞賛され、敵には悪魔と恐れられたカイルは、除隊からわずか4年後の2013年、同じ元軍人により射殺され38年の生涯を閉じる。伝説のスナイパーが命を奪われる背景には何があったのか？

映画は、戦争で精神を蝕まれたものの、妻や周囲の支えで立ち直り、同じ苦しみを持つ帰還兵たちの手助けに出かけるカイルの姿で終わる。直後、画面にテロップ表示。

『その日、帰還兵によって、カイルが殺された』

この後、エンドロールとともにカイルの実際の追悼式などのニュース映像が流れるものの、殺害の詳細は知らされない。本作脚本のジェイソン・ホールによれば、これは「カイ

アメリカン・スナイパー

2014／アメリカ／監督：クリント・イーストウッド
米海軍特殊部隊ネイビー・シールズ所属で、イラク戦争時、その狙撃の腕前で多くの敵を殺害したクリス・カイルの自伝に基づいた戦争映画。公開後、保守系から「愛国的で、戦争を支持する傑作」と絶賛される一方、リベラル派は「カイルは残忍な殺人者で、英雄ではない」と疑問を投げかけた。

ルの2人の息子に配慮したイーストウッドの演出」だったという。

除隊後、カイルは軍や法執行機関の隊員に軍事訓練を行う民間軍事会社「クラフト・インターナショナル」社を設立。また、自身の戦闘体験を綴った『ネイビー・シールズ最強の狙撃手』（映画の原作本）がベストセラーになったことで、その資金をもとに、PTSD（心的外傷後ストレス障害）に悩む帰還兵や退役兵のためのNPO団体を立ち上げ、社会復帰に向けた支援活動に取り組んでいた。悲劇はその支援活動の中で起きる。

2013年2月2日、PTSDを患う元海兵隊員エディー・レイ・ルース（当時25歳）の母親からの依頼で、カイルは同じ退役軍人のチャド・リトルフィールド（同35歳。劇中には登場しない）と共にテキサス州の射撃場に向かう。復帰支援の一環として、ルースに射撃訓練を行わせるのが目的だった。

しかし、ルースが持った銃は訓練用の的ではなく、付き添いの2人に向けられ、カイルには背中に5発と顔面に1発、リトルフィールドには背中に5発の銃弾が撃ち込まれ両者ともに即死する。彼らの遺体を施設の案内役が発見したのが17時。このとき、すでにルースは奪ったカイルの車で逃走しており、姉と義兄弟の家を訪問、自らの犯行を伝えた。ルースが去った後、姉は警察に通報し、捜査員がルースの自宅に20時に到着。自首を説得したがルースはさらに車で逃走。追跡の果てに、ようやく逮捕される。

いったい何が動機なのか。一切明らかにしないルースに代わり、彼の父親がマスコミの取材に答えた。

カイルと同じテキサス出身のルースは13歳だった2001年9月11日、アメリカ同時多発テロ事件を目の当たりにし、「将来は軍隊に入りたい」と父親に告げたという。その後、奇しくもカイルが10年前に卒業した高校に入学し、卒業後にアメリカ海兵隊に入隊。新兵訓練を終えて凛々しくなった姿を見て母親

▲イラク戦争の米軍帰還兵のうち約50万人が精神的な傷害を負い、毎年250名以上が自殺しているという。映画「アメリカン・スナイパー」より

▲▶除隊後、妻タヤとカメラに収まるカイル。左は2012年に出版しベストセラーとなった回想録『ネイビー・シールズ最強の狙撃手』

は誇りを持ったが、イラクに派遣されたルースは戦場で精神に大きなダメージを負う。パトロール中に銃を発砲する子供を目撃し、母親に動揺した様子で「もし僕が子供を殺したらどう思う？」と問いかけたり、帰還後、姉の結婚式に出席した際には、ネイルガン（釘打機）の音に反応してその場に這いつくばり「伏せろ」とわめき散らしたこともあった。心を病んでいたのは明らかだった。

ルースの父親は息子が海兵隊に入隊した際の誇らしげな写真を公開し、遺族に対する謝罪を行うと同時に、息子が戦争で精神を病み帰国後別人になってしまったこと、本人が死刑を望んでいることなどを明かした。

アメリカで映画「アメリカン・スナイパー」が初公開された2ヶ月後の2015年2月、ルースの裁判が始まった。検察は、事件当日の朝、ルースがドラッグを使用しアルコールを飲んでいたこと、事件後、親族に犯行を打ち明け、悪いと知りながら狙撃に及んだことを認めていたと主張。対し、弁護側は犯行時、被告が一時的な心神喪失状態に陥っていたことから責任能力は無いと反論する。その根拠として弁護側が挙げたのは、カイルがリトルフィールドに送ったテキストメッセージだ。3人で射撃場に向かう途中、カイルはルースの言動がおかしいことに気づき、「こいつは完全に狂っている」とリトルフィールドに警告していたという。果たして、判決は仮釈放なしの終身刑だった。精神疾患により無罪という被告の主張を陪審員は完全に退けた。

それにしても、イラク戦争で敵兵を殺しまくった名うてのスナイパーが、なぜいとも簡単に殺されたのか。平和な暮らしに慣れ、危機意識が薄れていたのか。事件は単に精神異常者による突発的な犯行だったのか。アメリカ国内には、カイルが出版した本の中で軍内部の機密項目にも触れていたことから、口封じのための殺害だったという声もあるという。

犯人は仮釈放なしの終身刑に

▼カイルを射殺したエディー・レイ・ルース。右が海兵隊入隊時、左が逮捕時

▼2013年2月、カイルの葬儀の様子。このときすでに映画の製作が進められていた

▶リスト一家。左から犯人のジョン、長女パトリシア、妻ヘレン、長男ジョン・リスト・ジュニア、次男フレデリック。他に母エルマも殺害されている

W／ダブル

妻子と母を射殺した後、18年間逃亡し別の女性と結婚

FILMS

▲子持ちのシングルマザーに近づき「理想の家族」を作ろうとするサイコキラーをテリー・オクィン（右）が演じた。映画「W／ダブル」より

“理想の家族”を求めた元会計士の凶行、ジョン・リスト事件

1987年公開のアメリカ映画「W／ダブル」は〝理想の家族〟を求めて子持ちのシングルマザーの家庭に継父として入り込み、それが破綻するや家族全員を殺害。その後、名前を変え別の土地で別の母子家庭で継父となり、自分を怪しむ周囲の人間を次々に殺害するサイコキラーの姿を描いた傑作スリラーだ。

この奇抜なオリジナルストーリーを執筆した脚本家のドナルド・E・ウェストレイクがモチーフにした実際の事件がある。1971年に妻子と母を殺害した後に逃走、名前を変え別の土地で別の女性と結婚していたジョン・リスト事件だ。リストが逮捕され、逃走後の経緯が判明するのは映画公開2年後の1989年。つまり、本作は真相が明らかになる前に、奇しくも劇中で事件のその後をずばり言い当てていたのである。

1971年11月、ジョン・リスト（当時46歳）は米ニュージャージー州ウェストフィールドで妻と子供3人、母親と暮らしていた。リストは有能な会計士で、地元銀行の副社長も兼務。家は部屋が19もある豪華な邸宅。近隣住民からは何不自由のない裕福な一家と思われていた。

しかし、実情は違った。多重債務と投資の失敗が重なり会社を解雇され破産寸前。妻は酒に溺れ、子供たちはロックやオカルト、ドラッグ

W／ダブル

1987／アメリカ／監督：ジョセフ・ルーベン
自分の夢見る理想の家族像を掲げる殺人鬼を描いたサイコスリラー。続編としてパート2、3、2009年にはリメイク版の「ステップファーザー 殺人鬼の棲む家」が製作された。原題の「TheStepfather」は“継父”の意。

にのめり込んでいた。熱心なキリスト教信者だったリストは、そんな家族の態度を極めて不道徳と捉えた。自分の理想とはほど遠い家族のあり方。自身の経済的問題も含め、彼は全てを清算する決断を下す。

同月9日、いつものように子供たちが学校に行った後、拳銃（22口径のリボルバー）で妻のヘレン（同45歳）の後頭部を撃ち、続いて母親のエルマ（同85歳）を左目の上に弾を放ち射殺。ほどなく娘のパトリシア（同16歳）と次男フレデリック（同13歳）が学校から家に帰ると、それぞれの頭を撃ち殺害した。

自分で作ったサンドイッチを食べた後、銀行に出向き自分と母親の口座を閉鎖。その足で長男ジョン・リスト・ジュニア（同15歳）の通う高校へ車を走らせる。長男はサッカーの試合中だった。リストは息子にエールを贈り、試合が終わると何事もなかったかのように長男を車に乗せ、家に戻るや問答無用で胸を撃ち死に至らしめた。

家族を皆殺しにしても、リストは極めて冷静だった。全員の遺体を寝袋の上に整然と並べ、腐敗を防ぐためにエアコンのスイッチをオン。さらには子供たちが登校しないのを不審に思われないように学校にノースカロライナ州にいると連絡し、郵便物も現地の郵便局留めにする手続きを取るなど偽装工作を施し、家から姿を消す。

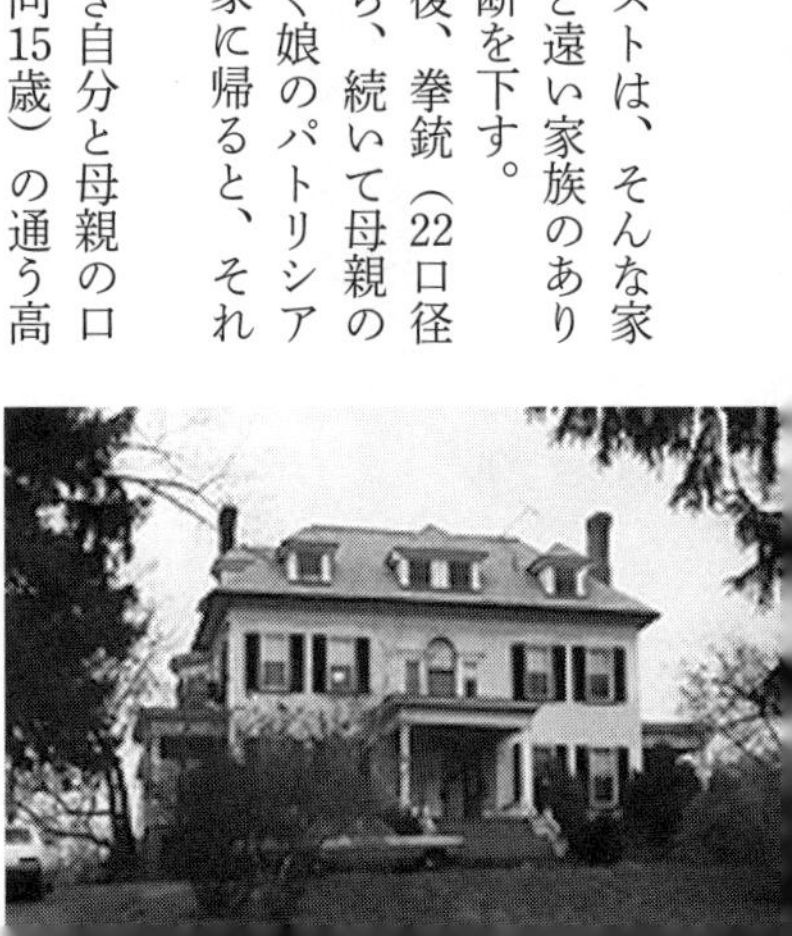

▶惨劇の舞台となったリスト邸。家屋は事件から10ヶ月後の1972年8月、不審火により消失した

事件が発覚するのは1ヶ月後の12月7日。長女パトリシアから何の音沙汰もないことを心配

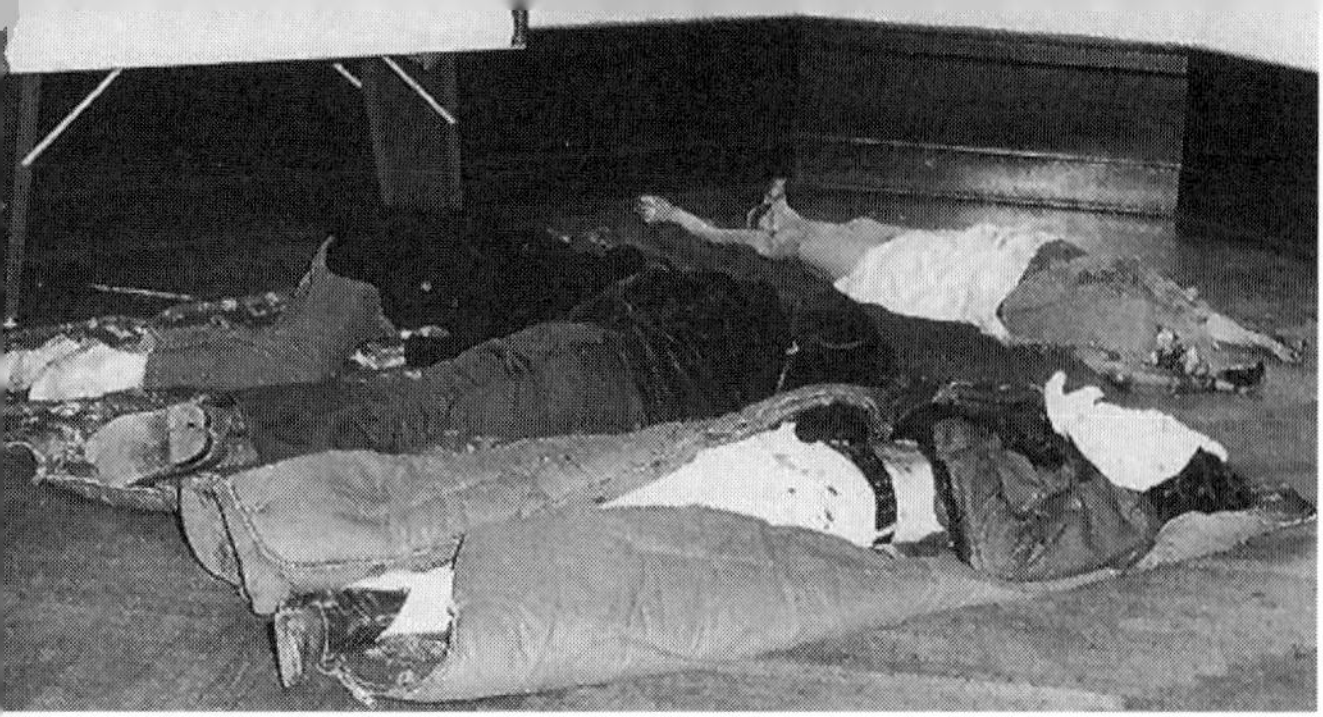

▲殺害遺体は、不気味なまでに整然と並べられていた

した学校の担当教師が家を訪ね、腐敗して膨れ上がった5つの遺体を発見したのだ。このとき、ステレオからはワーグナーの「神々のたそがれ」が大音響で鳴り響いており、リストの自筆で牧師に向け犯行を告白するメモが残されていた。

警察は、ニューヨークのジョン・F・ケネディ国際空港でリストが乗り捨てた車を発見し、母親の銀行口座から現金を引き出したことまでは突き止めた。が、その後の消息は一切不明。全米に指名手配をかけ、彼がドイツ語が堪能だったことから海外逃亡も視野に入れ手配したものの、有力な情報は何一つ得られなかった。

すでに捜査が打ち切りとなった18年後の１９８９年、地元警察が大手テレビ局フォックスにかけあい、逃亡犯の事件再現と追跡調査を放映する番組「アメリカの指名手配犯人」に事件を取り上げてもらうことになった。とはいえ、手がかりは犯行前のリストの顔写真のみ。そこで番組では、彫刻家にして復顔の権威フランク・ベンダーに18年後のリストの顔の再現を依頼する。

番組は同年5月21日に放送され、事件再現映像と共に「64歳現在のリストの胸像」を公開した。胸像はプロファイリングで得られた予測情報から作製したもので、リストが宗教的理由から外見を一変させるような整形手術を受けておらず、その性格から単調な食生活を繰り返した結果として顎が垂れ下がり、また父親の晩年の写真を参考に生え際も後退していることや、外出して運動をする習慣がなかったという情報から肌色は青白く、度が進んだ眼鏡をかけているなどの情報を盛り込んだものだった。

放送は大反響を呼び、200件近くの情報が寄せられた。その中で最も有力だったのが、バージニア州リッチモンドに住む「ロバート・クラーク」なる男性が胸像に瓜二つというものだ。警察はすぐに現地に飛び、男を任意で取り調べる。対し、彼は頑なに「自分はロバート・クラークだ」と主張したが、指紋の照合によりジョン・リスト本人であることが判明。同年6月1日、逮捕に至った。

調べによると、リストは犯行後、ニュージャージーからミシガン、コロラドまで電車で移動。1972年初めにデンバーに定住し、大学の同級生だった「ロバート・クラーク」を名乗り、会計の仕事に就いた。1979年からはデンバー郊外の紙箱メーカーで財務担当として働く一方、宗教関連の集会で知り合った女性と1985年に結婚。新たな家庭を築き、逮捕時はその1年前に越したリッチモンドの住宅で暮らしていた。ちなみにリストは、逮捕のきっかけとなったテレビ番組「アメリカの指名手配犯人」を毎週欠かさず観ていたという。

1990年4月12日、ニュージャージー州の法廷は家族5人に対する第一級殺人罪でリストへ5回の終身刑を言い渡した。その後の控訴、上告はいずれも却下され刑が確定。リストからは、最後まで殺害した家族に対する謝罪や後悔の言葉は全く発せられなかったそうだ。リストはトレントン刑務所に収監され、2008年3月21日に肺炎で死亡した（享年82）。

服役中、メディアの取材に応じたリストは「なぜ、犯行時に自分も死ななかったのか？」と聞かれ、こんな不可解な答を返したそうだ。

「私が自殺したら、死んだ家族と天国で会えないから」

本人そっくりの胸像が逮捕のきっかけに

▲◀1989年、逃亡前のリストの写真をもとに、18年後の顔を復元する彫刻家のフランク・ベンダー。テレビで公開された胸像は、逮捕時73歳だったリストに瓜二つだった

アメリカで最も嫌われた女性

カリスマ無神論者が迎えた悲劇的な結末

▲マデリン・マーレイ・オヘア本人

©Netflix

▼主人公オヘアを演じたメリッサ・レオ。映画「アメリカで最も嫌われた女性」より

マデリン・マーレイ・オヘア誘拐殺人事件

FILMS

信仰心の薄い日本人にはほとんど知られていないが、熱心なキリスト教信者の多いアメリカで１９６０年代から１９８０年代、メディアを席巻した有名人がいる。マデリン・マーレイ・オヘア。独特の毒舌で信仰の自由を説いた無神論者の女傑だ。

２０１７年に公開された映画「アメリカで最も嫌われた女性」はタイトルどおり、アメリカ国民の多くに反発を買いながらも、その積極的な活動で大きな注目を集めた彼女の実話と悲劇的結末を描いた衝撃作である。

映画は１９９５年、家族2人ともに誘拐されたオヘアの監禁生活と、彼女の過去が交互に描かれる。

劇中に説明はないが、オヘアは１９１９年、ペンシルベニア州ピッツバーグの敬虔なクリスチャンの両親のもとに生まれた。22歳のとき鉄鋼労働者の男性と結婚したものの、第二次世界大戦で婦人陸軍部隊に所属し、敵国イタリア軍の暗号解読要員として従軍したヨーロッパで将校と恋に落ちて離婚、終戦翌年の１９４６年に長男ウィリアムを生む。将校とは結婚しないまま破局し、１９５４年、別の男性との間に次男ガースを出産。自ら選択した道とはいえ、私

アメリカで最も嫌われた女性

2017／アメリカ／監督：トミー・オヘイヴァー
キリスト教信者が大半を占めるアメリカで無神論を提唱、メディアを巻き込む大論争を起こし、最終的に殺害されるマデリン・マーレイ・オヘアの運命を描く。主演のメリッサ・レオはオヘア役を念願し、本人と見間違うような熱演を見せた。

生児2人を生むという自身の人生を顧みて、この頃すでに彼女は、神など存在しないと確信するようになっていた。

5年後の1959年、オヘアは大胆な行動に出る。無神論の国であるソビエト連邦に移住すべく、ワシントンDCのソ連大使館を通じて申請手続きを取ったのだ。が、ソ連側に入国を拒否され、彼女は2人の子を抱えたシングルマザーとして、当時、両親が住んでいたボルチモアの家に転がり込む。

波乱万丈を地でいく人生だが、始まりはここからだ。1960年、当時14歳だったウィリアムが通う中学で聖書朗読の時間があることを知ったオヘアは、カトリック系の学校でもないのに、それを生徒に強要することは間違いであり、すぐに中止させるよう担任の教師に抗議する。学校側がこの申し出を拒むと、「言論と宗教の自由」に則り学校の行為は違憲であると、ウィリアムを原告として学校側を提訴。3年後の1963年、最高裁から「学校での聖書朗読の強制を禁止する」との判決を勝ち取る。

オヘアの主張はある意味、正論である。しかし、キリスト教国家アメリカで当時、信仰の自由を訴え最高裁まで闘うなど極めて異例。この一件はメディアでも大きく報じられ、彼女は世間から非難を浴びたばかりか殺害予告まで送られる。

一方、抗議や脅迫の手紙に混じって無神論への支持や感謝の手紙も届き、その中にはカンパや寄付金などが入っていることがあった。これに勇気づけられたオヘアは、テキサス州オースティンにNPO法人「アメリカ無神論協会」を設立し、会長の任に就く。

▲ボブ・ハリトン神父(左)と宗教論争を戦わせるオヘア。敵対する2人の対話は大きな反響を呼んだが、裏で意図的な演出が加えられていた

▲1963年、司法に、公立学校での聖書朗読の授業は違憲であると認めさせたオヘア(左)。中央が長男ウィリアム、右が次男ガース。ワシントンD.C.の最高裁判所前にて。ウィリアムは後年、母と決別し、1980年にキリスト教の牧師となった(2021年9月現在存命)

その後、テレビやラジオに出演し、世間を敵に回しながら有神論者を容赦なく非難、メディアから「アメリカで最も嫌われた女性」と呼ばれ、その名を全米に轟かせる。

無神論協会は長男ウィリアムが活動を支えていたが、1969年、オヘアがリスナーからの質問に応える番組に出演した際、キリスト教の熱狂的信者から暗殺未遂に遭ったことをきっかけに、彼は協会を離脱する。以前から大きなリスクを伴う無神論のアピール活動に消極的で、悩みながらも半ば母親に強制され行動を共にしてきたものの、この事件が決定的となった。当時、ウィリアムは高校時代の同級生と結婚し娘ロビンの父親でもあったが、事件を機にアルコール依存となり妻と離婚。娘ロビンはオヘアが引き取ることになった。

その後も無神論を積極的に説くオヘアに転機が訪れるのは1979年。オースティンのテレビ局が、ニューオリンズの伝道師と呼ばれるボブ・ハリトン神父とオヘアを戦わせる公開討論を放映したところ大反響を呼ぶ。ハリトンは計算高い男で、これが金になると踏むや、オヘアにわざと聖書を

破らせるなど対論会をエンターテインメント化し、全米各地で興行。結果、オヘアの無神論協会にも莫大な金が転がり込む。己の主義主張がビジネスに変わったのだ。

1987年、オヘアは協会会長の座を次男ガースに譲り、名誉会長職に就く。生活は悠々自適だった。が、1991年、デヴィッド・ウォーターズ（当時47歳）なる男を協会に雇い入れたことで運命が変わる。ウォーターズは過去に17歳の少女を殺害した前歴者だったが、オヘアは自分の過ちを正直に話し更生を望む彼を気にいり、協会の会計係に任命したのだ。

ウォーターズは働きだしてまもなく、オヘアがニュージーランドの隠し口座に100万ドルもの大金を貯めていることを知る。彼はその事実を暴露するとオヘアを脅し、彼女がそれに屈しないとわかるや、協会の口座から5万4千ドルを盗み、わずか数ヶ月で解雇される。

事件はそれから2年後の1995年8月27日に起きた。ウォーターズが、過去に強盗・殺人歴のあるゲイリー・カー（同47歳）とダニー・フライ（同41歳）と共謀し、オヘア（同76歳）、次男ガース（同40歳）、孫娘ロビン（同30歳）を事務所から誘拐、テキサス州サンアントニオのホテルの部屋に監禁したのである。動機は、隠し口座にある金を奪うことだった。

オヘアらが失踪当時、協会スタッフは特に不審がらなかった。事務所にタイプライターで記された「しばらく留守にする」というガースの署名付きメモが残されていたからだ。もちろん、これはウォーターズらが脅し書かかせたものだ。

しかし、3週間経っても何の連絡もなく、スタッフが警察に通報。やっと捜索が始まる。誘拐から1ヶ月が経過した9月29日、隠し財産100万ドルのうち送金可能だった60万ドルを入手したウォーターズらは被害者3人の殺人を実行する。いずれも絞殺で、遺体はのこぎりでバラバラにされ付近の牧場に捨てられた。

協会の隠し口座から60万ドルが消えていることを端緒に、警察は元スタッフのウォーターズ他2人が犯行に関与していることを突き止め、全米に指名手配をかける。が、その行方は3年半もわからず、1999年にようやく逮捕に至る。

取り調べで、ウォーターズは3人を殺害した後、共犯のフライを用無しとみなして銃殺したことを告白。後に死体を遺棄した場所を明かし、その供述どおり、2001年1月、テキサス州南部の牧場で切断されたオヘアら3人の遺体が発見される（フライの遺体はダラス近郊の川底で斬首された状態で見つかった）。

その後の裁判でウォーターズには禁固68年の判決が下ったが、収監中に肺がんを患い、2003年1月、ノースカロライナ州の連邦医療センターで死亡。カーは終身刑を宣告され、2021年9月現在も服役中である。

なお、ウォーターズが奪った60万ドルはコインロッカーに保管されていたが、その後、何者かに盗まれ現在も見つかっていない。

死体をバラバラに切り刻み牧場に遺棄

▼犠牲者の3人。左から次男ガース、オヘア、孫娘ロビン（彼女も無神論協会のスタッフとして働いていた）

ランページ　裁かれた狂気

6人を殺害、腹を切り裂き血をすくって飲んだサイコキラー

▶劇中、チャールズ・リースの名で登場する連続殺人鬼を演じたアレックス・マッカーサー。映画「ランページ　裁かれた狂気」より

◀高校時代のチェイス。外見からは想像もつかないが、動物虐待、放火、マリファナなどに手を染めていた

「サクラメントの吸血鬼」リチャード・チェイス事件

　１９８７年製作の「ランページ 裁かれた狂気」は、死刑反対論者の検事が主人公の法廷サスペンスだ。ある日、連続猟奇殺人犯の担当になった彼は、上司に死刑に持ち込むよう命じられ戸惑うが、精神異常を主張する弁護側とやりあい、被害遺族の苦悩を目の当たりにするうち犯人を死刑にすべきという思いを固くする――。

「フレンチ・コネクション」（１９７１）、「エクソシスト」（１９７３）、「恐怖の報酬」（１９７７）などで知られるウィリアム・フリードキン監督がメガホンをとった本作のストーリー自体はフィクションである。が、劇中の殺人鬼には実在のモデルがいる。１９７７年末から１９７８年初頭にかけ６人を殺害した「サクラメントの吸血鬼」ことリチャード・チェイスだ。

　映画はショッキングな殺人シーンから始まる。拳銃を持った若い男が民家に押し入って女性や老夫婦を殺害すると、死体の腹を切り裂いて内臓を取り出し、溢れ出す血を自分の体に塗りたくる。

　このおぞましい犯行を実際に起こしたリチャード・チェイスは１９５０年５月、米カリフォルニア州サクラメントの中流家庭に生まれた。幼い当時は内気なごく普通の少年だっ

ランページ　裁かれた狂気

1987／アメリカ／監督：ウィリアム・フリードキン
殺人事件の裁判を通し、死刑制度の是非を問いかける法廷サスペンス。原題の「RAMPAGE」は「大暴れ」「凶暴な行動」の意。1987年に製作され同年のボストン映画祭で上映されたが、その後お蔵入りとなり、1992年にアメリカの劇場で初公開された。

たが、12歳の頃、母親が夫に対し「他の女性と浮気をしている」「麻薬をやっている」「私に毒を盛っている」などとなじり始めてから歯車が狂い出す。

毎日のように続く両親のいさかいにチェイスは心を蝕み、成長してもおねしょの癖が治らず、さらには放火、動物虐待を働くようになった。ちなみに、この3つの行動を取る子供は、大人になったときに連続殺人犯など攻撃的で反社会的な人間になる可能性が高いという。これは1960年代に精神科医のジョン・マクドナルドがFBI捜査官などと協力して出した「マクドナルド・トライアド」と呼ばれる研究結果である。

やがて、高校に入学したチェイスは酒とマリファナを常用。身なりに構わなくなり、何日も風呂に入らず悪臭を漂わせ同級生たちを不気味がらせる。高校は出て職に就いたものの長続きせず、すでに離婚していた両親の家を行き来する毎日。23歳の頃には「誰かが私の肺動脈を悪用している」などと医者に訴え、重度の精神障害と診断された。

それでも両親は何の手も打たず、チェイスの具合は悪化の一途をたどる。ウサギの内臓を生で食べ、小鳥の頭を喰いちぎり、入院先の精神病院では看護師から「ドラキュラ」と呼ばれた。

1977年8月、チェイスはカリフォルニア州とネバダ州の州境のシエラネヴァダ山中にあるタホ湖のそばで全裸の血まみれ姿で保安官に逮捕される。彼の車の中からライフルとバケツ一杯の血が発見されたのだ。が、調べの結果、それが牛の血であることが判明。警察は厳重注意だけで釈放する。

4ヶ月後の同年12月、チェイスは標的を動物から人間に変え、走行中の車から庭の手入れをしていたビジネスマン、アンブローズ・グリフィン（当時52歳）を22口径のリボルバーで射殺した。年が明けた1978年1月23日には、妊娠3ヶ月の女性テレサ・ウォリン（同22歳）の家に侵入し射殺。腹を切り裂いて内臓を引きずりだし、溢れる血をヨーグルト容器ですくって飲んだうえ、自分の排泄物を被害女性の口に押し込んだ。

4日後の1月27日は、シングルマザー、イヴリン・マイロス（同36歳）の家に押し入り、彼女と6歳の息子、たまたま居合わせたイヴリンの恋人男性（同52歳）の3人を射殺。イヴリンの遺体を寝室まで引きずり、屍姦の後に首を切り裂き血をすすった。さらには、イヴリンが子守りをしていた生後22ヶ月の甥を連れ去り、自分のアパートで殺害。斬首された甥

▼チェイスの毒牙にかかった犠牲者。左からテレサ・ウォリン（死亡当時22歳）、イヴリン・マイロス（同36歳）、息子のジェイソン・マイロス（同6歳）、甥のマイケル・フェレイラ（同22ヶ月）。他にイヴリンの恋人男性（同52歳）、ビジネスマンの男性（同52歳）が殺害された

◀テレサ・ウォリンの殺害現場。居間から寝室まで〝血の道〟が続いていた

の遺体は数ヶ月後、教会の裏に置かれた箱の中から発見される。

翌1月28日に目撃者からの通報でチェイスのアパートに駆けつけた警察は驚愕する。床から壁、ベッド、浴室、台所に至るまでが血みどろで、冷蔵庫には動物や人間の臓器が大量に保存されていたのだ。銃や肉きり包丁など殺人の物証も山ほど残され、ベッドの上にはイヴリンの甥のものとみられる子供の脳、カレンダーには44日分もの殺人のスケジュールが書き込まれていた。


6件の殺人容疑で逮捕・起訴されたチェイスの裁判は1979年1月に始まった。争われたのは映画同様、責任能力の有無だ。弁護側は精神異常を主張したものの、5ヶ月に及ぶ審理を経て陪審員が出した判決は有罪。チェイスには死刑が宣告された。

この直後、チェイスに面会した元FBI捜査官で作家のロバート・K・レスラーによれば、チェイスは自分の命を守るための殺人、正当防衛の殺人だったと主張したそうだ。なんでも彼の命は体内の血液を粉に変えてしまう「石鹸箱の毒」によって危険にさらされており、ナチスは地球の上を絶えず飛んでいるUFOと結びつき、UFOからテレパシーで血液を補充するために人を殺せとの指令がきたのだという。

レスラーは、チェイスが「回復の見込みのない精神異常者」、つまり責任能力がないことを確信したが、それが控訴審で争われることはなかった。判決から1年半後の1980年12月26日、チェイスが拘置所内の独房で自ら命を絶ったからだ（享年30）。

劇中の殺人鬼は判決が出る前に母親が差し入れた薬で自殺することになっている。対しチェイスは、拘置所で処方された抗不安薬を致死量になるまで貯め込み、クリスマスの夜に一気に飲み干した。彼の死に、自分がいつ襲われるか怯えていた囚人たちは安堵で胸をなでおろしたそうだ。

▲被害女性イヴリン・マイロスの甥マイケル・フェレイラの遺体が見つかった教会裏の木箱

死刑判決から1年半後、独房で自殺

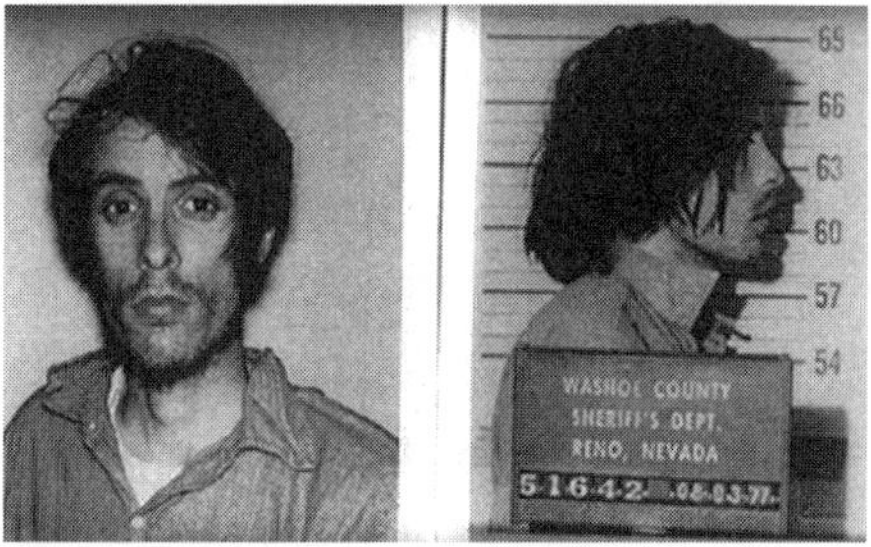

▲▼チェイスのマグショット(逮捕時の写真)と、出廷時に撮影された1枚(中央)

▲事件の犠牲者。右から父ロナルド・デフェオ・シニア、母ルイーズ、長女ドーン、次女アリソン、次男マーク、三男ジョン

▲惨劇の舞台となった邸宅「オーシャン・アベニュー112番地」。事件が起きる9年前の1965年、デフェオ一家が購入した。右上が家族を殺した長男のブッチことロナルド・デフェオ・ジュニア

悪魔の棲む家

曰く付き物件を購入した夫婦の作り話だった可能性大

デフェオ一家惨殺事件と、その後に起きた怪現象の謎

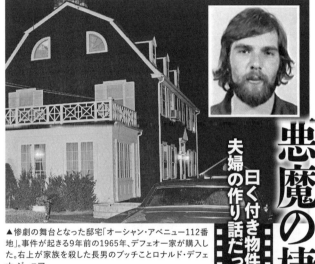

一家殺しのあった豪邸に越してきた家族5人が様々な怪奇現象に遭遇するホラー映画「悪魔の棲む家」。本作は1974年に米ニューヨーク州ロングアイランドで起きたデフェオ一家惨殺事件と、そこへ転居してきたラッツ一家の身に降りかかった実話を基にしていると言われるが、一家が体験したという怪奇現象は作り話の可能性が高い。

映画の冒頭、簡単に描写される一家皆殺しは、1974年11月13日、ニューヨーク州ロングアイランドの閑静な住宅地アミティヴィルに建つ豪邸（通称オーシャン・アベニュー112番地）で発生した。

同日18時30分頃、邸宅に住むデフェオ一家の長男ブッチことロナルド・デフェオ・ジュニア（当時23歳）が地元のバーに駆け込み「助けてくれ！家族全員が撃たれた」と叫んだ。通報を受けた警察が現場へ向かい中を確認すると、彼が言うように、一家の主人ロナルド・デフェオ・シニア（同44歳）、妻ルイーズ（同42歳）、長女ドーン（同18歳）、次女アリソン（同13歳）、次男マーク（同12歳）、三男ジョン（同9歳）の射殺体が、それぞれの寝室で見つかる。凶器は35口径のレバー式マーリン・ライフルだった。

警察の事情聴取に、ブッチは犯人に心当た

悪魔の棲む家

1979／アメリカ／監督：スチュアート・ローゼンバーグ
1974年に米ロングアイランドのアミティヴィルで起きたと言われる超常現象を題材にしたホラー映画。1979年のオリジナル以降29本もの続編が製作され（14本は日本未公開）、2005年には完全リメイク版も公開されている。

りがあるとして、自動車ディーラーの父が恨みを買っていたというマフィアの名前を挙げる。が、捜査が進むにつれ、ブッチに疑いが強まっていく。凶器と同じ銃を所有しており、ヘロインやLSDを常習。さらには家族に日常的に殴る蹴るの暴行を働いていた父親を憎悪し、事件の数週間前には母親が床に叩きのめされるのを目にして、父に向けてライフルの引き金を引いたことが判明したのだ。その際は弾が入っておらず大事には至らなかったものの、動機には事欠かないブッチを警察は徹底的に追及し、自供を得る。

殺人罪による逮捕、起訴を経て1975年から始まった裁判でブッチは「頭の中にいる何者かの声に『殺せ』とせき立てられていた」と供述。弁護人も被告は妄想性痴呆症で責任は問えないと主張したが、判決では終身刑が宣告され、ブッチはニューヨーク州ビークマンにあるグリーン・ハーベン終身刑務所に収監された。

映画は事件の1年後、3人の子供たちとの暮らしのために新たな住まいを探していた夫婦が、この邸宅を購入、転居してきてから本筋が始まる。

最初こそ快適な日々を送っていたものの、1週間が過ぎる頃から空き部屋に大量の虫が発生、玄関のドアが突然吹っ飛び、壁から血が滴り落ちるなどの超常現象が発生する。やがて一家の主人が精神を崩壊させ、家の中を斧を手に歩き回る事態にまで発展。最終的に、彼らは越して1ヶ月も経たないうちに“悪魔の棲む家”を手放すことになる。

劇中の主人公夫婦のモデルとなったのは、ジョージ・ラッツと、妻のキャシーだ。劇中のとおり、キャシーは別れた夫との間に生まれた３人の連れ子がおり、同じく離婚経験のジョージと１９７５年３月に再婚（当時28歳。ジョージは27歳）。ジョージと彼の母親、それぞれの家を売却して得た金を頭金に「オーシャン・アベニュー１１２番地」を、劇中どおり８万ドルの破格値で購入する（相場は12万ドル）。

実際に転居したのも、映画と同じく事件から１年後の１９７５年12月18日のこと。１日目こそ何事もなかったが、２日目以降、居間のドアが吹き飛び、階段の奥に見知らぬ少年の幽霊が出現。さらには雪の上に悪魔のヒヅメのような足跡が現れ、深夜に巨大な赤い目が寝室を覗き込むなどの怪奇現象に襲われる。結果、一家は転居して28日目の１９７９年１月14日に家を手放すことになる。

▲逮捕・連行される長男ブッチ

◀上が事件から1年後に家を購入したジョージ・ルッツ（左）と妻キャシー本人。下は劇中で夫婦を演じたジェームズ・ブローリン（左）とマーゴット・キダー。キャストの2人とも実際に怪奇現象が起きたとは信じていなかったそうだ

まさに映画を地でいく恐怖体験だが、この話はかなり疑わしい。本作「悪魔の棲む家」は、作家ジェイ・アンソンが1977年に出版した『アミティヴィルの恐怖』を原作としている。ジョージとキャシーに直接、取材し書き上げたノンフィクションということになっているが、同書の企画発案者は、なんと家族を皆殺しにしたブッチの弁護人ウィリアム・ウェバーだった。

ジョージが家を手放した本当の理由は怪奇現象からの脱出ではなく、経済面でトラブルが起こり、住宅ローンの支払いが難しくなったからだ。そんな事情を知ったウェバーが自身の体験談を本にしないかとジョージに持ちかけたのである。当時は映画「エクソシスト」の大ヒットを受け、空前のオカルトブーム。映画で描かれたような恐怖を味わったことにして本を出せば必ず儲かると提案したのだ。

話に乗ったジョージは、ウェバーのつてで出版社を紹介してもらい、夫婦揃ってジェイ・アンソンのインタビューを受ける。果たして、本はベストセラーとなり、ルッツ夫妻に多額の印税が転がり込む。

その後、ジョージは新聞・雑誌の取材を受けたり、テレビに出演し、自分の体験を大げさに、時には完全な嘘とわかりながら、まことしやかに話した。映画化のオファーも、そんなジョージのメディアへの積極的な露出が後押ししていた。

映画もまた大ヒットし、その後、29本の続編が製作される。当然、ジョージの懐にも大金が入る。そして1988年、妻キャシーと離婚。夫婦の間に生まれた2人の子供はキャシーが引き取ったが、彼女は2004年、肺気腫で死亡。2年後の2006年、ジョージもまた心臓病でこの世を去った（享年59）。

事件の舞台となった「オーシャン・アベニュー112番地」は、ラッツ一家が家を手放して以降、不気味な噂が拡散され、多数の野次馬が殺到。そのため大幅な修繕が行われ、観光客が押しかけることのないよう住所も変更された。

一方、事件の主犯であるブッチは本の出版、映画化の際に刑務所で取材を受けながら、自分の無罪を訴え何度か釈放を要求。しかし、当然ながらそのような主張が容認されることもなく、その後も獄中生活を続け、2021年3月21日に移送先の医療センターで息を引き取った。享年69。具体的な死因は明らかにされていない。

オカルトブームに乗じて怪奇現象を捏造!?

▶映画の原作本『アミティヴィルの恐怖』と、出版の企画発案者で事件の主犯ブッチの弁護士だったウィリアム・ウェバー

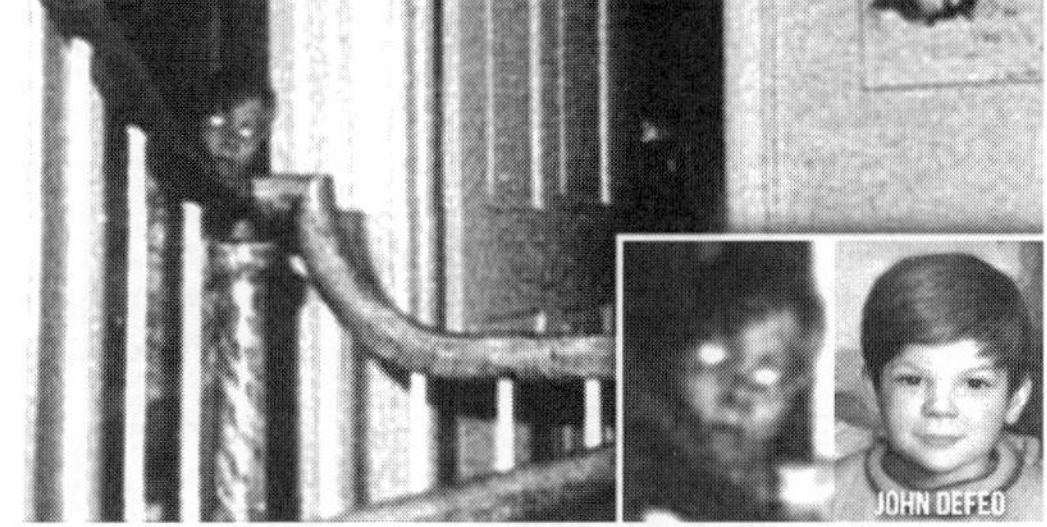

▲犠牲者の1人、三男ジョンの幽霊が出現したとされる写真。加工したフェイク画像である可能性が高い

ブラディ・サンデー

イギリス軍が市民に発砲、14人が死亡した英国の黒歴史

北アイルランド紛争「血の日曜日事件」

▲事件を象徴する1枚。惨劇が起きたロンドンデリー市内の地区の名から「ボグサイドの虐殺」とも呼ばれる

▲デモの指導者、アイバン・クーパー本人（写真は1969年8月に起きたロンドンデリーでの暴動で負傷した際に撮影されたもの）。下は劇中でクーパーを演じたジェームズ・ネスビット。映画「ブラディ・サンデー」より

２００２年公開の映画「ブラディ・サンデー」は、北アイルランド紛争下の１９７２年、デモ隊とイギリス軍が衝突し14人が殺害された「血の日曜日事件」をドキュメンタリータッチで再現した社会派ドラマだ。公民権を求める非武装のカトリック市民を軍が殺傷したこの惨事は、現代アイルランド史における極めて重大な事件として位置づけられている。

イギリスはイングランド、ウェールズ、スコットランド、アイルランドの4つの国家で構成される連合体と認識している人は少なくないだろう。しかし、もともとイングランドを除く3ヶ国はイギリスの植民地で後に独立した国家だ。アイルランドに関しては、１９２２年に勃発した独立戦争で南部・西部アイルランドの26地方がイギリス・アイルランド連合王国から分離し、新たにアイルランド自由国を建国。北部アイルランド6州（面積は福島県程度）は独立後もイギリスの統治下に留まることになる。

北アイルランドはキリスト教のプロテスタントが大半を占め、少数派のカトリック系住民は旧くから差別を受けていた。例えば、同地域では持家者夫婦のみが選挙権を与えられるのだが、公団住宅の割り当てはプロテスタントが優先。自ずとカトリック系は立場は弱

ブラディ・サンデー

2002／イギリス・アイルランド／監督:ポール・グリーングラス
北アイルランドで公民権を求めるデモ隊とイギリス軍が衝突し、14人の死者を出した「血の日曜日事件」 を描いたテレビ映画。第52回ベルリン国際映画祭で「千と千尋の神隠し」とともに金熊賞（最優秀作品賞）を受賞した。日本未公開で、Amazonプライムにて視聴可。

くなる。

こうした背景を受け、1960年代後半、アイルランドへの併合を願うカトリック系住民と、英国統治の継続を望むプロテスタント派との対立が深刻さを増し、それはやがて北アイルランドの領土を巡るイギリス（正確にはグレートブリテン及び北アイルランド連合王国）とアイルランドの国家間問題、いわゆる「北イングランド紛争」に発展する。

映画の舞台は、紛争真っ只中の1972年1月、北アイルランドで二番目に大きい都市ロンドンデリー。主人公は当時、下院議員だったアイバン・クーパー（1944年生）だ。

北アイルランド出身で、カトリック系住民が人権的にも経済的にも差別を受けていることを熟知していたクーパーは、政治家になって以降、彼らにも平等な権利が与えられるべきと一貫して主張。公民権運動のリーダーとしてカトリック派から大きな支持を得ていた。

クーパーは運動の一環として、自身が会長を務める北アイルランド公民権協会で、「インターンメント」への反対を訴える大規模のデモを計画する。インターンメントは、1971年に北アイルランド自治政府が取り入れた政策で、逮捕状なしでの逮捕、起訴や裁判を経ていない拘禁を合法化したものだ。これまで公民権運動の参加者が不当に逮捕、拘禁されていたこともあり、クーパーは地元警察の許可を得たうえで、カトリック住民が多く住むロンドンデリーでデモを実施することにした。

当日1月30日はよく晴れた日曜日だった。ロンドンデリーの市民約1万5千人が高台のクレガン地区に集まり、14時45分、集会を開く市内中心部のギルドホール広場に向かってデモ隊が歩き出す。あくまで行進するのが目的で、全員が非武装だった。

これに便乗したのがＩＲＡ（アイルランド共和軍暫定派）である。彼らは「統一アイルランド」の建国を目標に掲げる、国際社会的にはテロ組織として認識されていた過激派集団で、この日、重装備でデモ隊の周りをうろついていた。

一方、イギリス政府は暴動を恐れ、現地に陸軍の精鋭、パラシュート部隊の第１大隊（約５００～６００人）を動員、市街地をバリケードで封鎖する。

そこでデモ隊は「フリーデリーコーナー」なる歴史的建造物前の広場で集会を開こうとルートを変更。すると、行進から抜け出した何人かがバリケードの兵士に石を投げ始めた。対し兵士はゴム弾や催涙ガス、放水砲などで応戦する。ただ、こうしたやり取りはそれまでのデモ行進でも繰り返されてきた、いわばお約束のトラブル。劇中で発砲音が響くのにデモ参加者の誰もが驚かないのは、そのせいだ。

しかし、15時55分になって事態は一変する。３階建ての

▼1972年1月30日、ロンドンデリーに集結した市民。イギリス政府は陸軍を派遣、市民らに攻撃を加えた

建物を占拠するパラシュート部隊を見つけ投石した若者たちに向け、兵士がゴム弾ではなく実弾を発砲し、2人を銃殺したのだ。

別の通りのバリケードに配置された兵士グループも実弾を使い、逃げ惑う人々をカトリック系住民が多いボグサイド地区に追い込んで次々と射殺した。結果、最初の発砲から10分あまりの間に100発以上の弾丸が発射され、14人が死亡し13人が負傷する一大事件に発展する。

映画の暴動シーンは、実際にデモに参加した人々や地元住民、ジャーナリストなど、現場で事件を目撃していた人たちの証言を基に描かれている。劇中で、パラシュート部隊が負傷者を助けようとした人たちに発砲したのも、倒れて動けない者にとどめを刺すように銃弾を放った兵士がいたのも事実だ。が、事件直後の調査では、発砲した兵士全員が、自分たちに銃撃してきた市民、または爆弾投下者に警告をしたうえで銃を撃ったと証言。現場から彼らが撃った以外の弾丸や爆弾が一切回収されていないにもかかわらず、兵士たちは自分たちの行為の正当性を主張した。

映画の最後に、裁判で軍に無罪判決が下り、14人を殺害した兵士の誰もが裁かれることはなかったとのクレジットが入る。

しかし、1973年の死因審問で、市の検死官である英国陸軍少佐が「陸軍が暴走し、無実の人々を撃っていた。純粋な殺人だった」との見解を発表。さらに、トニー・ブレア政権で発足した独立調査委員会が再調査を行い、2010年にその結果を公表した。内容はイギリス側に非があるとするもので、デビッド・キャメロン首相が政府として初めて公式に謝罪を行った。

この調査では、発砲した兵士1人1人についても言及されており、2019年になり、北アイルランドの検察当局が殺害に加担した元陸軍兵士（66歳）を起訴したものの、2021年7月、訴追は取り下げられることとなった。

▲銃撃により即死した遺体の傍らで恐怖に怯える市民

イギリス側の非を認め、政府が公式に謝罪

▲犠牲者14人（うち5人が17歳）。1人は被弾した数ヶ月後に死亡した。上段左のパトリック・ドハーティ（当時31歳）は上の写真に写る銃弾に倒れた人物で、犠牲者の中で唯一武装したIRAのメンバーだった

モンスターズ　悪魔の復讐

32歳の娘が実の父親と継母を斧で殺害!?

▶リジー・ボーデン本人

▼惨劇の舞台となったボーデン邸。現在は旅行客が宿泊可能な見世物小屋的な施設となっている

19世紀末のアメリカで起きた未解決猟奇殺人、リジー・ボーデン事件

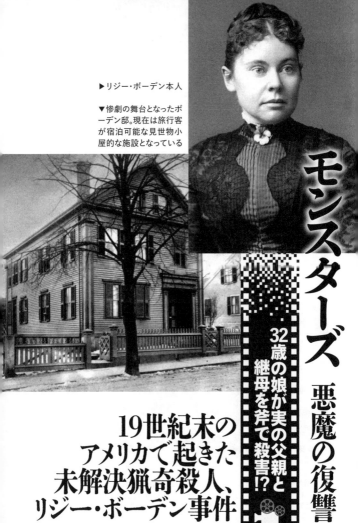

アメリカ犯罪史上に数ある未解決事件の中でも特に有名なリジー・ボーデン事件。大富豪と妻が斧で殺され、次女のリジーが容疑者として逮捕されたものの裁判で無罪となり、今なお真犯人が特定されていない世紀のミステリーだ。2018年公開の映画「モンスターズ　悪魔の復讐」は、犯行の原因が同性愛にあったとする視点から、この事件の顛末を描いたサスペンス劇である。

1892年8月4日、米マサチューセッツ州フォールリバーで、多数の不動産を所有する資産家のアンドリュー・ジャクソン・ボーデン（当時70歳）と妻のアビー（同64歳）が惨殺された。2人とも斧で頭部を10数回殴られたのが死因で、アンドリューは頭蓋骨が砕かれただけではなく、左の眼球が真っ二つに割れるほどの状態だった。

当日、事件現場であるボーデン邸にいたのは、次女のリジー（同32歳）とメイドのブリジット・サリバン（同25歳。通称マギー）のみ。アビーが午前9時頃、アンドリューは午前11時頃に殺されており、この2時間の間、外部の人間が家屋に居続けるのは現実的ではないことから、自ずと犯人はリジーかブリジッドに絞られた。

モンスターズ　悪魔の復讐

2018／アメリカ／監督：クレイグ・ウィリアム・マクニール
アメリカで様々なエンタメの題材となっている19世紀末にマサチューセッツ州で実際に起きた未解決猟奇殺人「リジー・ボーデン事件」を、主人公リジーと同性愛関係にあるメイドとの共犯説で描いたサスペンス。

アビーはアンドリューの後妻で、再婚（1866年）当時からリジーと9歳上の姉エマとは犬猿の仲だった。姉妹はアビーが父親の財産目当てに結婚したものと彼女を嫌悪し、邸宅内を姉妹の領域と夫妻の領域を分け一緒に食事もしないほどだった。

さらに財産の配分でも揉め事が絶えなかった。アンドリューはアビーに財産の多くを相続させる心づもりで、その旨を記した遺言書を生前に作成。姉妹は父の意向に猛反対していた。

事件当日、アンドリューは自分の持つ広大な農場をアビーに継がせることを決め、その名義を変更する予定だった。が、約束の時間になっても、手続き変更場所に現れない。不審に思ったアンドリューがいったん自宅に戻ると、リジーは「アビーはとっくに出かけた」と言う。このとき、アビーがすでに家の中で殺されていたことは言うまでもない。

リジーの状況証拠は真っ黒だった。事件の数日前に地元の薬屋で青酸物の購入を試み、店員に断られていた。また、事件の直前にボーデン家で食中毒のような症状が発生したにもかかわらず、リジーだけ何の異常もなかったことも判明した。

ほどなくリジーは殺人罪で逮捕され、全米が注目するなか1893年6月から裁判にかけられる。世間の誰もがリジーの有罪を確信していた。しかし、4週間の審理を経て陪審員は全員一致で無罪判決を下す。返り血を大量に浴びたはずの服が一切発見されていないこと（一方で、リジーが自分のドレスをハサミで切り刻んでいたとの目撃証言もあった）、警察がボーデン邸の地下室から押収した斧が凶器に使用された斧と断定できないことが理由だった。

▲リビングのソファで亡くなっていた父アンドリューと、ゲスト用のベッドルームを整えていたところを襲われた継母アビーの遺体

映画は、リジーとメイドのマギーが共謀し2人を殺害したとの視点で描かれている。根底にあるのは封建的な家父長制に君臨するアンドリューへの憎悪に近い反発だ。

直接的な動機としては、2人が同性愛の関係にあり、その現場をアンドリューに目撃され、ブリジッドが解雇されたこと。さらに彼女がアンドリューから性的暴行を受けていたこと。また、リジーが可愛がっていたペットのハトをアンドリューがわざと斧で殺して食卓に出したことなどが挙げられている。

しかし、これらは単なる噂でしかない。例えば、劇中では親密さを表すためにリジーだけが、マギーを本名のブリジットと呼んでいたように描かれているが、実際の裁判ではブリジッド自身が、父親の死体を見つけたリジーが「マギー、早く来なさい！父が死んだ」と叫んだと法廷で証言している。

ブリジッドがアンドリューに性的暴行を受けていたという証拠はなく、ハトの件は、あくまで家畜であり、アンドリューはいつもどおりに絞め殺したもので、リジーがそのことで悲しんだ素振りを見せたことはなかったそうだ。

そして、映画の最大の疑問点が、リジーとブリジットが同性愛の関係にあったかどうかである。本当のところは本人たちしかわからない。ただブリジッドは事件後、モンタナ州で働いていたときに出会った男性と結婚し、1948年に82歳で死去。生前、同性愛者と噂されたことは一度もない。

一方、リジーも事件が起きるまで、そんな噂とは無縁だったが、1904年に女優ナンス・オニールとの親密な間柄を囁かれたことがある。事件当時、ブリジッドと同性愛の関係にあったのではないかと憶測が流れるようになったのは、その後のことだ。

映画は釈放後のリジーとブリジッドの別れで幕を閉じるが、リジーのその後は波乱万丈を地で行く人生だった。父親の莫大な財産を継ぎ、姉のエマと邸宅で暮らしたものの、周囲から村八分に遭い、事件から5年後の1897年には万引で逮捕され、再び世間を賑わせている。しかし、彼女は周囲の反応など全く気にしないかのように、ボストンやニューヨークなどへの旅行や観劇に明け暮れる。オニールと知り合ったのもそれが縁だった。

リジーがこの世を去ったのは1927年6月1日（享年66）。その9日後の同月10日、導かれるように姉のエマも亡くなった。

ボーデン夫妻を殺害した犯人は現在も明らかになっておらず、世間では映画が描いた同性愛説以外にも様々な憶測が流れている。例えば、事件直後に地元の新聞がまことしやかに報じたのは、アンドリューとリジーの近親相姦説だ。幼い頃に父親に凌辱されたリジーが、32歳になって過去の出来事を自覚し、怒りを爆発させたというものだ。他にもアンドリューの成功を嫉んだ町の住人が犯人説。また事件当日、旅行で家に居なかった姉のエマがこっそり帰ってきて犯行に及んだとの説もある。

しかし、最も有力なのは、やはりリジーが財産を目当てに単独で殺人を働いたとの見方だ。地元の名士の娘が殺人を起こしたという事実に陪審員たちがおののき、数々の裏工作が施されたうえ、さらに証拠が不十分だったため無罪扱いになったのではないかとされる。

リジーの死後、彼女の人生と、行ったと疑われる犯罪は多くの小説、映画、音楽、演劇、漫画などの題材となり、リジー・ボーデンの名は現在も世に刻まされている。

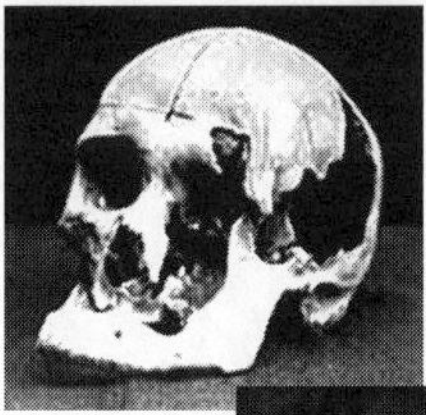

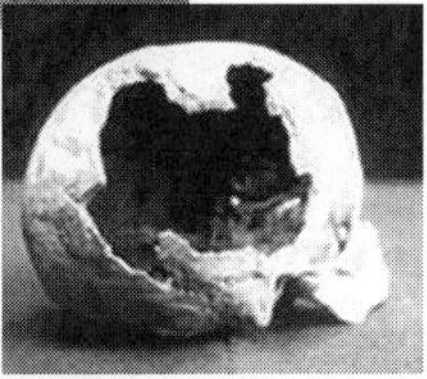

▲裁判で公開されたアンドリュー(上)とアビーの頭蓋骨。警察が押収した斧は、犯行に使われた凶器とまでは断定できなかった

同性愛が犯行動機とする劇中描写に根拠なし

▼主人公リジーをクロエ・セヴィニー(右)、メイドのブリジットをクリステン・スチュワートが演じた。映画「モンスターズ　悪魔の復讐」より

피의자

第3章

凶悪

映画「暗数殺人」より

▲遺体が発見されたロングアイランドの海岸

▲事件発覚のきっかけとなったシャナン・ギルバート

ロストガールズ

ニューヨークの人気リゾート地で10人の遺体が

ロングアイランド売春婦連続殺人事件

２０２０年にネットフリックスで世界配信されたアメリカ映画「ロストガールズ」は、２０１０年から２０１１年にかけて９人の売春婦と幼子１人の殺害遺体が発見された「ロングアイランド売春婦連続殺人事件」を題材としたサスペンスだ。警察はこれまでに有力な容疑者２人を捜査線に浮上させたが、事件は未だ解決に至っていない。

事件の舞台となったロングアイランドは、米ニューヨーク州南東部に位置し、マンハッタンから日帰りできる人気のマリンリゾート地だ。高級別荘地として知られる一方、有数の凶悪犯罪多発エリアでもあり、１９８９年から5年間に17人を殺害したとされる「ロングアイランドの連続殺人鬼」（ジョエル・リフキン）事件など、３つの殺人事件が起きている。

本作のモチーフになっているのは、２０１０年5月、歌手を目指していた当時24歳の女性シャナン・ギルバートが行方不明になったことをきっかけに発覚した連続殺人事件だ。

映画はシャナンの母親メアリーの視線で語られ、離れて暮らす長女のシャナンと連絡が取れなくなったため、メアリーが警察に駆け込むシーンから話は始まる。調べると、シャナンが姿を消す直前に「助けて。追われてる。殺され

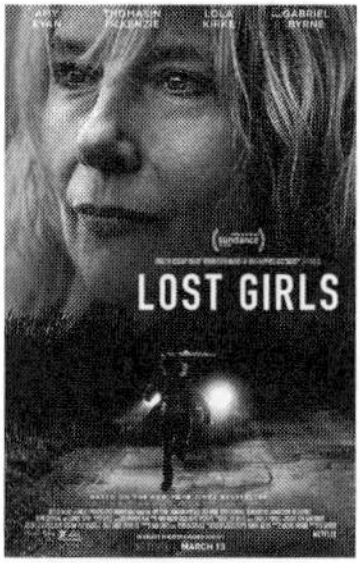

ロストガールズ

2020／アメリカ／監督：リズ・ガルバス
2010年に発覚した実在の未解決事件「ロングアイランド売春婦連続殺人事件」をモチーフにしたミステリー。失踪した娘が売春婦だったため捜査に消極的な警察を尻目に、自ら我が子を探す母親の姿が描かれる。

る！」と警察に緊急通報していたことが判明。ところが、彼女が大手出会い系サイト「クレイグリスト」を利用し売春を働いていたことがわかるや、警察はまともにとりあわず、業を煮やしたメアリーが自ら娘の足取りを追いかける。

シャナンの送迎を行っていた売春組織の運転手によると、5月1日の早朝5時頃、男性客の家から逃げ出した彼女は叫びながら隣の家のドアを叩き、住人に「助けて」と叫び続けていたそうだ。が、対応した男性が警察に電話をかけに行った間に姿が消えてしまったという。

彼女の姿が最後に確認されたのはロングアイランドの中でも人里離れたギルゴ町の海岸通り沿いの草原地帯だ。２０１０年12月、辺りを捜索していた警察犬がギルゴビーチで麻袋に入れられた人骨を発見し、2日後、その近くでさらに3体の遺体が見つかった。

被害者の年齢は22歳～27歳。全員が「クレイグリスト」を使い売春をしていた女性で、同様に首を絞められ、麻袋に入れられていたため、警察は同一犯による連続殺人事件と断定した。が、この4つの遺体の中にシャナンはいなかった。

警察が、より範囲を広げて捜索を開始したところ、２０１１年3月末から4月に上旬にかけて、ギルゴビーチに隣接するエリアから別の4体の遺体が見つかり、さらなる捜索により、頭

▼失踪した娘の捜索に奔走する母メアリーをエイミー・ライアンが演じた。映画「ロスト・ガールズ」より

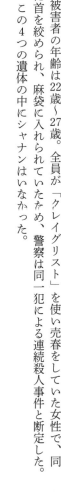

蓋骨2つとバラバラになった骨が発見。犠牲者は合計9人となった。

新たに加わった被害者のうち、1人は18~35歳の女性で、もう1体は死後5年~10年が経過した17~23歳の女装のアジア系男性。残った2体は生後16ヶ月~2ヶ月の女児とその母親らしき女性で、いずれも売春婦の可能性が高かったが身元の特定には至らなかった。

同年12月13日、ようやくシャナンの遺体が発見される。場所は、彼女が姿を消した場所から800メートルほど離れた湿地で、服や持ち物も一緒に見つかった。しかし、警察は彼女が何者かに追われ逃げている間につまずき溺死したものと断定。この結論に納得できない母メアリー

▲2010年12月、4人の遺体が見つかった湿地帯。▼事件の犠牲者たち。ロングアイランドでは他に6人の殺害遺体が見つかっているが、2つの事件に関連があるかどうかは不明

は自ら検死解剖を依頼し、シャナンの遺体に絞殺されたと思しき傷があることを突き止める。が、最終的に犯人は不明のまま。映画は、事件が現在も未解決であることを示し終わりを迎える。

　劇中では描かれていないが、実はこれまでに有力な容疑者が2人浮上している。1人は、シャナンの遺族を支援する弁護士が指摘した、事件当時ロングアイランドに隣接するサフォーク郡の警察署長だったジェームス・バーグだ。彼は警察の職にありながら常習的に女性を買い漁り、シャナンの売春婦仲間もバーグの相手をしたことがあった。その売春婦によれば、バーグは行為の最中、酷く暴力的だったそうで、さらに、2015年に一連の事件捜査にFBIが関わることが決定した際、捜査への参加を拒否し続けていたことも判明。結果、2016年、バーグは暴行などの容疑で起訴され有罪になったものの、殺人事件の容疑者からは外されてしまう。

　もう1人は、2017年5月、1993年に3人の売春婦を殺害した罪で25年の有罪刑を受けたロングアイランド出身の大工、ジョン・ビトロルフだ。DNA鑑定により、一連の事件のうちの1人を手にかけたことが判明したが、警察はそれ以上の詳細を公表していない。

　2020年1月、捜査本部は加害者のものと思しきベルトの画像を公開。「HM」または「WH」の文字（ベルトの見方による）が黒い革に浮き彫りになったデザインで、最初に4人の遺体が見つかった現場に残されていたものだという。

　ちなみに、ロングアイランドでは、一連の事件と同様の6件の死体が見つかっているが、こちらも未解決のままだ。果たして、10遺体の事件と関連があるのか否か。警察は現在も捜査を続けている。

エンドロールで、２０１２年、メアリーが他の娘3人とともに記者会見に臨む映像が流される。その場で、彼女は長女シャナンを殺した犯人を捜し続けることを断言した。

しかし、メアリーはすでにこの世にいない。２０１６年7月、統合失調症を患っていた次女サラ（当時27歳）に２００回以上体を刺され殺害されてしまったのだ。その後、サラは懲役25年の判決を受け矯正施設に投獄。現在は三女のシェリーがフェイスブックを立ち上げ、シャナンに関する情報を募っている。

▼容疑者として浮上した元サフォーク郡の警察署長ジェームス・バーグ（上）と、服役中の殺人犯ジョン・ビトロルフ。ビトロルフは少なくとも1人の殺害に関与していることが判明している

▼2012年、記者会見に臨む母メアリー（前列左）。右は弁護士。後列左から末娘のスティーヴィー、次女サラ、三女シェリー。この4年後、メアリーはサラに刺殺される

長女の殺害犯を探し続けた母は、次女にめった刺しにされ死亡

屋根裏の殺人鬼 フリッツ・ホンカ

"歯のない娼婦"4人の命を奪った ハンブルグのシリアルキラー

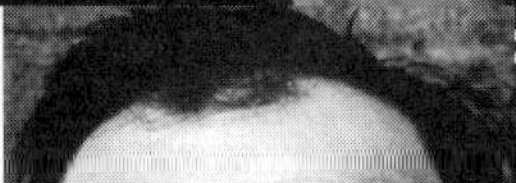

▶フリッツ・ホンカ本人。およそ女性にはモテない外見で、それが大きなコンプレックスになっていた
▲ドイツの二枚目俳優ヨナス・ダスラーが特殊メイクでホンカを演じた。映画「屋根裏の殺人鬼 フリッツ・ホンカ」より

フリッツ・ホンカ 売春婦連続殺害事件

FILMS

アルフレッド・ヒッチコック監督の傑作「サイコ」（1960）のエド・ゲイン、映画「モンスター」（2003）でシャリーズ・セロンが演じたアメリカ初の女性連続殺人鬼アイリーン・ウォーノス、「冷たい熱帯魚」（2010）がモチーフとした埼玉愛犬家連続殺人事件の主犯・関根元。実在のシリアルキラーを描いた映画は数多いが、スクリーンに映し出された彼らは、総じて独特の殺人哲学、犯行手口、カリスマ性を持ち合わせている。

本項で取り上げる「屋根裏の殺人鬼　フリッツ・ホンカ」もまた、1970年代にドイツ・ハンブルグで娼婦4人を殺害した実在のシリアルキラー、フリッツ・ホンカを題材にとった作品である。しかし、ホンカの犯行には美学や度胸のかけらもなく、自分より弱い女性を衝動的に殺めていった極めて短絡的なものだ。映画は、社会の底辺で性欲だけに突き動かされていくホンカの孤独な日常をドキュメンタリータッチで描き、人間の持つ醜さをあぶり出している。

映画は、ホンカが自宅であるアパートの屋根裏部屋でノコギリで刻んだ女性の死体を、一部は部屋の壁の奥に、一部はカバンの中に詰め人気のない場所に中身を遺棄するシーンから始まる。劇中では「1970年」と

屋根裏の殺人鬼 フリッツ・ホンカ

2019／ドイツ・フランス／監督：ファティ・アキン
「ソウル・キッチン」「女は二度決断する」などの作品で国際的にも評価の高いアキン監督が、1970年代、4人の娼婦を殺害したフリッツ・ホンカの日常を淡々と描いたサスペンスホラー。監督自身、事件が起きたハンブルク出身で、子供の頃いたずらをすると「ホンカがやってくるぞ！」と注意されていたという。

クレジットされるだけだが、このときホンカの餌食となったのは、１９７０年12月に殺害されたとされる、美容師の顔も持つゲルトラウト・ブラウナーなる42歳の売春婦だ。

ホンカがなぜこのような凶行に走ったのか。それを知るには、作中ではほとんど説明のない彼の経歴を紐解く必要がある。

ホンカは１９３５年、ドイツ・ライプツィヒで10人兄弟の３人目として生まれた。父はアルコール依存症でたびたびホンカに暴力を振るい、１９４６年に過度の飲酒により死亡。母は育児を放棄し、ホンカは児童養護施設で育てられた。

１９５１年、東ドイツから西ドイツへ逃亡。１９５６年にハンブルクで港湾労働者として働き始めるが、ほどなく交通事故に遭い、鼻は潰れ、目は斜視となった。平均身長が１８０センチというドイツ人男性の中では１６５センチと小柄で、ルックスも男前にはほど遠かったが、この事故は彼の外見コンプレックスを決定的なものにし、後の犯行の起因ともなる。

事故翌年の１９５７年、インクという女性と結婚し１９６０年に離婚。後に同じインクと再婚し、子供を１人授かったが１９６７年に再び離婚する。この辺りの事情の詳細は不明ながら、

▶ホンカが通い詰めていたハンブルグのバー「ゴールデン・グローブ」。現在も営業中で、入り口には「Honka-Stube」(ホンカの部屋)の看板が掲げられている

上手くいかない私生活も影響し、ホンカは父と同じアルコール依存症になっていく。

やがて夜警の仕事を得て、後に犯行現場となるハンブルグのツァイス通り76番地のアパートの屋根裏部屋に居を構える。

当時、彼がよく通っていた店が、劇中にも登場する「ゴールデン・グローブ」なる実在のバーだ。映画で描かれるとおり、ここはうらぶれた中年老年の男女が集う店で、ホンカはドイツを代表する蒸留酒シュナップスを浴びるように飲んでは泥酔した。

そして、女性とあらば性欲のまま誰彼なしに声をかけ酒を奢るも、彼の醜い容姿を見て大半が拒絶。誘いに乗るのは、年老いた売春婦だけで、最初の被害者ブラウナーも、そんな中の1人だった。

映画でも描かれるとおり、ホンカは普段おとなしく、男性に対しては臆病な態度で接していた。が、こと女性には酒の力を借り横暴な態度を取った。とはいえ相手にしてくれるのは、自分より年上で背の低い非力で貧乏な娼婦ばかり。ホン

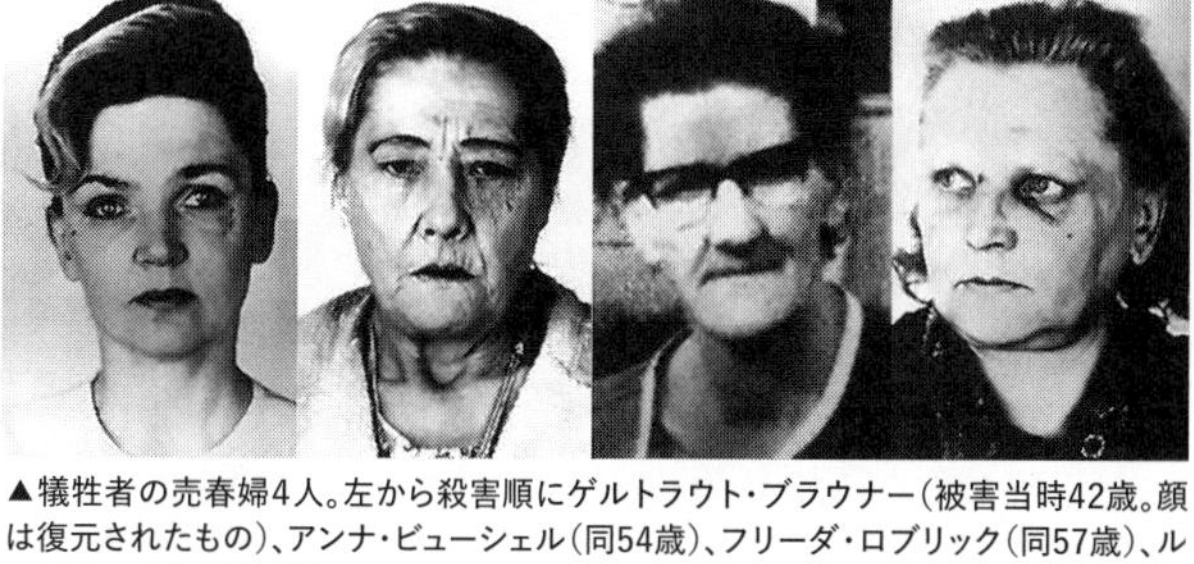

▲犠牲者の売春婦4人。左から殺害順にゲルトラウト・ブラウナー（被害当時42歳。顔は復元されたもの）、アンナ・ビューシェル（同54歳）、フリーダ・ロブリック（同57歳）、ルース・シュルト（同52歳）

カは彼女らといるときだけ支配欲を満たされていた。

さらに、劇中に詳しい説明はないが、ホンカはオーラルセックスでしか快感を得られない性的嗜好を持ち、加えて局部を噛みちぎられることを極度に恐れていたため、歯がない女性ばかりを好んでいた。映画では、そんな女性にも勃起不全をバカにされたことに激昂し、本能的に暴力を振るうという悲惨極まりない場面が幾度となく描かれている。

劇中でも忠実に再現されているように、ホンカの部屋には壁一面に若い女性のヌード写真が貼られ、寂しさを埋めるかのように女の子の人形が置かれていた。孤独を絵に描いたような自室にホンカはゴールデン・グローブで釣った娼婦を連れ込み、行為に及んだ。最初の犠牲者ブラウナーは彼が望んだオーラルセックスを拒んだため被害に遭ったようだが、あくまで衝動的な犯行で、その後も、ホンカは何食わぬ顔で日々を過ごした。

殺人は最初の犯行から4年が過ぎた1974年に再発する。同年3月、54歳のアンナ・ビューシェルを絞殺し、遺体を切り刻み壁の奥に隠匿。また、12月には当時57歳のフリーダ・ロブリックを自室で殺害。翌1975年2月には52歳のルース・シュルトを殺し、両方の乳房を切断する。3人ともゴールデン・グローブで知り合った売春婦だった。

しかし、犯行は明るみにならなかった。被害者が売春を働いていたという事情もあり、身内から失踪届けが提出されなかったのだ。アパート住人の間で異臭騒ぎが起きていたが、それも警察の耳には届かなかった。

事件が発覚するのは偶然だった。1975年7月17日、ホンカのアパートの2階でボヤが発生した。通報を受け現場に駆けつけた消防隊は上階を捜索し仰天する。屋根裏部屋で女性4人の遺体が見つかったからだ。1体は完全に死蝋化し、2体は頭と手足を切断。さらにもう1体はバラバラに切り刻まれて、部屋の隅に積み上げられていた。

映画は、ホンカが恋心を抱いた女子高生を追いかけていた途中、自宅の火事に遭遇、消防隊員に身柄を拘束されたところで終わる。

実際、このときホンカは留守にしていたが、その日のうちの警察に逮捕されている。取り調べでは素直に全面自供。検察は終身刑を求刑（当時の西ドイツは1949年に死刑制度廃止）したが、1976年12月20日に下された判決は1件の殺人と3件の過失致死罪による懲役15年という軽いものだった。

ホンカはその後、精神医療刑務所に送られ、1993年に出所。ピーター・イェンセンと名前を変え晩年は老人ホームで暮らし、1998年10月19日、63歳でこの世を去った。

判決は懲役15年。1993年に出所後、偽名を用い老人ホームで余生を

▼ホンカの部屋に置かれていた人形と大量のヌード写真（実際の画像）。映画でも再現されている。左は公判時のホンカ。警察の取り調べの際は犯行を認めていたが、法廷では一転「何も覚えていない」と主張した

アングスト／不安

オーストリアの殺人鬼ヴェルナー・クニーセクによる惨劇

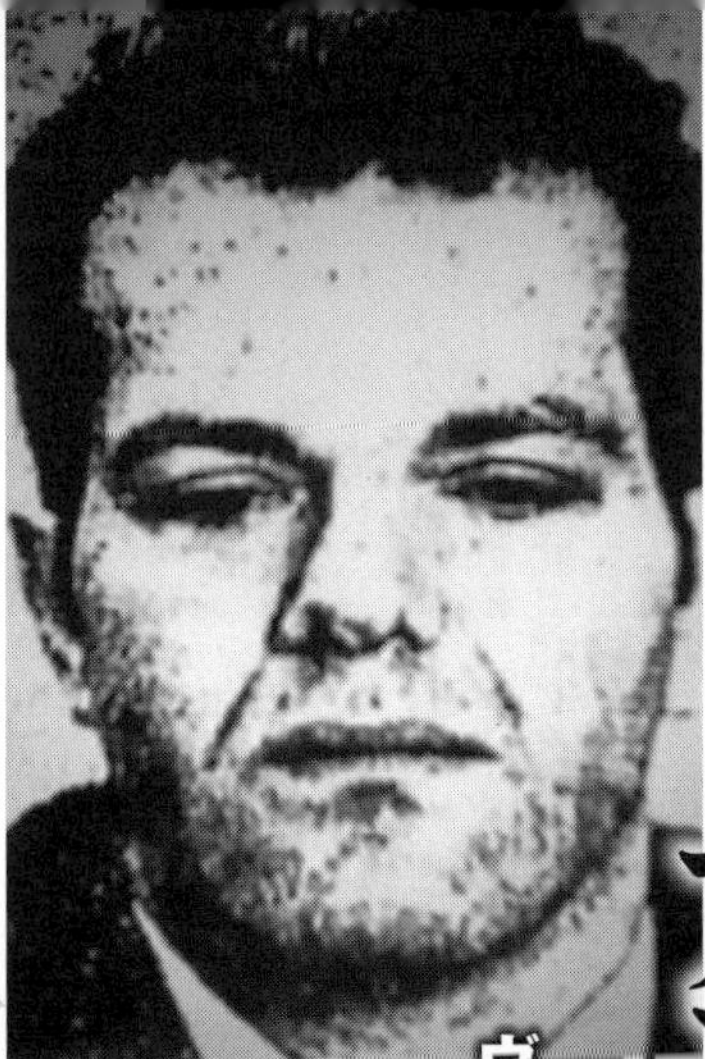

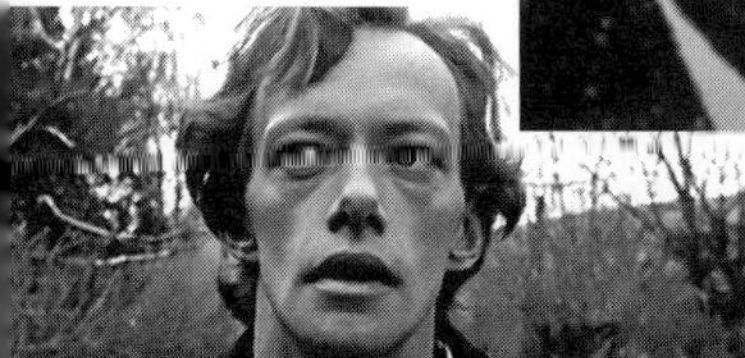

▶ヴェルナー・クニーセク本人(写真は逮捕時に撮影されたもの)
▼映画で「K」と称される殺人鬼を演じたアーヴィン・リーダー。映画「アングスト／不安」より

アルトライター一家3人猟奇殺人事件

FILMS

２０２０年、日本で公開された「アングスト／不安」は、もともと１９８３年に製作された映画で、あまりに残虐な内容に本国オーストリアでは１週間で上映打ち切り、ヨーロッパでも軒並み上映中止となった曰く付きのスリラーだ。

作中、「Ｋ」という名前で登場する主人公の猟奇殺人鬼には実在のモデルがいる。ヴェルナー・クニーセク。オーストリアの犯罪史上で最も危険な人物の１人と言われ、彼が１９８０年に起こした一家３人惨殺事件は、今なお同国国民の記憶に深く刻まれている。

劇中のナレーションで語られるように、「Ｋ」ことヴェルナー・クニーセクは１９４６年11月、オーストリア・ザルツブルグで非摘出子（私生児）として生まれた。学業の成績は優秀だったらしいが、養父の体罰が原因でしだいに不登校となり、家出、窃盗、自傷行為、動物虐待を繰り返すように。同時に暴力を伴う性的妄想を募らせており、14歳のとき知り合った45歳のマゾヒストの女性を縛ったり鞭で打つなどＳＭ行為に浸った。

そんな息子を危険視し、家を出て行くように迫った母親をクニーセクはナイフでめった刺しにしてドイツに逃亡。16歳のとき、潜伏先のハンブルグで逮捕され、オーストリアに移送後、殺人未遂

アングスト／不安

オーストリア／1983／監督：ゲラルト・カーグル
実在の殺人犯、ヴェルナー・クニーセクが1980年に起こした一家殺害事件を題材に描いた猟奇映画。日本では「鮮血と絶叫のメロディー／引き裂かれた夜」という題名でVHSビデオが発売されたのみであったが、2020年にタイトルを変え劇場公開された。BD販売元：キングレコード

容疑により少年施設で2年間服役する。

　釈放後の1972年、当時73歳の老女を銃で射殺。ここは映画の冒頭でも描かれているが、金銭奪取の目的など一切なく、犯行動機は単に人が恐怖に慄く姿を見てみたいという歪なものだった。

　再び逮捕されたクニーセクは裁判で懲役8年の刑を言い渡され服役。1980年1月16日に仮出所するとウイーンに出向き、服役中に違法酒を密造、販売して得た金でピストルを購入した。その後、ザンクトペルテンへと電車で移動し、カーペットのセールスマンを装いタクシーに乗って住宅地へ（劇中では、タクシー運転手が女性で、クニーセクの態度を不審に感じ車を止め、彼が逃げ出すことになっているが、このシーンは創作）。一軒の邸宅に目をつけた。母親のゲルトルーデ（当時55歳）、息子のヴァルター（同27歳）、長女のイングリット（同25歳）の計3人が住むアルトライター家。劇中に説明はないが、クニーセクは以前より同家と面識があったらしい。


　その日の午後、クニーセクはバスルームの窓から室内に侵入した。家の中にいたのはウォルターだけだった。3歳から車椅子での生活を余儀なくされていた彼はあっけなく拘束され、身動きが取れなくなる。

　夕方、母ゲルトルーデと妹イングリットが帰宅。2人はてっきり強盗だと思い、2万シリングの小切手を渡したが、クニーセクの目的は金銭ではなく、ここから惨劇が始まる。映画では殺人描写に20分近くを割いており、その内容は吐き気を催すほど残忍だ。

帰ってきた2人を縛りつけた後、母親の目の前でウォルターを素手で何度も殴打し絞殺。母ゲルトルーデはショックで持病の心臓発作を起こす。クニーセクにとっては、そのまま彼女が自分の望む苦痛を感じず絶命するのは許しがたいことだった。そこでゲルトルーデに無理やり薬を飲ませ、3時間後に落ち着きを取り戻すと彼女の体を引きずり回して拷問、縄で絞殺した。

最後の獲物イングリットに対して、クニーセクは味わうように7時間から11時間にわたって暴行を加え、最終的に絞殺。その遺体は血まみれでアザと火傷だらけの無残なものだったそうだ。ちなみに、映画で犯行の間、家中に鳴り響いていた電話のベルは、イングリットの婚約者の男性がかけていたものだ。劇中ではその電話に誰も出ることなかったが、実際

▲目を覆いたくなる劇中の拷問描写。映画「アングスト／不安」より

▲殺害されたアルトライター家の3人。左から母ゲルトルーデ、長男ウォルター、長女イングリット

はイングリットが受話器を取り「時間がなく、会えそうにない」と答えたそうだ。もちろん、犯行を悟られないようクニーセクが強要した言葉だ。また、一家には21歳の下宿人がいたが（劇中には登場しない）、当日はたまたま不在で難を逃れている。

一家全員と飼い猫を殺害したクニーセクは満足したかのように、その晩は血まみれの現場で自らが手を下した3人の遺体と並んで眠った。

翌朝、クニーセクは一家が所有していたメルセデス・ベンツのトランクの中に3人を詰め込み街に出て、ゲルトルーデから手渡された小切手を換金。一軒のレストランを訪れた。

食事の間、決して席を離れず、多額の現金を持ち、黒い手袋をはめたクニーセクの姿は明らかに異様だった。そこで、従業員が警察に通報。映画は警察が取り囲むなか、クニーセクがレストラン前に停めたベンツのトランクを開けるシーンで終わる。

が、実際は、通報を受けた憲兵隊がアルトライター家に向かい、邸宅の窓が壊され住人が行方不明になっている事実を掌握。すぐに捜索が開始され、当日夜中、無線パトカーがザルツブルクでアルトライター一家のベンツを見つけ車を調べたところ、トランクに詰め込まれていた遺体を発見したことで逮捕に至った。

取り調べでクニーセクは「人を殺したい」という単純な欲望に駆られてアルトライター家の3人を皆殺しにしたことを告白。独房の中で自殺を図ったが、阻止され裁判にかけられる。

1980年7月4日、聖ペルトゥン地方裁判所はクニーセクに対し「重度の精神障害である」

としたうえで終身刑を宣告した（オーストリアは1968年2月に全ての犯罪に対し死刑を廃止している）。

判決後、クニーセクはシュタイン刑務所に収容され、1983年、脱走を試みるも失敗。2022年12月現在も服役の身にある。

▼ベンツのトランクから発見され被害者の遺体

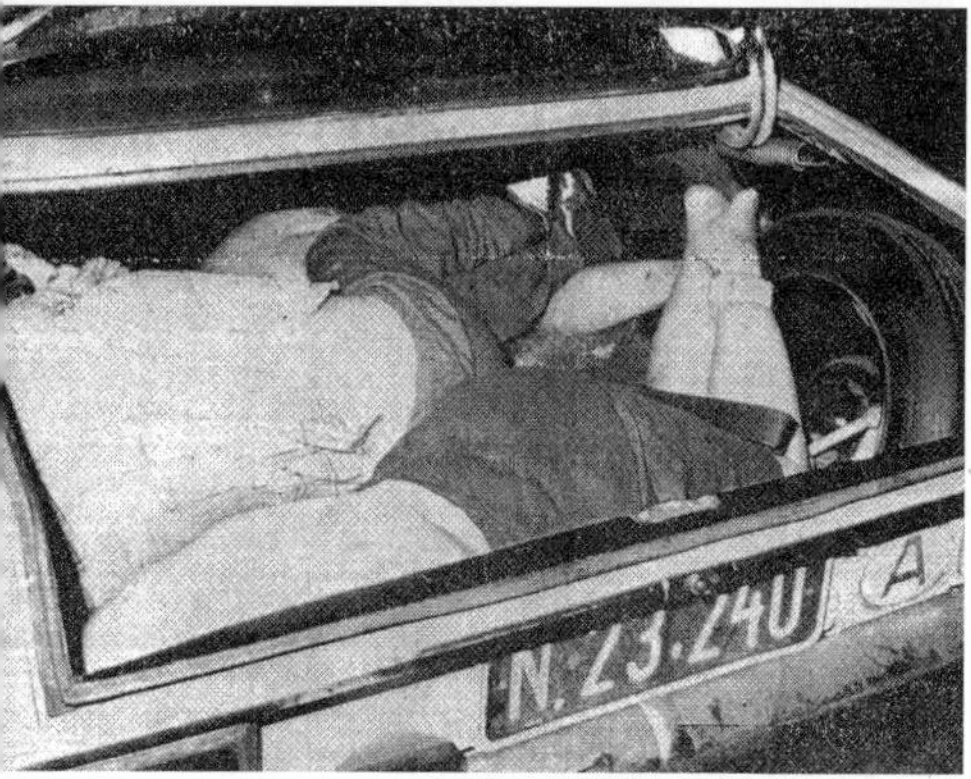

遺体を車のトランクに入れたまま レストランで食事を

▶公判に臨むクニーセク

スクリーム

3日間で5人のフロリダ大学生を殺害

「ゲインズビルの切り裂き魔」ダニー・ローリング事件

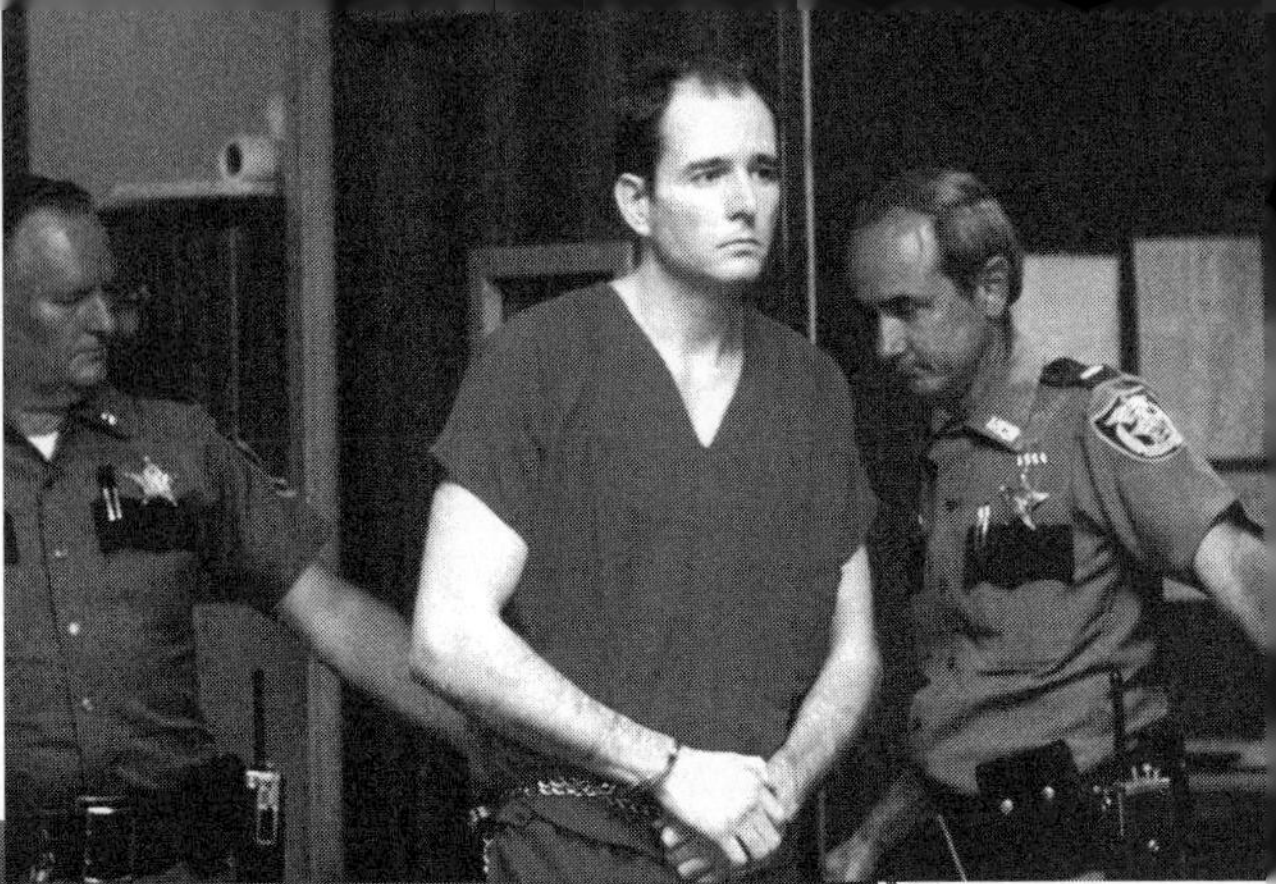

▶連続殺人鬼ダニー・ローリング本人

▲映画「スクリーム」に登場する白いマスクと死神の衣装に身を包んだ殺人鬼

カリフォルニアの田舎町、ウッズボローで白いマスクを被った正体不明の殺人鬼が街を徘徊し、住民が戦慄するなか最後に意外な犯人が明らかとなる――。脚本家ケビン・ウィリアムソンの手がけた意表をつく物語が話題を呼び、大ヒットを記録した映画「スクリーム」。その内容は全て創作だが、作品に影響を与えた実際の事件がある。1990年に米フロリダ州アラチャア群の学園都市ゲインズビルで5人の大学生を殺害し「ゲインズビルの切り裂き魔」の異名をとったダニー・ローリングが起こした惨劇だ。ウィリアムソンは、この事件から「田舎町での連続殺人」「刃物で襲いかかってくる正体不明の殺人鬼」といった着想を得て、オリジナルの脚本を書き上げた。

ローリングは1954年、ルイジアナ州北西部の都市シュリーブポートで生まれた。殺人鬼の生い立ちが往々にして不幸なように、地元の警察官だった父親は子供を望んでおらず、ローリングが1歳のときから毎日のように暴力を働いた。同じく虐待を受けていた母親は離婚を望み、それが叶わないとわかると何度も自殺未遂を繰り返した。

父親への憎悪を募らせたまま10代後半で家を出て、空軍に入隊。薬物の多量摂取が原因で除隊した後はレストランのウェイターなどで生計

スクリーム

1996／アメリカ／監督：ウェス・クレイヴン
スプラッター映画の定番パターンを会話の中で紹介し、それを皮肉ったり裏切る展開で観る者を魅了した傑作ホラー。作品の大ヒットを受け、パート4まで製作された。原題の「Scream」は「悲鳴」「絶叫」の意。

を立て23歳で結婚したものの、父親と同じように妻に暴力を働き、結婚生活は4年で破綻。その後、元妻に似ている女性をターゲットにレイプを繰り返す一方、強盗や窃盗の常習犯となり、複数回の逮捕・服役を経験する。

　これは逮捕後の自供で判明したことだが、ローリングが最初に殺人を働いたのは1989年11月のこと。地元シュリーブポートの邸宅に強盗目的で侵入し、夕食中だった家の主人と24歳の娘、8歳の孫を殺害し、娘の遺体を切り刻んだ。

　半年後の1990年5月、経済的に完全に破綻したローリングは生まれ育った家に足を運び、憎むべき父親（当時58歳）に向け銃を発砲。命こそ奪えなかったものの、父親は目と耳を失う。

　その後、他人の家に侵入し盗った書類で、自分の名前をマイケル・ケネディ・ジュニアに変更。別人として人生をやり直すべく、同年7月にフロリダに逃走したが、もはや手遅れだった。彼の殺人衝動は翌月、爆発する。

▲ローリング一家。前列左から母クラウディア、父ジェームス、ダニー。後ろはダニーより1歳下の弟ケビン。ジェームスは家族3人に容赦なく暴力をふるい、後年、ダニーに銃で撃たれ耳と目を失った
▼フロリダ大学ゲインズビル校キャンパス。事件はこの周辺で発生した

1990年8月24日早朝、ローリング はフロリダ大学ゲインズビル校の新入生であるソーニャ・ラーソン（当時18歳）とクリスティーナ・パウエル（同17歳）が共同で暮らすアパートに侵入した。驚愕する彼女らの手を縛り、口をテープで塞いで2人をレイプした後、ナイフで刺殺。翌25日朝、同じくフロリダ大学の女子学生クリスタ・ホイト（同18歳）のアパートのガラス戸をドライバーでこじ開け部屋に侵入。彼女が不在だとわかると中で待機し、午前11時、クリスタが帰宅するや後ろから抱きつき、強姦の後、ナイフでめった刺しにして殺害した。

1日置いた27日、今度は同棲生活を送るトレーシー・ポールズ（同23歳）と、その恋人男性マニー・タボアダ（23歳）

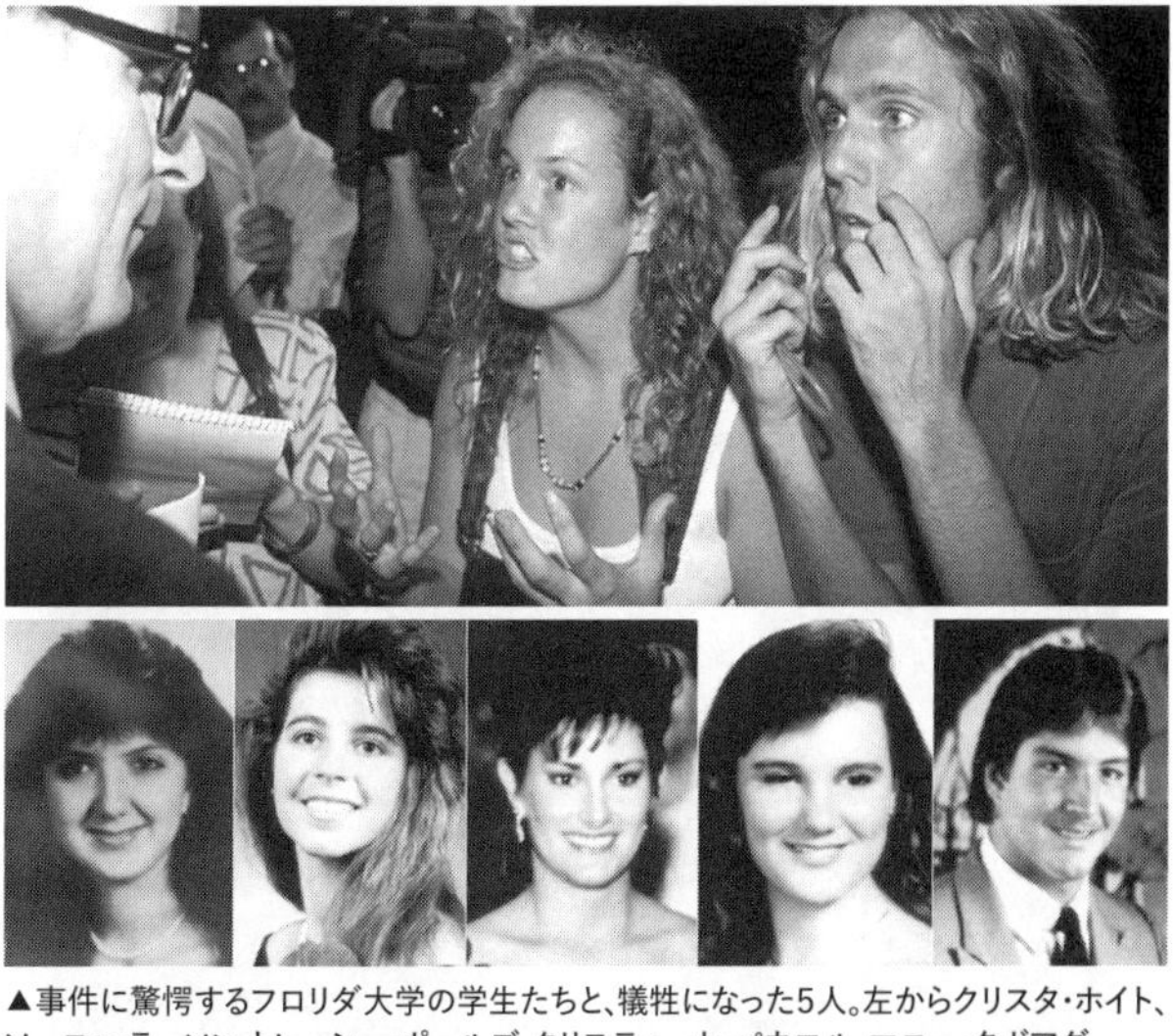

▲事件に驚愕するフロリダ大学の学生たちと、犠牲になった5人。左からクリスタ・ホイト、ソーニャ・ラーソン、トレーシー・ポールズ、クリスティーナ・パウエル、マニー・タボアダ

のアパートに押し入り、まずはマニーを格闘のうえ刺殺。別の部屋で寝ていたトレーシーが危険を察知し施錠したドアを破り中に侵入し、口と手首を縛った後、彼女を犯し、背中を3回刺して死に至らしめた。

一連の犯行で特筆すべきは、4人の女性を殺害後、彼女らの乳首を切り落とし、切断した頭部を棚に置くなど、現場をより凄惨に見せたことだ。それは、まるで自分の作品を披露するかのようだった。

立て続けに5人が殺害される一大事件に、ゲインズビルの街は騒然となり、8月末までに何千人もの学生がキャンパスを去り、新入生の多くが入学を取りやめる異常事態に発展する。

ローリングが犯人として特定されるのは最初の事件から5ヶ月後の1991年1月。前年9月にスーパーマーケットで強盗を働き逮捕、収監されていたローリングのDNAと、被害女性に付着し

テッド・バンディのような スーパースターになりたかった

◀裁判に出廷したローリング

▲ローリングが獄中で描いた絵

た体液のＤＮＡが一致したのだ。

　同年11月に複数の殺人罪で起訴されたローリングは裁判で素直に犯行を認め「テッド・バンディ（１９７０年代に全米で30人以上の女性を殺害したシリアルキラー）のようなスーパースターになりたかった」と動機を供述。その一方で、彼の弁護士は、幼い頃から受け続けた父親の家庭内暴力で人格障害となり、「ジェミニ」というサディスティックな別人格が犯行を行ったと主張した。

　１９９４年4月20日、陪審員は全員一致で有罪を下し、判決で死刑が宣告される。その後、ローリングは判決を不服として、控訴、上告したもののいずれも却下。２００６年10月25日、フロリダ刑務所で薬物注射により処刑された。享年52。

▲犠牲者を悼む記念碑

次は心臓を狙う

自分が起こした事件を
自ら捜査したフランス憲兵隊員

▲主人公のラマール（役名はフランク・ヌアール）を演じたギヨーム・カネ。映画「次は心臓を狙う」より

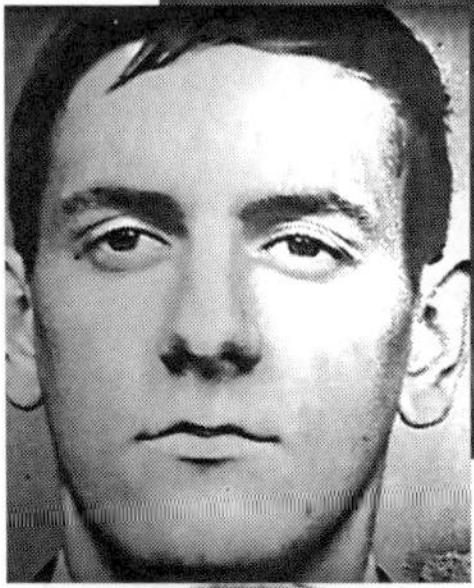

◀アラン・ラマール本人と、郵便局強盗を働いた際、局員の証言をもとに作成された似顔絵

「オワーズ県の殺人者」アラン・ラマール事件

2014年に公開されたフランス映画「次は心臓を狙う」は、若い女性をつけ狙っては発砲を繰り返す凶悪犯を描いたクライムスリラーだ。犯人は事件を捜査していた国家憲兵隊のエリート男性隊員で、同僚の憲兵隊員により逮捕されるラストは衝撃的である。

俳優ギヨーム・カネが演じた殺人鬼には実在のモデルがいる。1970年代後半にフランス・ピカルディ地域圏（現在のオー＝ド＝フランス地域圏）で「オワーズ県の殺人者」と恐れられたアラン・ラマール。彼もまた劇中の犯人と同じく現役の国家憲兵隊員で、自分で起こした事件の捜査に自らも加わっていた。

事件の舞台となったオワーズ県は、フランスの首都パリから北に30キロほど離れ、画家ゴッホが晩年を過ごした地として知られる、のどかな場所だ。劇中で少し触れられているように、この地では1969年から1976年にかけて、マルセル・バルボーなる男が7人の女性と1人の男性を殺害する事件が発生。住民がやっと安心できると思った矢先に現れたのがアラン・ラマールだった。

1956年にオワーズ県で生まれたラマールは高校を卒業し兵役に従事した後、フランス憲兵隊に入隊。傍目には真面目に仕事をこなす優秀な隊員と思われていた。

次は心臓を狙う

2014／フランス／監督／セドリック・アンジェ
1978年、フランスのピカルディ地域圏を恐怖の渦に巻き込んだ「オワーズ県の殺人者」ことアラン・ラマールによる殺人事件を題材としたクライムスリラー。作品タイトルは、ラマールが警察に送った犯行声明文に実際に書かれていた文言。

憲兵隊は、人口2万人以上の都市を管轄する国家警察とは別に、主に地方で起きた事件を捜査する警察官と軍人で構成された組織だ。フランスでは国家警察より下の存在に見られ、憲兵隊員の中には、そんな世間の評価を快く思わない者も少なくなかった。ラマールも複雑な思いを抱えていた1人で、女性と上手く関係を築けないプライベートな悩みも動機となって身勝手な凶行に走る。

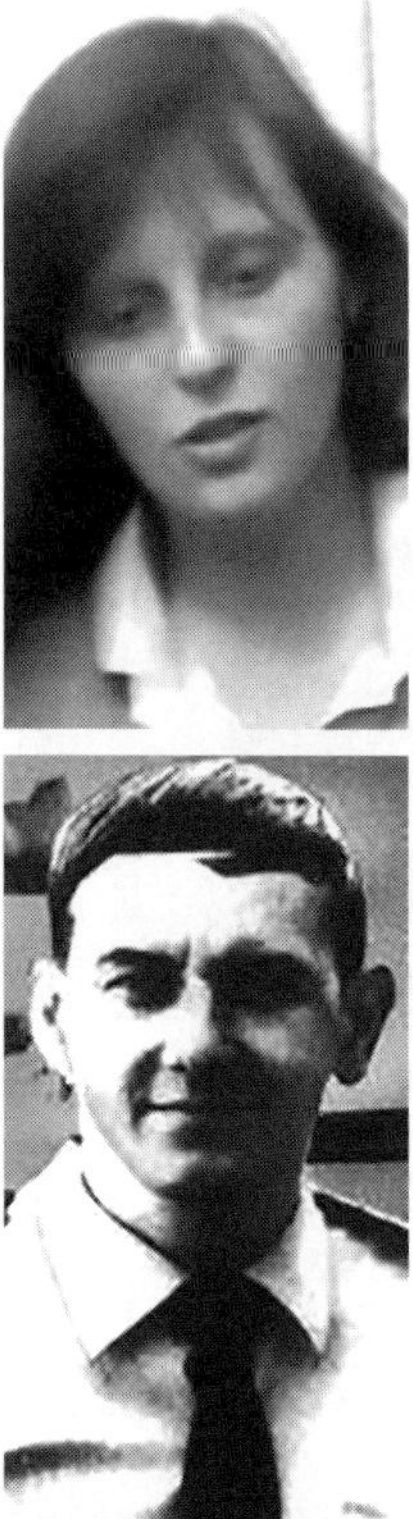
◀1978年5月、ラマールに発砲され重傷を負った17歳の少女と、憲兵隊姿のラマール

劇中では省略されているが、最初の犯行は1978年5月。憲兵隊員の妻が所有する車を盗難、フロントガラスを銃で吹っ飛ばし、血の付いたハンカチなどとともに郵便局強盗の計画書などを残して放置した。今後自分が行う事件の捜査を悪徳警官の仕業とミスリードさせるのが目的だった。

2ヶ月後の7月、盗難車の窓から顔見知りの17歳の少女に向かって3回発砲。彼女は太ももを撃ち砕かれ重傷を負う。その10日後、犯行に使われた盗難車が発見され、ラマールは同僚とともに現場へ駆けつける。と、ドアを開けた瞬間に車が爆破・炎上。同僚が火だるまになる。

▲自ら起こした事件を捜査する劇中シーン。左が主演のギヨーム・カネ。映画「次は心臓を狙う」より

言うまでもなく、これはラマールが事前に車に施した細工が原因の意図的な事故だった。

この後、ラマールは劇中のとおり警察宛に「次は心臓を狙う」と書かれた犯行声明文とでも言うべき手紙を送りつける。結果、犯人は警察内部の人間ではないかとの疑惑が浮上する。警察の正しい書式どおり、犯行に使った車について、車両メーカー、モデル、色、登録番号の順番で記されていた点も内部犯行説を強く印象づけた。

映画では描かれていないが、その後もラマールは犯行を重ねていく。1978年11月、新たに盗んだ車で自転車に乗った20歳の女性をひいて発砲。再び乗り捨てた車に細工して同僚を怪我させると、その数日後に郵便局に押し入った。

警察の捜査で、盗難車で逃げた犯人の指紋が、声明文や他の犯行現場の指紋と一致することが判明。同時に、現場に居合わせた郵便局員たちの証言から〝オワーズの殺人者〟の詳細な似顔絵が作成された。

12月1日、ラマールは19歳の女性を射殺する。彼が犯した初めての殺人だ。被害女性は息を引き取る前に、ヒッチハイクをした若い男性に撃たれたこと、車が青いシトロエンだったことなどを警察官に証言。捜査の結果、凶器が憲兵隊や軍隊などしか使用しない9ミリのベレッタであることも判明し、これまでの警察犯行説が揺るぎ

▲1979年4月6日、警察車両で連行されるラマール（当時23歳）

▲逮捕現場に殺到したメディアを制する憲兵隊員

始める。
　ラマール最後の犯行は12月29日。ヒッチハイク中の19歳の女性を撃って道に放り出した事件だ。劇中でも描かれるとおり、ラマールは事件後、現場から車で逃走したものの、途中で憲兵隊の検問に引っかかり、パトカーとカーチェイスを繰り広げる。最終的に森に逃げ込んだが、警察犬に追い詰められ、もはや絶体絶命。しかし、辺りに生えていた葦の茎をシュノーケル代わりに咥えて湖へ飛び込み、2時間、水に潜ったまま憲兵隊をやり過ごす。
　この頃、憲兵隊も一連の犯行が警察ではなく、自分たちの組織の人間、中でもラマールによるものではないかと疑いを持ち始めていた。公開された似顔絵が彼そっくりで、密かに行動を調査。その結果、声明文と彼の報告書の筆跡が極めて高い確率で一致し、犯行がラマールの休日や休憩時間に行われていることを突き止める。

１９７９年4月6日、ラマールが犯人と確信した憲兵隊は逮捕のため一芝居を打つ。遊牧民による盗難事件の説明のためと隊員たちを庁舎に呼び戻したところで、同僚たち全員で身柄を確保したのだ。その際、ラマールが隠し持っていた拳銃で隊長を撃とうとしたのも劇中で描かれたとおりだ。

取り調べで、ラマールは素直に犯行を自供する。照合された指紋は一致し、彼の自宅から犯行に使われた銃も押収され物的証拠も完璧だった。にもかかわらず、統合失調症で刑事責任能力がないと診断され、裁判にかけられることもなく医療センターに送られる。なんとも不可解な処分だが、ラマールは66歳になった２０２２年12月現在も、民間の施設の監視下で、毎月憲兵年金を受け取り続けているそうだ。

統合失調症と判断され一切の刑事責任免除

▲現在のラマール。民間の施設で年金生活を送っている

暗数殺人

元タクシー運転手が獄中で“バレていない”11件の殺害を告白

釜山連続殺人事件、その真相は未だ藪の中

▶主人公の刑事を演じたキム・ユンソク（左）と犯人役のチュ・ジフン。映画「暗数殺人」より

▲主人公のモデルになったキム・ジョンス刑事

▼犯人の写真や本名は伏せられており、確認できるのは逮捕時の1枚のみ

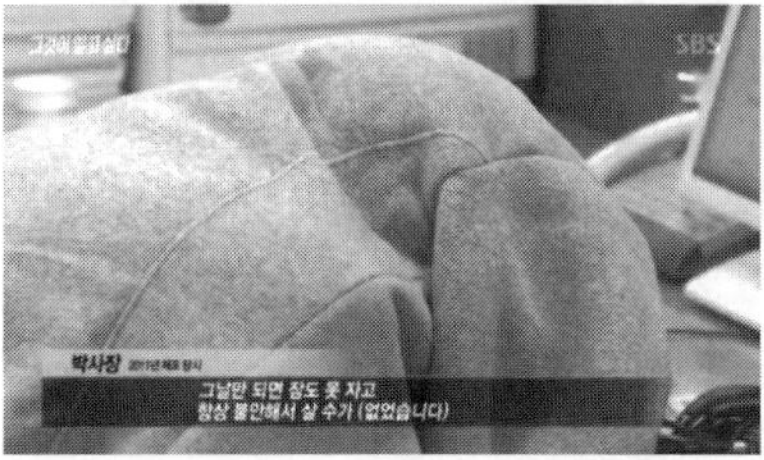

恋人を殺害して収監された男性殺人犯が、顔見知りだった刑事を面会に呼び、立件されていない余罪を告白する。金品を代償に情報提供を持ちかける。刑事は容疑者への利益供与が許されないことを知りながらも埋もれた事件を立証すべく奔走。ウソだらけの自供に振り回されながら真実を拾い上げていく——。

2018年に公開された韓国映画「暗数殺人」は、7人を殺害したと自供するシリアルキラーと、その言葉に翻弄される刑事の姿を描いたサスペンスだ。本作のモチーフになった実際の事件がある。2010年に釜山《プサン》でカラオケ店の女性従業員を殺害し、逮捕後に他の殺人を自供した男の恐るべき犯行。いったい、彼が何人を殺害したのか。真相は今もわかっていない。

映画は、主人公のキム・ヒョンミン刑事（演：キム・ユンソク）の目前で、情報屋の紹介で会った男チュ・ジフン（演：カン・テオ）が殺人課の刑事に逮捕されるシーンから始まる。

彼らのモデルになったのは、釜山警察庁麻薬捜査隊のキム・ジョンス刑事（2010年当時48歳）。元タクシー運転手のイヅホン（仮名。同46歳）である。

2人が初めて接点を持ったのは2010年

暗数殺人

2018／韓国／監督：キム・テギュン
実際の連続殺人事件をモチーフに、7人を殺したと告白する殺人犯と、その言葉に翻弄される刑事の姿を描いたスリラー。映監督のキム・テギュンはモチーフになった事件を担当した刑事に綿密な取材を行いオリジナルの脚本を執筆、作品を完成させた。

5月。イヅホンから「アルバイトで死体を埋めた」という告白を受け面会したキム刑事は彼が犯罪者と直感したが、証拠は皆無。そのまま別れた5ヶ月後、イヅホンから手紙が届く。消印は釜山の拘置所。手紙には「バレていない殺人が11件ある」と記されており、乞われるまま拘置所に出向いた。

劇中でチュは恋人を殺し逮捕され、他に7人を殺害していることになっているが、イヅホンは2010年9月3日にカラオケ店の女性従業員を接客態度が悪いと殺害。逮捕、勾留されていた（後に15年の懲役刑が確定）。

キム刑事に面会したイヅホンは、その場で11件の「殺人リスト」を書き出し、8人は自分を裏切った相手で、3人は酒を飲んで腹立ちまぎれに殺害したと供述。詳細が知りたいなら金品を差し入れしてほしいと持ちかける。

映画では触れられていないが、当初イヅホンは自分を逮捕した殺人課のギム・チファン刑事に取引を提案。5件の余罪情報を提供する代わりに対価を求めたが一蹴され、代わりに5月に

▼イヅホンが面会室で書き出した“殺人リスト”

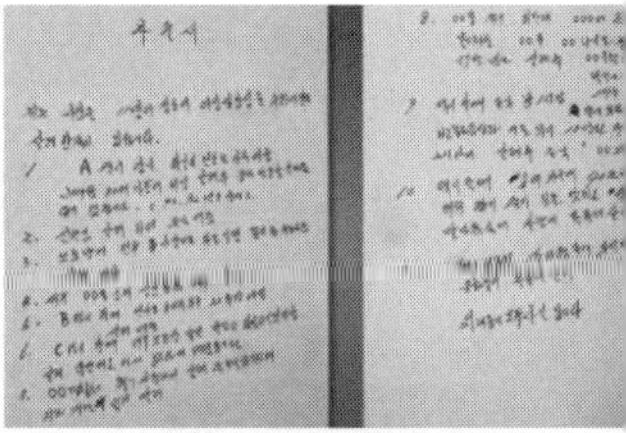

▼2003年に失踪したとされていたシン・スンイムさん(上)。下はイヅホンが書いたシンさんの死体の遺棄場所

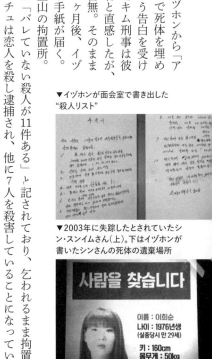

会った際に食事をおごってくれたキム刑事に声をかけたらしい。説明するまでもなく、犯罪の証言を得るため金品を供与すれば職権濫用に該当する。が、キム刑事は悩んだ末にイヅホンとの取引に応じることにした。

劇中で描かれているとおり、その後、彼は隠された事件を暴こうと休日のたびに拘置所を訪問し詳細を聞き出そうとする。しかし、イヅホンの話はどこまでがウソで、何が真実かまるでわからない。情報に従って手がかりを探し出そうと奔走するも、確信に近づくと前言を翻すのだ。ただ、リストの2番目にあった「同居人だったシンさん」の一件だけはブレがなかった。シンさんは、２００３年当時、イヅホンが転がり込んでいた釜山市大邱に住むシングルマザー（同34歳）だ。イヅホンは、彼女に殴る蹴るのＤＶを繰り返した挙句に殺害。死体を山に埋めたという。

キム刑事はイヅホンが書いた曖昧な地図を頼りに捜索を開始。２０１２年、ついに彼の故郷近くの山中でシンさんの白骨遺体を発見する。これが決定打となり、同年10月、イヅホンは検察に追起訴され、無期懲役が確定。6年後の２０１８年7月、収監されていた釜山刑務所の独房で自ら命を断つ。

実話映画に脚色が加わるのは珍しくないが、本作では警察の描き方が事実と大きく異なっている。キム刑事を英雄視する一方、その他の警官を無能扱いしているのだ。

顕著なのがイヅホンが逮捕された殺人事件での捜査描写だ。映画ではイヅホンが恋人を殺害して山に埋めていた設定で、キム刑事が遺体を発見。それまで殺人課の刑事が見つけたはずの証拠と矛盾が生じ、彼らのねつ造だったことが発覚する。

しかし実際にイヅホンが殺害したのはカラオケ店の従業員で、死体はその場に残されていた。ギム・チファン刑事率いる殺人課チームが店の利用者カードからイヅホンの身元を割り出し1週間で検挙。自供に持ち込んだ。

シンさん殺害事件の捜査についても劇中ではキム刑事だけが動いていたように描かれているが、イヅホンは逮捕時点でギム・チファン刑事にシンさん事件のことを自白しており、捜査は着々と進行していた。

イヅホンの余罪について描いた部分もフィクションが多い。彼がタクシーの運転手時代、車中で吐いた女性客を殺害したことは本人の自供と裏付けが取れているが、路上で肩がぶつかった男性を殺したのはイヅホンとは全く無関係。犯行手口や状況などは2007年に釜山中央洞で起きた別の未解決事件がモチーフになっている。

映画公開直前の2018年9月、その男件被害者（司法試験を控える受験生だった）の遺族が劇中に事実とは異なる描写があり、それが被害者の人格権侵害に当たるとして上映禁止の仮処分を申請した。事前に遺族に了解を得ていなかった製作陣の落ち度だが、すぐに謝罪したことで申請は取り下げられ、映画は無事、公開にこぎつけた。

その後、イヅホンに殺害されたシンさんの息子が、事件を広く知ってもらうためにも映画を見てほしいとのメッセージをSNSに投稿。大きな話題を呼び、本作は韓国国内では大ヒットとなる。

イヅホン事件の最大の謎は、なぜ彼がバレていない余罪をキム刑事に告白したかだ。本人は何も語らず命を絶ったため真相は不明だが、専門家は刑事を振り回すことで自己顕示欲を満足させていたのではないかと分析する。

映画のタイトル「暗数殺人」は、表に出ていない殺人事件を意味する。キム刑事はイヅホンが死ぬまで手紙をやり取りし、現在も余罪の解明に力を尽くしているそうだ。

▲イヅホンを逮捕した殺人課のギム・チファン刑事。取材に対し、映画では金品のやり取りを是としているが、結果的に犯人の自殺を招き、残りの事件の解決を困難にしたと語っている

なぜ、犯人は余罪を告白したのか？

◀劇中の遺体発見シーン。映画「暗数殺人」より

永遠に僕のもの

1年間で11人を射殺した美青年

▶ロブレド・プッチ本人。甘いルックスを持つ弱冠20歳の殺人鬼に世間は驚愕した。写真は逮捕後の1972年に撮影されたもの

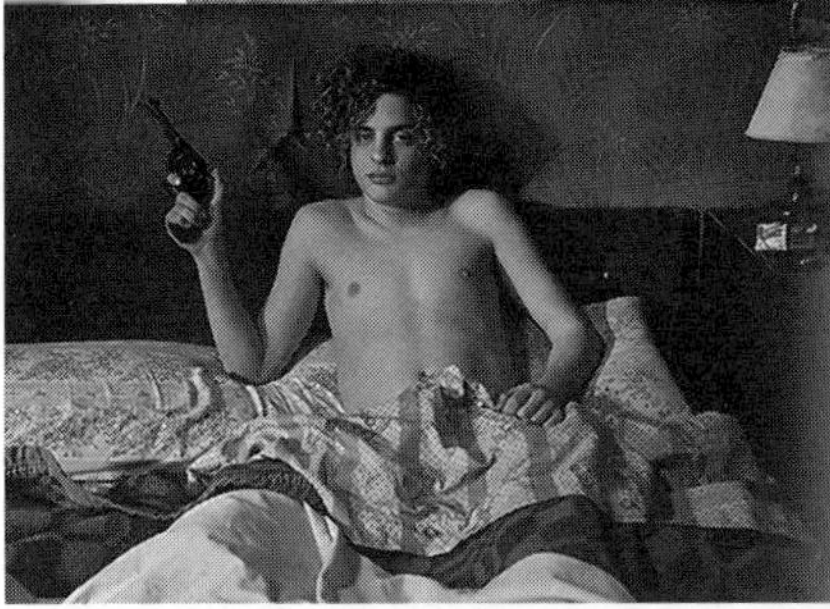

▼南米のディカプリオと称されるロレンソ・フェロが主人公を演じた。映画「永遠に僕のもの」より

アルゼンチンの「死の天使」ロブレド・プッチ事件

FILMS

２０１８年公開の「永遠に僕のもの」は、１９７１年から１９７２年にかけ、アルゼンチンの首都ブエノスアイレスで主に金品を奪う目的で11人を殺害したカルロス・ロブレド・プッチの事件を題材にした実録犯罪ドラマだ。

捕まったとき20歳になったばかりのロブレドを報道で知ったアルゼンチン国民は驚いた。彼があまりに甘いルックスの持ち主だったからで、メディアは彼を「死の天使」と称した。

映画は、ロブレドが愛情を抱いていた共犯者と犯罪を重ねていく過程が小気味よく描かれ、青春クライムムービーの体をなしているが、現実の事件は映画とは比較にならないほど凶悪、残忍なものだった。

本作の主人公カルリートスのモデルとなったロブレド・プッチは１９５２年1月、アルゼンチン・ブエノスアイレスの労働者階級の家に生まれた。わずか11歳で窃盗を働き、以降、犯罪の道をまっしぐら。15歳のとき学校のクラスメイトだったホルヘ・イバニエス（劇中のラモンのモデル）と意気投合し、コンビを組み宝石や時計、車などを盗むようになる（映画では１９７１年、互いに17歳のときに知り合ったことになっている）。

彼らが最初に殺人を犯したのは１９７１年

永遠に僕のもの

2018／アルゼンチン、スペイン／監督：ルイス・オルテガ
その美しいビジュアルから「ブラック・エンジェル」「死の天使」とも呼ばれたアルゼンチンの連続殺人犯、ロベルト・プッチの実話を基にした犯罪ドラマ。第91回アカデミー賞で、外国語映画賞アルゼンチン代表作品に選出された。

3月15日のこと。深夜ブエノスアイレス市内のディスコ店に侵入し35万ペソを強奪。逃走の際にオーナーと夜警の2人を銃殺した。弾を放ったのはロブレドで、一切躊躇することはなかったそうだ。

5月9日、今度はメルセデス・ベンツの自動車部品を扱う会社の経営者宅に窃盗目的で侵入、彼らに気づき悲鳴をあげた経営者夫婦にロブレドが発砲し、主人を殺害。妻は一命を取り留めたが、イバニエスは瀕死の状態の彼女をレイプし、40万ペソを奪い逃走した。

同月24日、スーパーマーケットを襲い警備員を殺害。6月に入ると13日に16歳の少女を車中で強姦した後に射殺、24日には23歳のモデルの女性に性的暴行を加えた後、イバニエスが彼女にわざと逃げるよう促し、ロブレドがその背中に7発の銃弾を撃ち込んだ。

彼らが、ここまで無軌道に凶行に走った本当の理由はわからない。が、殺害の実行犯は常にロブレドで、それもイバニエスという共犯者がいたからこその犯行だったようだ。

劇中描写ではロブレドがイバニエスに恋心を抱き、彼の心を引くために殺人を重ねたような印象も受ける。しかし、後のロブレドの証言によれば、イバニエスに特別な気持ちを持ったことは一度もないという。実際、彼らには映画同様、双子のガールフレンドがおり4人でデートすることも少なくなかったそうだ。また、イバニエスが音楽やテレビに関心があり芸能界入り

◀ロブレドの相棒イバニエス（上）と、劇中ラモンの役名で彼を演じたチノ・ダリン。映画「永遠に僕のもの」より

を目指していたのも劇中のとおりながら、そんな彼に嫉妬心を抱いたことも一切ないという。

1971年8月5日、決定的なことが起きる。助手席にイバニエスを乗せロブレドが運転する車が対向車と衝突。ロブレドは命からがら脱出に成功したものの、イバニエスがこの事故で死亡したのだ。

映画ではロブレドがイバニエスを〝永遠に僕のもの〟にするため、わざと対向車線にハンドルを切ったことになっている。すなわち、意図的に事故を起こし、イバニエスを殺害したのだ、と。これも当時、疑念がささやかれたのは事実だが、ロブレドは否定し、あくまで不慮の事故として処理されている。

仕事の右腕を失ってもロブレドの犯行が止むことはなかった。新たにヘクトロ・ソモザ（劇中に登場するミゲルのモデル）という相棒とコンビを組み、その後の半年でスーパーや宝石店、自動車販売店に押し入り金品を強奪。警備員2人を銃殺する。

▼映画で再現された逮捕時の様子。左が実際の写真だが、あまりの類似に驚かされる。
映画「永遠に僕のもの」より

しかし、やがて終わりがやってくる。1972年2月1日深夜、ロブレドとソモザは金物屋に強盗目的で侵入。まず警備員を射殺した後、ロブレドがバーナーで金庫を焼き扉をこじ開けたものの、中は空っぽ。別の場所で金品を漁っていたソモザにその事実を告げても彼は信じようとしない。激しい口論の結果、ロブレドはソモザを射殺。身元が特定されないよう、顔をバーナーで焼き現場から逃走した。

しかし、ソモザが服のポケットに身分証明書を保管していたことで、あっけなく身元が判明する。ロブレドの常識では、犯罪を働く際に身分証明を携帯するなどありえないことだったが、結果的に、これで警察当局はソモザの交友関係からロブレドにたどりつき、事件から3日後の2月4日に実家で拘束。取り調べで、舌や睾丸などに電流を流すなど拷問を加え、強引に自白に追い込む。

映画はこの後、警察の目を盗み脱走に成功したロブレドが、死んだイバニエスの家に身を隠すものの、母親にかけた電話が命取りとなり、潜伏先へ駆けつけた警察に包囲されたところで終わる。

ロブレドが脱走を図ったことは事実だ。が、それは裁判中だった1973年のことで、具体的な脱出手口は不明ながら、監獄を抜け出した彼はその後、立ち寄ったバーで客に見つかり、自ら「僕を殺さないでくれ。僕はロブレド・プッチだ」と口にし、塀の中に舞い戻ったという。

1980年、ロブレドは11件の殺人、1件の殺人未遂、17件の強盗、1件のレイプと1件のレイプ未遂の共犯、1件の性的虐待、2件の誘拐、2件の窃盗の容疑で有罪となり、アルゼンチンでは最も重い終身刑の判決を受ける。その際、裁判官は「サディズムに依存する性的倒錯があり、犠牲者への感情が著しく欠如している」とロブレドを厳しく断罪した。

刑務所送りとなった彼は他の囚人とチエスをしたり聖書を読んだりして28年間を送り、2008年、仮釈放を申請したものの当局は却下。2013年には、自分を薬殺による死刑に処するよう要求したが、これも却下されている。

2017年、映画化にあたり獄中で製作陣のインタビューに応じた際、ロブレドは同性愛者専用の房に収監されていたそうだ。が、あくまで自分はゲイではないとも主張したという。

2022年12月現在、ロブレドは70歳で収監中の身にある。

2013年、自分を薬殺刑に処するよう要求

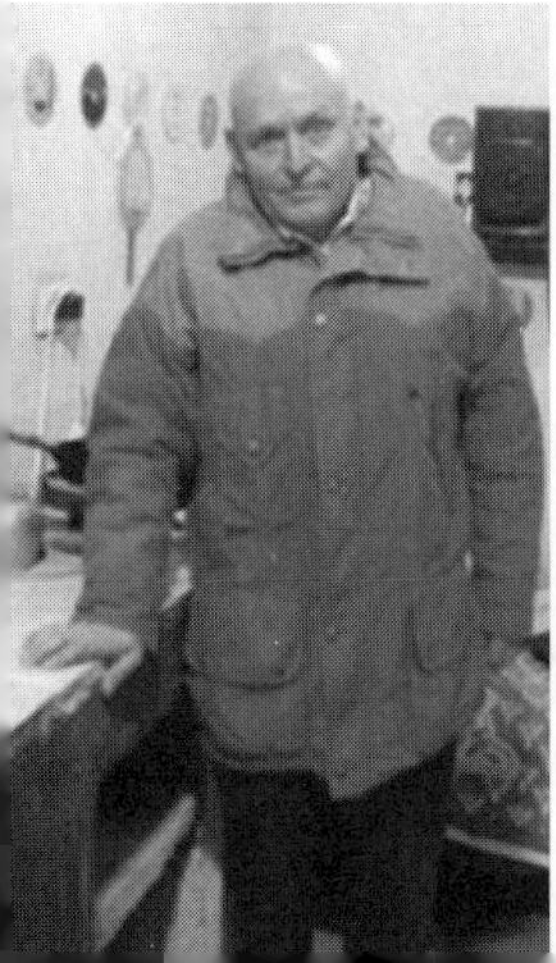

▲公判中のロブレド(中央)
◀刑務所に収監されている2017年時点のロブレド

私を信じて
―リサ・マクヴェイの誘拐―

レイプ後に解放された17歳女性の証言が犯人逮捕のきっかけに

ボビー・ジョー・ロング女性連続殺害事件

▲殺害鬼ボビー・ジョー・ロング(左)と、犯人逮捕に貢献したリサ・マクベイ本人

▲リサ役のケイティ・ダグラス(右)と犯人ロングを演じたロッシフ・サザーランド。映画「私を信じて -リサ・マクヴェイの誘拐-」より

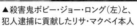

2018年の映画「私を信じて ―リサ・マクヴェイの誘拐―」は、1984年の1年間に10人の女性を殺害したボビー・ジョー・ロングの逮捕に貢献した女性リサ・マクヴェイの実話をドラマ化した作品だ。誘拐後、1日以上強姦され続けた彼女の恐怖もさることながら、劇中では詳細が語られないロングの凶行は鬼畜にも劣る浅ましいものだった。

1984年11月3日深夜3時頃、米フロリダ州タンパベイで、当時17歳のリサ・マクヴェイがアルバイト先のドーナツ屋から自転車で帰宅途中、突然、男に車に拉致されアパートに監禁された。男の名はボビー・ジョー・ロング（当時31歳）。同年3月からタンパベイで発生していた女性連続殺人事件の犯人だったが、そのとき彼女は男の正体を知る由もない。

リサはアパートの部屋で手を縛られ目隠しをされ、ロングにレイプを受け続ける。命の危険を感じた彼女は、ロングを刺激しないよう「あなたは本当は良い人」「病弱な親の介護をしている」「このことは絶対に公言しないし、私を逃してくれた後も良い関係でいられる」などと同情と信頼を寄せる言葉をかけ、26時間後の11月4日、郊外の森で解放される。

リサはその足で家に戻り事情を説明するも信じ

私を信じて ―リサ・マクヴェイの誘拐―

2018／カナダ・アメリカ／監督：ジム・ドノヴァン
1984年に連続殺人犯のボビー・ジョー・ロングに誘拐され、26時間レイプされ続けた女性リサ・マクヴィーの実話をドラマ化したテレビ映画。日本では劇場未公開で2021年6月よりNetflixで配信されている。

てもらえず、タンパ市警に駆け込み被害を報告する。しかし対応した女性捜査員も彼女の証言を、夜遊びを親にバレないための作り話としてまともに聞こうとしなかった。

念のため、男性刑事が改めて事情を聞いたところ、リサは具体的に経緯を明かす。犯人は30歳前後の鼻髭を生やした白人男性。前髪が額にかかり目の間が少し狭い。拉致された車は黒のツードア。アパートの部屋に上がる階段は22段で、床に敷かれていた絨毯は緑。左利き。犯されたのはウォーターベッド。洗面所にカンガルーのロゴ入りスニーカーが置いてあり、そこのタオル掛けと便器に自分の指紋を残したこと等々。

あまりに詳細な証言に驚く刑事に対し彼女は「どうしても犯人を捕まえてほしかったから必死に記憶し、目隠しを外すチャンスに可能な限り目撃し、自分の証拠を残した」と答える。そこには、自身の抱える深刻な問題が大きく影響していた。

劇中に説明はないが、リサは14歳のときドラッグ依存の母親から離れ、祖母の家で暮らすようになる。が、そこで祖母と同居する彼女のボーイフレンドから日常的に性的虐待を受けていた。母親に相談しても相手にされず、劇中で描かれるように誘拐前日に自殺すべく遺書を残していたのも事実だ。リサは自分が置かれた過酷な環境から、誘拐・監禁時に犯人逮捕につながる手がかりを懸命に集めたのである。

事情を聞いた刑事はリサの話を信じ、そしてひらめく。もしや、彼女を誘拐した犯人と、タンパベイで起きている連続殺人事件の犯人は同一人物ではないのだろうか。被害者たちが誘拐された際、共通して黒い車が目撃されている点、殺害遺体の手首がいずれも縛られていること、さらには犠牲者の1人の体から緑の絨毯のナイロン繊維が検出されていた。

警察は、拉致された場所から彼女の記憶を頼りに車を走らせ、一軒のアパートにたどり着く。と、2階へ上がる階段の数は確かに22。証言どおりトイレでカンガルーのロゴ入りスニーカーも発見された。そして、彼女が残したという指紋を照合したところ、リサ本人のものと合致。こうした状況から警察は、部屋の住人であるロングを犯人と断定するに至った。

11月16日、ロングはタンパベイシ市内の映画館の前で逮捕される。そのとき乗っていた車は黒のダッジ・マグナムだった。

取り調べでリサを誘拐、強姦したことは素直に認めたものの、未解決の殺人事件への関与を問われると供述を拒否。捜査員が被害者の写真を見せ粘り強く追及し、最終的に全面自供した。

▲犠牲者の女性(2人は画像なし)。みな10代後半から20代のストリートガールだった

◀裁判に出廷するロング

ロングは生まれつき「クラインフェルター症候群」という、男性ながら胸が膨らむ病を患い、周囲にからかわれる子供時代を過ごした。5歳のとき、ブランコから落ち頭を強打し、その後も不注意で幾度か頭を打ち重傷を負う。

青年期に乳房縮小手術を受け、1974年、20歳で高校の同級生だった女性と結婚したものの、今度はバイクの転倒事故で頭を打ち数週間、生死をさまよう。回復後、彼の性欲は異常に増し、1日に3回以上の性交を求めるように。さすがにあきれた妻は離婚を決め、2人の子供と家を出て行ってしまう。1980年のことだ。

この後、ロングはウエストバージニア州からフロリダ州に移り住み、独特の手口で女性をレイプする。新聞の三行広告欄を読み、「不要になった家具売ります」などといった広告を見つけたら電話をかけ女性だった場合、相手の家に出向き犯すというものだ。被害者は1981年からの3年間で約50人に及び、世間は「三行広告レイピスト」として犯人を恐れた。

初めて殺人を犯したのは1984年3月27日。20歳の売春婦を部屋に連れ込み、行為の最中に首を絞めたところ今まで経験したことのない快感を覚え、そのまま殺害。高架道路下に全裸死体の手首をロープで縛った状態で遺棄した。

その後、車でタンパベイの売春街を徘徊、近づいてきた女性を自分のアパートへと誘い、監禁、レイプし、10月末までに7人を殺害する。手口はロープや素手で首を絞めたり、鈍器での撲殺、ナイフで喉を切って殺害するなど様々たが、全裸で手首を縛り死体を遺棄する点は共通していた。

劇中ではリサが最後の被害者で唯一の生存者だったかのように描かれているが、実際は以前にも生き残ったリンダ・ナタールという名の女性がいて、またリサ解放後もロングは逮捕されるまでに2人の女性を殺害している。ちなみに、後のロングの証言によれば、リサを殺害せず逃した理由は「彼女が売春婦ではなかったから」だそうだ。

1985年9月23日、死刑判決が下りロングは刑務所に収監される。一方、リサは叔母夫婦に引き取られた後、様々な仕事を経てフロリダ州のヒルズボロ郡保安官事務所に就職。性犯罪専門の捜査官として活躍する傍ら、プライベートでも警察官の男性と結婚。2人の子供を授かり、現在は孫もいるそうだ（夫とは後に離婚）。

2019年5月23日、ロングは収監中だったフロリダ刑務所で薬物注射により処刑される。魔の手から逃れたリサとリンダは、その様子を最前列で見守ったという。

生存者の2人が処刑を見守った

▲現在のリサ。自身が被害に遭った性犯罪専門の捜査官として活躍中

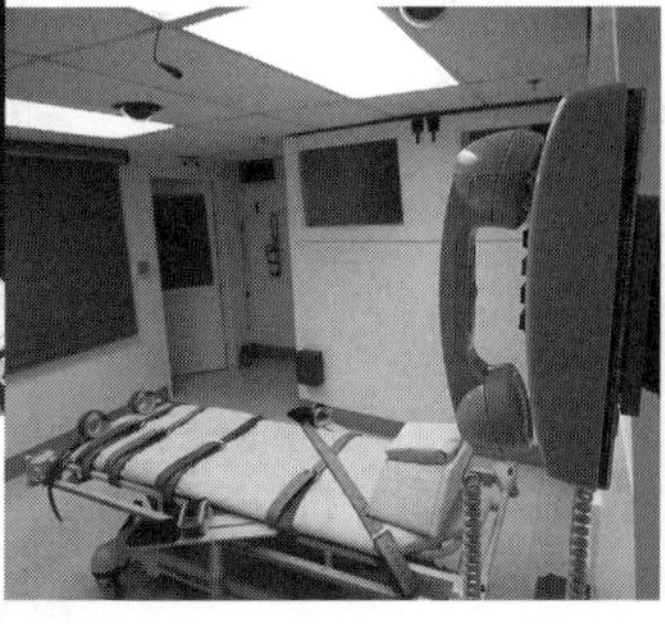

▼生前、最後に撮影されたロングと、彼が薬物注射により処刑されたフロリダ刑務所の部屋

ハンガリー連続殺人鬼

無実の男性が11年服役している間に犯行を

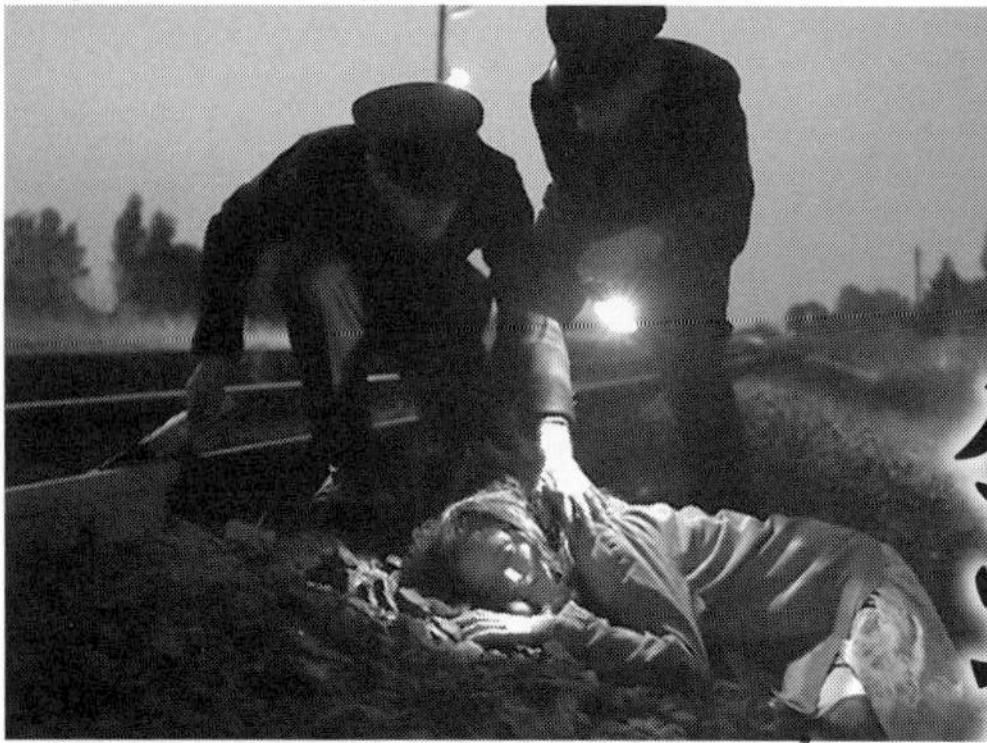

▶劇中では6人の女性が襲われ、4人が殺害されているが、実際の被害者が何人いるのかは今もわかっていない。映画「ハンガリー連続殺人鬼」より

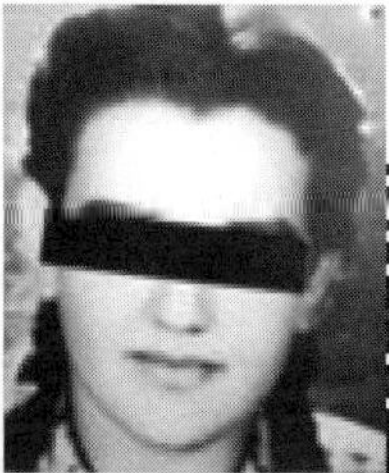

▲最初の犠牲者マルギット・セデド

◀彼女に言い寄っていたことで犯人として逮捕・投獄されたヤノス・キリヤク

「マルトフの怪物」ペーテル・コヴァーチ女性連続殺害事件

ハンガリーの田舎町マルトフで女性の遺体が発見される。直ちに容疑者が逮捕されるも、7年後、女性を狙った同様の連続殺人事件が起きる――。

2016年に公開された「ハンガリー連続殺人鬼」は1950年代から1960年代、「マルトフの怪物」の異名でハンガリー国民を恐怖のどん底に陥れたシリアルキラー、ペーテル・コヴァーチをモデルとしたスリラー劇だ。無実の人間が勾留されている間、コヴァーチは4人の女性を惨殺、屍姦や死体を傷つけることで異常な興奮を覚えていた。

マルトフは、ハンガリー東部に位置するソルノク県の小さな町だ。1957年7月22日、この地で靴工場に勤務する女性マルギッド・セデド（当時23歳）が、頭を斧で割られた全裸遺体で発見された。屍姦の痕跡があったことから、警察は以前から彼女に言い寄っていた同僚の既婚男性ヤノス・キリヤク（同32歳）を重要容疑者として取り調べる。当日、キリヤクが仕事帰りの彼女を待ち伏せていたとの目撃証言もあった。

当時のハンガリーは、ソ連の衛星国ともいわれる共産主義体制。1953年にスターリンが死去したことで共産圏に非スターリン化の運動が巻き起こり、ハンガリーも1956年に国民が政府に対して蜂起（ハンガリー動乱）したも

ハンガリー連続殺人鬼

2016／ハンガリー／監督：アールパード・ショプシッツ
1957年～1967年、共産主義体制下のハンガリー（人民共和国）で起きたペーテル・コヴァーチによる連続猟奇殺人事件を映画化。本国ハンガリーで数々の賞を受賞するとともに歴史的大ヒットを記録した。原題の「A Martfüi Rém」は「マルトフ（事件が起きた町の名）の恐怖」の意。

のの、ソ連軍により鎮圧されたばかりだった。

政府当局は、動乱後初の猟奇事件を迅速に解決して国の威信を見せるよう警察に厳命。これを受け警察は、指紋など物証捜査をろくに行わず、キリヤクに対し暴力を伴った取り調べを行い自供を得る。逮捕、起訴を経て、裁判で下った判決は死刑。しかし、証拠が目撃証言だったこともあり、高裁で終身刑に減刑された。

映画では、それから7年後の1964年5月に女性の溺死体が見つかり、これが連続殺人事件の始まりとなっている。が、実際にマルトフを流れるティサ川で20歳の女性、イローナ・シポスの水死体が見つかったのは最初の事件から5年後の1962年3月のこと。被害女性は少なくとも2ヶ月は水中を漂っていたとみられ、遺体には生前に受けたであろう外部損傷の痕跡があった。

翌1963年11月、またも靴工場で働く女性がハンマーで狙われ、4ヶ月後の1964年3月には1人で帰宅途中の女性がハンマーを持った男に襲われた。両者ともに一命は取りとめたものの、1965年5月、さらなる惨劇が起きる。14歳のエヴァ・メヘスの全裸死体がティサ川で見つかったのだ。しかし、遺体に外部損傷の痕がなかったことから、警察はこれを自殺として処理する。

マルトフの町周辺で次々起こる事件に住民は怯え、テレビや新聞は「マルトフの怪物」と書きたてた。キリヤクは塀の中にいるのに、なぜこんな田舎町で立て続けに事件が起きるのか。

警察は改めて40人以上の男性を容疑者としてマークし、捜査を進めていく。

その中に後に真犯人とわかるペーテル・コヴァーチ（1934年生）がいた。マルトフ周辺をテリトリーとするトラック運転手で、一連の犯行が行われたエリアの地形にも精通していた。が、彼は結婚し家庭を築き、雇用主からも高い評価を得ていた。そんな男が殺人鬼であるわけがない。警察は思い込みだけで、コヴァーチを容疑者から外してしまう。

結果、惨劇は繰り返される。1967年6月、ティサ川の支流近くで28歳の女性、カロリ・セケレスの死体が見つかった。両方の胸が切り落とされたうえに首や鼻、口に殴られた痕があり、頭蓋骨に複数のヒビが入っている。殺人であることは明白だった。

警察は、近くの橋の上に血痕とエンドウ豆サイズのガラスが6枚、さらに鉄の手すりに脂肪組織が付着していたことより、被害女性が首を絞め殺害された後にレイプされ、橋から川に投げ込まれたと推測。同時に犯行が「マルトフの怪物」によるものと断定した。

映画には、頼りない警察を向こうに回して事件の解決に奔走する若き検察官ゾルターン・シルマイが登場するが、彼は実在の

▼橋から川に投げられたカロリ・セケレスの遺体は両方の乳房が切断されていた

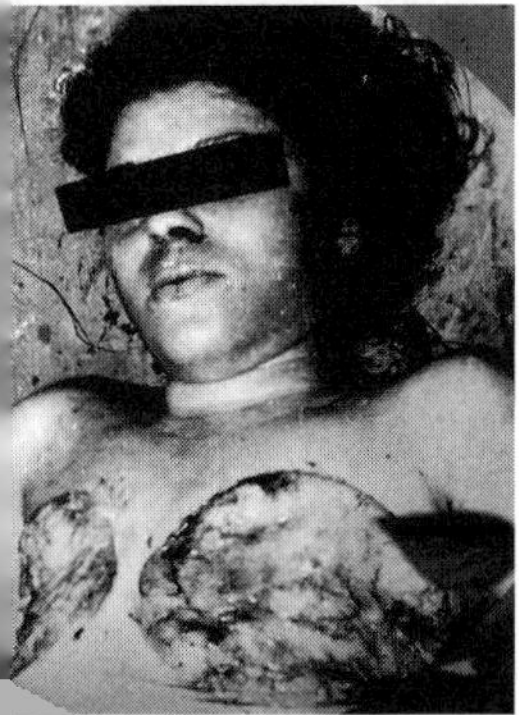

◀事件を解決に導いたバリント・バルナ。彼をモデルにした劇中の検察官は最後に暗殺されるが、本人は2022年12月現在も健在

捜査検察官バリント・バルナ（1933年生）をモデルとしたキャラクターだ。

実際に警察は、解決したはずの事件が再燃し、終身刑で裁いた犯人に冤罪の可能性が出てきたことを危惧するあまり、捜査に及び腰だった。そこで、バルナは改めてセケレスの事件を洗い直し、彼女の手の爪の中に小さなガラス片が挟まっているのを見つける。

さらに、聞き込み調査を進めると、以前、捜査線上に浮かんでいたペーテル・コヴァーチの義理の兄から、事件当夜にセケレスとコヴァーチと3人でパブへ行き彼女と性行為を楽しみ、その後、コヴァーチが仕事用のトラックで家に送って行くと彼女を連れ出したとの証言が得られた。

すぐさまコヴァーチの自宅へ出向いたバルナを含む検察官は、コヴァーチのトラックの窓ガラスが割れ、彼がその夜着ていた上着にガラスの破片が付着しているのを発見。そのいずれもが、セケレスの爪の間にあったガラス片と一致した。

こうしてコヴァーチは逮捕される。1967年8月11日のことだ。

コヴァーチは最初こそ犯行を否認していたものの、言い逃れのできない物証を突きつけられ、4件の殺害を自白する。

供述によれば、幼い頃に性的虐待を受けたことでセックスに問題を抱えるようになり、23歳のとき暴発したという。

1957年7月22日、コヴァーチはアルゼンチン映画を鑑賞。若い女性が服を脱ぐシーンや、男性が女性をレイプするシーンにこれまでにない性的興奮を覚える。いったん芽生えた欲望を抑えられないまま、マルトフの町へ行き、22時にシフトが終わることを知っていた靴工場の門の近くで待機。出てきた女性たちの中から1人で帰宅するセデドを追いかけ、道に落ちていた鉄棒で彼女の頭を殴り殺し、屍姦に及ぶ。その後の事件は全て最初の快楽が忘れられずに起こした犯行だった。

裁判は、コヴァーチの精神鑑定から始まり、6人の医療専門家が責任能力ありとの判定を下した。それもそのはず、コヴァーチは最初の犯行後、捜査の網から逃れるべく結婚。普通の日常生活を送っているように見せかけるため家まで建てていた。一連の犯行は極めて計画的だったのだ。

1968年2月、死刑判決を言い渡されたコヴァーチは、その年の12月1日、絞首刑に処せられた。一方、冤罪で11年間、投獄されていたヤノス・キリヤクは1968年に釈放。その後、逮捕前と同じ靴工場に勤めたものの上手く社会復帰ができず、1980年代に自殺したという。彼の息子によると、警察や政府からの金銭的補償も、謝罪の言葉も一切なかったそうだ。

凶行のきっかけは映画のレイプシーンだった

◀法廷に姿を現した「マルトフの怪物」ことペーテル・コヴァーチ本人(中央)。34歳で絞首刑に処された

第4章

震撼

映画「戦場のピアニスト」より

タクシードライバー

主人公トラビスのモデルになった
アーサー・ブレマーの愚かな犯行

▶主人公トラビスを演じたロバート・デ・ニーロ。映画「タクシードライバー」より

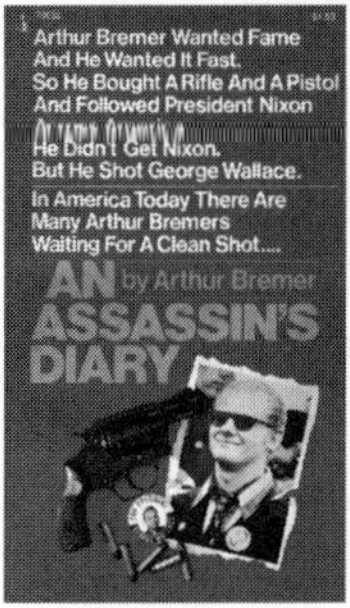
Arthur Bremer Wanted Fame
And He Wanted It Fast.
So He Bought A Rifle And A Pistol
And Followed President Nixon
He Didn't Get Nixon.
But He Shot George Wallace.
In America Today There Are
Many Arthur Bremers
Waiting For A Clean Shot....
AN ASSASSIN'S DIARY
by Arthur Bremer

▲トラビスのモデルになったアーサー・ブレマー。
彼が書き綴った『暗殺日記』は書籍として出版されている

アメリカ大統領候補、ジョージ・ウォレス狙撃事件

不眠症と孤独を抱えながら、米ニューヨーク・マンハッタンでタクシー運転手として働くベトナム帰還兵のトラビス（演：ロバート・デ・ニーロ）。車窓から見えるのは麻薬とセックスにまみれた退廃した街。彼は一目惚れした女性に嫌われたのを機に、世の中の浄化作戦に打って出る。購入した銃で次期大統領候補の暗殺を試み、12歳の娼婦アイリス（演：ジョディ・フォスター）を助けるべく、彼女のヒモや売春の元締めを殺害。自らも重傷を負うが、メディアはトラビスを一人の少女を裏社会から救った英雄として祭り上げる──。

1976年公開の映画「タクシードライバー」は、1人のタクシー運転手の目を通して大都会ニューヨークの闇をあぶり出し、俳優ロバート・デ・ニーロと監督マーティン・スコセッシの名を世に広く知らしめた傑作である。後に「ジョーカー」（2019）など数多くの映画に影響を与えた本作の脚本家ポール・シュレイダーが、モチーフとした実際の事件がある。1972年に起きた、アメリカ大統領候補ジョージ・ウォレス狙撃事件。その犯人、アーサー・ブレマー（当時22歳）こそがトラビスのモデルである。

ブレマーは1950年8月、ウィスコンシン州ミルウォーキーの労働階級の家庭に生まれた。両親が不和で家の中にいつも不穏な空気が流れ

タクシードライバー

1976／アメリカ／監督：マーティン・スコセッシ
ベトナム帰還兵のタクシー運転手を主人公に、大都会に潜む狂気と混乱を描いたロバート・デ・ニーロの出世作。12歳の娼婦を演じたジョディ・フォスターも高く評価され、第29回カンヌ国際映画祭でパルム・ドール（最優秀作品賞）に輝いた。

ていたこともあり、内向的な少年に育ち、進学した高校ではガールフレンドはおろか、1人の友人もできなかったという。

21歳のとき家を出てアルバイトを転々とした後、高校で用務員の職を得て、ここで出会った15歳の女子生徒と交際するようになる。生まれて初めてできたガールフレンド。まさに天にも昇る心地だったが、付き合い方を知らないブレマーはデート先にポルノ映画館を選び、彼女を激怒させてしまう。このエピソードは映画でも描かれているが、劇中のトラビス同様、相手がなぜ怒っているのか納得できないブレマーはその後も彼女にしつこく付きまとい、警察沙汰にまで発展したそうだ。

原因が自分にあるのは明らかなのに、歪んだ性格のブレマーの考えは違った。人生が上手くいかないのは世の中のせいで、社会を取り仕切る政治家の責任。彼は1968年6月、大統領選に出馬していたロバート・ケネディ上院議員を暗殺した当時24歳のパレスチナ移民サーハン・ベシャラ・サーハンに憧れ、仕事を辞め、劇中のトラビスのように頭髪を剃り、38口径のリボルバーを購入し、日記を書き始める。ポール・シュレイダーが本作脚本を執筆するにあたり参考とした『暗殺日記』である。

大統領選最中の1972年3月、彼はこう書き記している。

「これはリチャード・ニクソン大統領の暗殺に関する私の個人的な計画書である。全世界に向けた私の男らしさの声明文でもある」

文言は勇ましいが、ロバート・ケネディ暗殺犯サーハンの動機に政治的背景があったのとは異なり、ブレマーに思想信条は皆無だった。

日記にあるように、当初のターゲットはニクソンだった。

1972年4月13日、ブレマーはミルウォーキーから、ニクソンが訪問していたカナダのオタワに出向く。ビジネススーツとサングラスを身につけ、ポケットにはリボルバー。ニクソンが人前に現れたところを射殺する予定だった。が、想像以上にセキュリティが厳しく、接近することさえ困難な状況に簡単に計画を断念する。

地元ミルウォーキーに戻り、今度は民主党の大統領候補ジョージ・マクガヴァンにターゲットを変更するも、最終的にアラバマ州知事で民主党大統領指名選に立候補していたジョージ・ウォレスに狙いを定める。ウォレスが黒人差別主義者として悪名高き政治家だったからではなく、単に彼の警護が甘そうというのが鞍替えの理由である。要するに、ブレマーは有名政治家を殺し自分が有名になれれば、相手は誰でもよかったのだ。

とはいえ計画は周到だった。同年5月9日、ミシガン州

▼選挙ボランティアとなり、ジョージ・ウォレスの応援集会に参加していたブレマー。胸に付けている「支持表明」のバッジも含め、劇中で見事に再現されている。映画「タクシードライバー」より

シルバーレイクにあるウォレスの選挙キャンペーン本部を訪れ、ボランティアになることを申し出る。劇中のトラビスが、好意を寄せた大統領選挙対策本部の女性スタッフに近づくためボランティアを申し出るシーンはこのエピソードに基づいているが、ブレマーは実際にボランティアとして、支持者を装いウォレスの応援集会に堂々と参加。暗殺の機会を虎視眈々と狙った。

そして、その日は訪れる。5月15日、ウォレスは遊説でメリーランド州ローレルのショッピング・センターに訪れる。約1千人の支持者を前にスピーチを終えたのが16時頃。すぐに退席するよう促す警護のシークレットサービスを制して、彼は支持者たちと握手を交わす。ブレマーは千載一遇のチャンスを逃さず、ウォレスの腹部と胸部に5発の銃弾を撃ち込んだ。

即座にシークレットサービスによりブレマーは地面に倒され拘束、逮捕。幸いにもウォレスは九死に一生を得たが、その後、銃撃の後遺症による車椅子での闘病生活を余儀なくされることになる。

裁判は7月31日に始まった。ブレマーは法廷で「ウォレスを殺せなかったことを残念に思う」と述べる一方、自分が統合失調症性人格障害、被害妄想を患っていると主張。減刑を求めたが、8月4日、陪審員が下した評決は懲役63年。判決の際、ブレマーは「社会が私を守ってくれていたら良かった」と口にしたそうだ。

その後の控訴審で判決は懲役53年に短縮されたものの、上告は却下され1973年7月6日、刑が確定。刑務所に送致され獄中で34年を過ごした後、2007年11月に57歳で仮釈放となり、現在は保護観察の身にある。ちなみに、被害に遭ったウォレスは1995年、獄中のブレマーに対し罪を許す手紙を送ったが、返事はなかったそうだ。

世に名を刻むことはできなかったアーサー・ブレマーとは逆に、事件から4年後に公開された映画「タクシードライバー」は世間に大きな影響を与え、1981年3月にレーガン大統領を狙撃した大学生ジョン・ヒンクリー、2007年3月に起きたバージニア工科大学銃乱射事件の犯人チョ・スンヒの犯行を誘発したと言われる。2人とも「タクシードライバー」を何度も見返し、トラビスに大きな憧れを抱いていたそうだ。

▲事件の一部始終は映像に捉えられている。支持者が集まるなか、ブレマー（右）が発砲、銃弾に倒れるウォレス

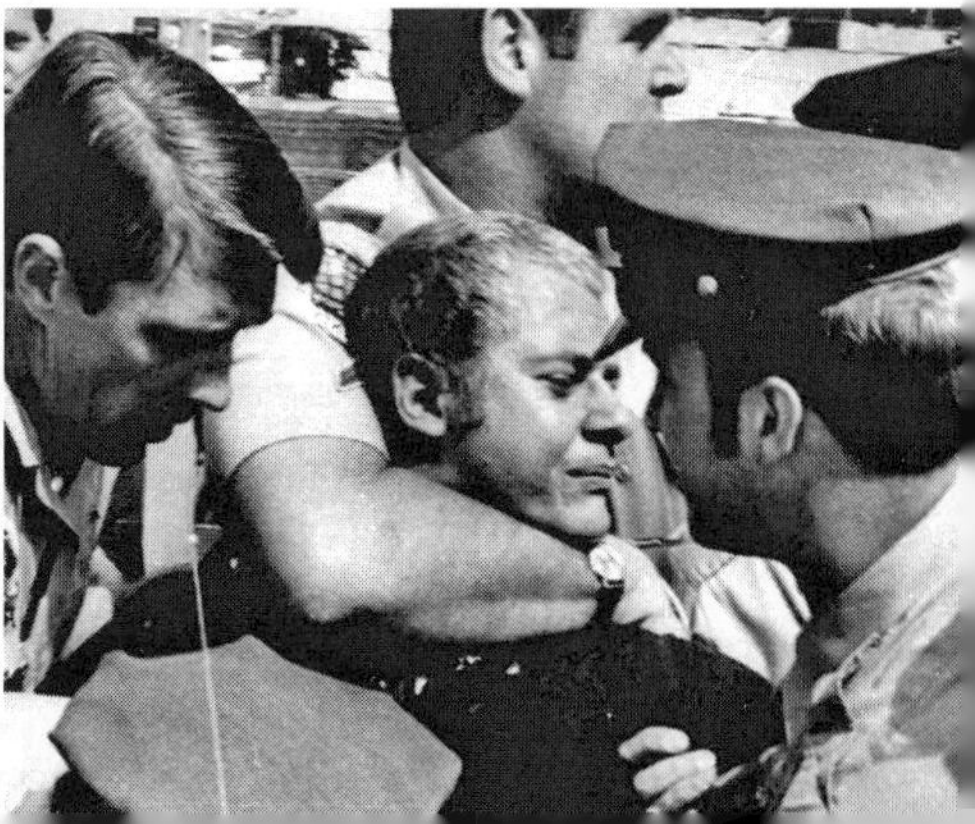

▲ウォレスはその場で拘束・逮捕された

判決で懲役53年が下るも、2007年、57歳で仮釈放に

KCIA 南山の部長たち

動機は民主化のための革命か、権力闘争を巡る私怨か

▶主演のKCIA部長を演じたイ・ビョンホン。映画「KCIA 南山の部長たち」より

東亞日報

朴正熙대통령 逝去

전국에 非常戒嚴

大統領權限대행에 崔圭夏총리 就任

어제저녁7시50분경 운명

車警護室長등 5명도숨져

國民동요 없도록

美,條約의무 준…

▲事件を一面トップで報じる『東亜日報』の紙面

側近が計画・実行した パク・チョンヒ 韓国大統領暗殺事件

１９７９年10月26日、韓国の大統領パク・チョンヒ（朴正熙。１９１７年生。当時61歳）が、側近であるＫＣＩＡ（大韓民国中央情報部）の部長、キム・ジェギュ（金載圭。１９２６年生。同54歳）に殺害された。映画「ＫＣＩＡ　南山の部長たち」はこの歴史的大事件が起きるまでの40日間を克明に描いた政治サスペンスだ。果たして、大統領はなぜ殺されたのか。映画は、パク・チョンヒの圧政に対する義憤を動機とした視点で語られているが、真相は未だにわかっていない。

映画冒頭でも説明されるとおり、韓国では１９６１年５月16日、当時陸軍少将だったパク・チョンヒを最高指揮官とする軍部がクーデターを起こし、２年後の１９６３年12月、パクが第５代大統領に就任。その後長きにわたる軍事独裁政権が始まる。

パクは「漢江の奇跡」と呼ばれる高度経済成長を成し遂げる一方、韓国初の諜報機関ＫＣＩＡを設立。政権に反対する者の監視、摘発、拷問、殺害を実行し、国民を恐怖に陥れる。言わばナチスドイツのヒトラー政権下におけるゲシュタポ（国家秘密警察）に相当する組織で、本部があったソウルの山の名前から通称「南山」、その歴代トップは「南山

KCIA 南山の部長たち

2020／韓国／監督：ウ・ミンホ
作家キム・チュンシク『実録KCIA―「南山と呼ばれた男たち」』を原作に、パク・チョンヒ大統領暗殺事件の内幕を描いたサスペンス。関係者への配慮で、劇中の登場人物はパク大統領以外、別名に置き換えられ、内容も事件を題材としたフィクションとされている。

の部長」と呼ばれた。

日本でＫＣＩＡの名が知れ渡るのは１９７３年８月８日に起きた「金大中（キム・デシュン）事件」だろう。民主運動家のキムが、滞在していた東京のホテルグランドパレスから拉致、暗殺されかけたもので、この首謀者が在日韓国人ヤクザと手を組んだＫＣＩＡだった。

当時、韓国ではパクの圧政に対する民主化運動が高まりを見せるとともに、直接、大統領の命を狙う者もおり、金大中事件の翌年１９７４年８月15日には、韓国国立劇場の「光復節」（日本の統治から脱し独立を果たしたことを祝う日。日本の終戦記念日）に登壇したパクに銃弾が放たれる「文世光（ムン・セグァン。犯人の名）事件」が発生。パクは難を逃れたものの、弾は大統領夫人に命中、死亡させた。

こうした一連の動きを受け、アメリカ政府も反体制派を弾圧するパク大統領を危険視し、彼

▲主犯のキム・ジェギュ第8代KCIA部長（演：イ・ビョンホン。右が本人。以下同）

▲アメリカに亡命し、大統領の不正を告発。1979年10月に行方不明となったキム・ヒョンウク（演：クァク・ドウォン）

▲暗殺されるまでの18年間、軍事独裁政権を維持したパク・チョンヒ大統領（演：イ・ソンミン）

▲パク部長の政敵で、事件で殺された大統領警護室長のチャ・ジチョル（演：イ・ヒジュン）

映画「KCIA 南山の部長たち」より

に退陣を迫る。が、権力に固執するパクは米政府の上院・下院議員に莫大な賄賂を贈り、意見を封じ込める。この不正行為が、映画前半の主軸として描かれる「コリアゲート事件」だ。

事件が発覚したのは1976年。KCIA4代目部長で、長年パク大統領の側近として暗躍したものの、その後袂を分かち1973年にアメリカへ亡命したキム・ヒョンウク（金炯旭。1925年生）が、パクの不正を議会で告発したのがきっかけである。映画では、これに激怒したパクが当時のKCIA部長キム・ジェギュに対して〝裏切り者〟の始末を暗に命じ、彼の指示より駐フランスのKCIA要員が殺害を実行したことになっている。が、事の真相はわからない。確かなのは、1979年10月、パリでキム・ヒョンウクが行方不明になったことだけ。一方、死体が見つかっていないことから、殺害時に遺体を完全に粉砕されたとの説もある。

映画後半は、権力の中枢でしだいに孤立化していくキム部長の姿を描き出す。アメリカからはパクを退陣させたら次期大統領に推すと迫られ、パクからは民主化運動を武力で制するよう厳命される。対し、キム部長は、これ以上民衆を弾圧すると、我々の地位も危なくなると提言するが、パクは聞く耳を持たず、やがて自分の意に添うチャ・ジチョル（車智澈。1934年生）警護室長を重用。しだいに。虎の威を借りたチャ室長がキム部長を見下すようになる。

劇中に、パク大統領とチャ警護室長との電話を、キム部長が盗聴するシーンがある。ここでパクは「あいつ（キム部長）は友を殺すようなやつだからな」と嘲る。キム部長とキム・ヒョンウクが友人だった事実はないが、こうしたパクの言動が大統領に忠誠を誓い暗殺を実行したパク部長が大いに失望させられたことは間違いない。

そして、運命の日は訪れる。1979年10月26日夜、ソウル特別市鍾路区宮井洞で大統領主催の定例晩餐会が開かれた。場所はKCIA所有の秘密宴会場。当時、パクは常に暗殺の危険を抱え、髭を剃る際もカミソリで喉を切られないよう特別な理容師を選んでいたくらいで、食事も当然、外部の者が出入りできない場所でしか行わなかった。

この夜、宴会に出席していたのはパク大統領、キム部長、チャ警護室長、キム・ゲウォン大統領府秘書室長の4人。席上、パクが「釜馬民主抗争」（1979年10月16日から20日にかけ、反政府学生らが釜山のアメリカ文化館を占拠した事件）を収められなかった責任を追及すると、チャ室長もこれに追従して、KCIAの無能振りを激しく叱責する。

緊張に包まれる宴会場に、ホステス要員として呼ばれた女性歌手とモデルの女子大生が現れたことで、話はいったん中断され空気が和む。そのタイミングで、キム部長は中座し、あらかじめ待機させていた直属の部下2人に、銃声が聞こえたら控え室の大統領府警護員（チャ室長の部下）を射殺するよう指示。その後、宴会場に戻り、再び話題がKCIAの失態に及ぶに至り、19時41分、突然「閣下、こんな虫けらのような奴をと政治ができますか！」と叫び、チャ室長に銃弾を放ち、続いて驚くパク大統領にも発砲した。が、そこで銃に故障が発生。キム部長は部屋を出て、警護員らを射殺した部下から銃を借りると再び晩餐会場に戻り、2人にとどめを刺した。

その後、キム部長は自分が射殺犯であることを隠したうえで陸軍本部に向かい、戒厳令の発令を要請。しかし、ほどなくキム部長の犯行が明るみになり、その日の深夜に逮捕される。

わかっている事実はこれだけだ。映画は最後、その後の裁判の最終陳述で「私の目的は民主主義を回復し、国民が犠牲になることを防ぐことでした。決して大統領になるためではありません」と発言するキム部長の肉声を流す。対し、裁判所は「大統領が警護室長に目をかけ自分を信頼していないことに不満を募らせた挙げ句の犯行」と断定し判決で死刑を宣告。キム部長は事件から7ヶ月後の1980年5月24日、共犯の部下1人とともに絞首刑に処された(もう1人の部下は同年3月6日に銃殺刑)。

キム部長の動機は、民主化のための革命か、権力闘争を巡る私怨か、はたまた自分の意にままとなる政権を作ろうとした野心の末の犯行か。世間の意見は現在も分かれている。ただ、彼が願ったとされる民主化は事件後も実現せず、韓国では1987年まで軍事政権が続く。

▲事件から12日後、警察の現場検証でチャ室長を撃った際の様子を再現するキム・ジェギュ。左は彼の直属の部下で犯行に加担、共に絞首刑となったKCIA儀典課長のパク・ソンホ

▼裁判でキムは「命乞いをするつもりは断じてありません。私に相応の刑罰を与えてください」とも述べた

事件から7ヶ月後、絞首刑に

▲ リチャード・ジュエル本人(右)と、演じたポール・ウォルター・ハウザー。映画「リチャード・ジュエル」より

リチャード・ジュエル

多くの人命を救った英雄が、一転して第一容疑者に

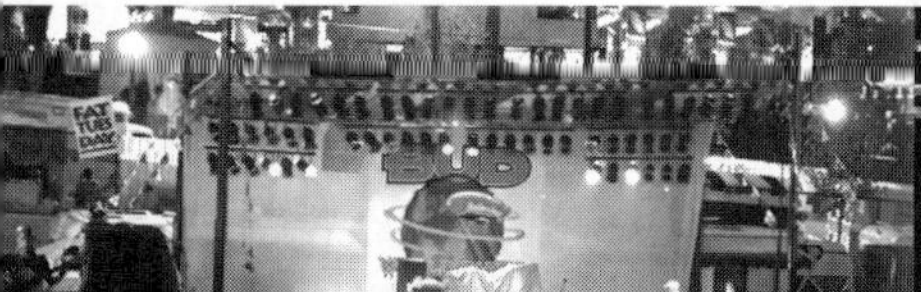

▲ 爆破テロ発生直後のアトランタ・オリンピック公園内の屋外コンサート会場（1996年7月27日）

アトランタ・オリンピック公園爆破テロ事件

FILMS

2019年公開の映画「リチャード・ジュエル」は1996年、オリンピック開催中の米アトランタの公園に置かれた爆弾を発見、避難活動に尽力し世間からヒーローとして讃えられたものの、その後、事件の犯人として疑われた実在の警備員リチャード・ジュエルの運命を描いた人間ドラマだ。監督のクリント・イーストウッドはジュエルの身に降りかかった出来事を忠実に再現しながら、1人の人間を偏見だけで無実の罪に陥れる、FBIのずさんな捜査やメディアの報道のあり方を痛烈に批判している。

1996年7月27日深夜、第26回夏季オリンピック開催中のアトランタのオリンピック公園で、屋外コンサートが行われていた。集まった観客は数千人。このとき、会場の警備に就いていたのが当時33歳のリチャード・ジュエルだ。

会場内を見回っていた彼が、ベンチの下に不審なバッグを発見したのが深夜12時半過ぎ。万が一を考えジョージア警察に通報したところ、駆けつけた捜査員によりバッグの中から石積みの釘で囲まれた3つのパイプ爆弾が見つかる。ジュエルは直ちに仲間の警備員らと観客に対する懸命な避難誘導を行った。

深夜1時2分、911（日本の110番）に、

リチャード・ジュエル

2019／アメリカ／監督：クリント・イーストウッド
1996年のアトランタ五輪開催中に爆発物が入ったバッグを発見、いち早く警察に通報し、多くの人命を救った英雄であるにもかかわらず、FBIやメディアに容疑者と見なされた実在の警備員リチャード・ジュエルの闘いを描く。

英語のアクセントのはっきりしない男性の声で公衆電話から「公園で30分以内に爆発が起きる」という警告が寄せられる。が、時すでに遅し。その18分後の1時20分、爆弾処理班が作業を終える前に大きな爆破が起き、避難し遅れた44歳の男性客と、トルコ国営放送の40歳のカメラマンが死亡、111人が重軽傷を負った。

大統領のビル・クリントンが「邪悪なテロ行為」として爆発を非難し、責任者を処罰する声明を出す一方で、メディアは、爆弾の第一発見者で、警察に通報し、観客を安全な場所に誘導したジュエルを英雄視した報道を行う。彼の行動がなければ、より多くの被害者が出ていたことは間違いない。

しかし、事件からまもなく、ジュエルは一転してテロの重要容疑者としてFBIの捜査対象となる。発端は彼が以前、警備員として勤務し、些細なトラブルを起こしていたピートモンド大学の学長からの通報で、FBIはこの情報をもとに「第一発見者を疑え」という捜査の基本方針に立つ。実際、1984年のロサンゼルス五輪で爆弾騒ぎが起きた際、不審なバッグを発見した警官自らバッグを置いていたこと、アトランタ五輪の前にアイダホで発生した山火事が、称賛を得たくて消防士が火を放っていた事例もあった。また彼が過去に警察官を詐称し逮捕歴があること、銃を所有していること、30歳を過ぎても独身で母親と同居していることなどもFBIが描く爆弾犯のイメージと合致していた。

事件から3日後、地元紙『アトランタ・ジャーナル』が、一面で「リチャード・ジュエルが爆弾テロの容疑者」と報じる。同紙の女性記者キャシー・スクラッグスが掴んだ一大スクープだった。劇中ではこのシーン、彼女がＦＢＩの事件担当者と肉体関係を持つ見返りとしてネタを得たかのように描かれている。が、映画公開後、この描写は同紙と彼女の名誉を著しく傷つける捏造だとして訴訟問題にまで発展している。対し、監督のイーストウッドは「彼女が警察当局と懇意にしていたのは事実で、こうした方法で情報を入手したことも十分ありうると考えた」と発言。当事者のスクラッグスは２００１年９月、ドラッグの過剰摂取で死亡（享年42）したため真相はわからないが、その死はジュエルの事件報道で精神を崩壊させたうえでの自殺だったといわれる。

『アトランタ・ジャーナル』の報道を他メディアが追いかけ、ジュエルのイメージは英雄から疑惑の人物へと一転する。

ＦＢＩは多くのメディアが取り囲む彼の自宅を２回にわたって徹底的に捜索、24時間の監視体制に置く。ジュエルの家に盗聴

▲ジュエルを爆破テロの容疑者と報じる新聞各紙。上が第一報を放った『アトランタ・ジャーナル』
▼偽りのスクープを手にした『アトランタ・ジャーナル』紙の記者キャシー・スクラッグス本人（左）と、彼女を演じたオリヴィア・ワイルド。劇中描写に偽りがあるとして、監督のイーストウッド（中央）に非難が寄せられている。映画「リチャード・ジュエル」より

器を仕かけたり、彼を「教育ビデオ作製」という名目でＦＢＩアトランタ支局に連れていき尋問にかけたのも劇中で描かれるとおりだ。

こうした窮地を救ったのが、サム・ロックウェル演じる弁護士のワトソン・ブライアント（事件当時45歳）だ。映画の冒頭で描かれるとおり、ブライアントは１９８６年当時、中小企業局のアトランタ事務所に勤務しており、そこの新人備品係だったジュエルと知り合った。ほどなくジュエルは退職するのだが、在籍中に自分に心良く接してくれたブライアントのことをその後も覚えており、弁護を依頼したのだ。

ブライアントもジュエルをよく記憶しており、10年近くぶりの連絡にもかかわらず、彼のオファーを快諾。ジュエルを旧知の元ＦＢＩ捜査官によるポリグラフ検査にかけシロと確認したうえで、ジュエルが事件当日、爆破を予告するため公衆電話がある場所まで行くことは不可能だったことも突き止める。結果、ジュエルは１９９６年10月26日、ＦＢＩの捜査対象から外れる。事件から88日後のことだ。

２００３年、ジョージア州メリウェザー郡で郡保安官補を務めていたジュエルのもとに、ブライアントが爆破テロの真犯人が捕まったことを報告に訪れるシーンで映画は終わる。

劇中に説明はないが、実際、ＦＢＩは事件解決までに発生から7年間を費やした。犯人の名はエリック・ルドルフ。オリンピック公園爆破（当時29歳）の後、１９９７年から１９９８年にかけ病院やナイトクラブなどで計４回の爆破テロを起こした疑いでＦＢＩが全米に最重要指名手配をかけていた人物だった。

逃亡していたルドルフが強盗を働き逮捕されたのが２００３年５月31日のこと。取り調べで全ての犯行を自供したルドルフに対し、２００５年８月、裁判所は仮釈放なしの終身刑の判決を下した。

一方、ジュエルは前述のとおり、事件後、幼い頃からの夢だった警察官の職に就くとともに、１９９８年にはダナジュエルという女性と結婚。また、ＦＢＩやピートモンド大学、『アトランタ・ジャーナル』、ＣＮＮ、『ニューヨーク・ポスト』など自分を容疑者として報じたメディアを名誉毀損で訴え、多額の和解金を手にした。

２００６年、ジョージア州の知事が「爆破テロから多くの命を救った英雄である」と公でジュエルを讃え、彼の名誉は完全に回復される。が、その頃、ジュエルの体は肥満が原因の糖尿病に侵されており、症状が深刻化した２００７年８月29日、仕事から帰宅した妻が、自宅で倒れ死亡している夫を発見した。享年44だった。

◀ジュエルの窮地を救った弁護士ワトソン・ブライアント本人（上）と、役を演じたサム・ロックウェル。映画「リチャード・ジュエル」より

◀真犯人のエリック・ルドルフ。事件後も４度の爆破テロを起こしＦＢＩから指名手配されていた

事件から7年後に逮捕された真犯人は終身刑に

鵞鳥湖の夜

逃亡の目的は、自分にかけられた報奨金を家族・親類に渡すため!?

中国ハルビン拘置所死刑囚脱獄事件

▶主人公チョウ・ザーノンを演じたフー・ゴー。映画「鵞鳥湖の夜」より

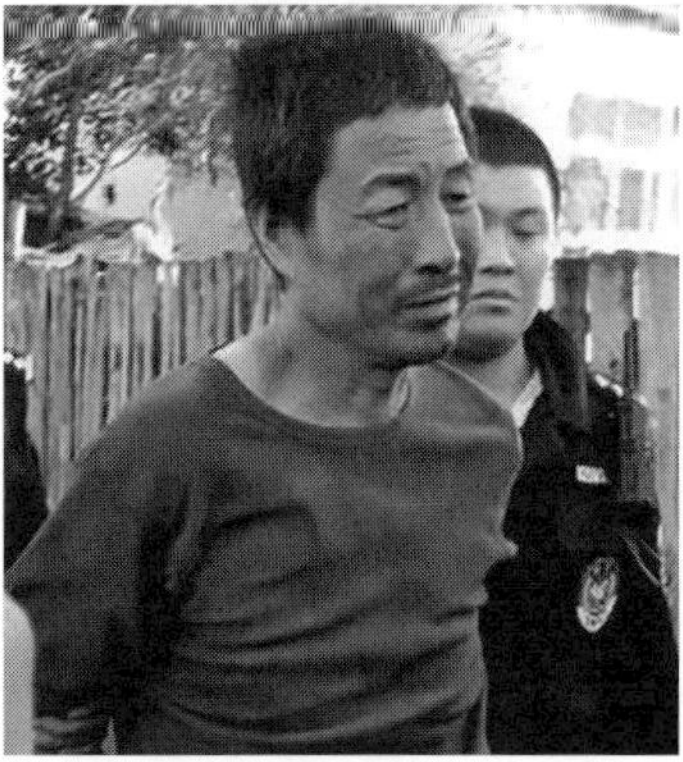

◀2014年9月11日、故郷の村で逮捕されたガオ・ユルン(主人公のモデル)

FILMS

２０１９年公開の中国・フランス合作映画「鵞《が》鳥《ちょう》湖《こ》の夜」は、図らずも警察官殺しの罪を負った男が、警察や窃盗団に追われ後戻りのできない袋小路へ追い詰められていくサスペンスドラマだ。ディアオ・イーナン監督が、中国社会の底辺で生きる人たちの現実を描き「フィルムノワールの世界に新たな革命を起こした」と評される本作は、２０１４年に中国のハルビン拘置所から脱獄した実在の死刑囚の事件がモチーフになっている。

映画の主人公は、バイクの窃盗団に所属するギャングという役どころである。警官を射殺した彼に待っているのは死刑。ならばせめて妻子に自分にかけられた報奨金を残せないものか。しかし、うかつに自宅に戻れば警察の目がある。そこで逃亡先で知り合った〝水浴嬢〟（海水浴客相手に売春を働く女性）に金を託そうとするのだが——。

主人公チョウのモデルとされるのが、２０１４年に中国のハルビン拘置所を脱獄した死刑囚のガオ・ユルン（１９６４年生）である。監督が彼の事件で報奨金がけられたことに着想を得て、オリジナルの脚本を書き上げた。

ガオは、ハルビンにほど近い田舎で暮らす貧しくとも気のいい農夫だった。親戚との関係も

鵞鳥湖の夜

2019／中国・フランス／監督：ディアオ・イーナン「薄氷の殺人」で第64回ベルリン国際映画祭金熊賞を受賞したディアオ・イーナン監督が、警察官殺しを犯した裏社会の男と湖畔の娼婦が巡り会い合い、危険な逃避行を繰り広げていく様を描いたノアール・サスペンス。

良好で、村人とも顔を合わせれば立ち話をする仲だった。が、癇癪持ちで深酒の悪癖もあり、妻とは喧嘩ばかり。息子にガオの孫が生まれようとしていた矢先、「飯が冷めている」との理由で妻と口論となり、「死ぬわ」との妻の売り言葉に「早く死ね」の買い言葉で返したところ、彼女はその場で農薬をあおって自殺。息子も孫を連れて一家で彼のもとを去ってしまう。以後、ガオは元々好きだった酒を手に負えないほど飲むようになり、ついには事件を起こす。

2013年12月のある夜、村人の家に友人らが集まり宴会が始まった。そこでかなり酒を飲んでいたガオは、娘のために家を買ったと自慢する知人と口喧嘩となり、相手をナイフで刺殺。駆けつけた警官に逮捕され、裁判で死刑判決を下される。

しかし、2014年9月4日午前4時半頃、ガオは収監先のハルビン拘置所から脱獄を果たす。口実をつけて看守の気を引いている間に仲間2人がそれぞれ独房から脱出。あらかじめ用

▲2014年9月2日午前4時45分、拘置所の正面玄関から脱獄するガオ

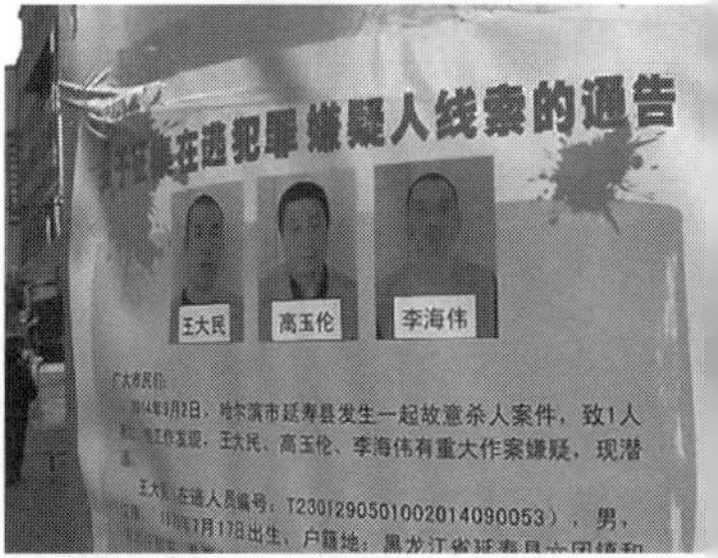

▲脱獄囚3人の指名手配書(左がガオ)

意しておいたロープで看守を縛り床に押し付けた挙句、頭や顔を殴るなどして窒息死させた後、看守のポケットから鍵を奪い、1人ずつ正面玄関から逃亡した。

▶グイ・ルンメイが演じた"水浴嬢"は中国に実在する売春婦で、海へ来た男性を相手に様々なサービスを行う。映画「鸞鳥湖の夜」より

映画の主人公が逃げた先は中国中部、湖北省の武漢市。タイトルにもなっている鸞鳥湖は架空の名前で、実際のロケ地は同市の東湖である。対し、実際のガオが逃げたハルビンは中国の北東部に位置する黒竜江省の町。拘置所周辺は森や山、とうもろこし畑が広がる田園地帯だ。

映画と事件はストーリーも舞台も異なるが、家族を思う気持ちは変わらない。死刑を宣告されていたガオは、最後に家族に会いたかった。

しかし、脱獄した3人を警察が放っておくはずがない。少なくとも1千500人を超す武装警官を動員し、市内外の全ての道路に検問所を設けたり、ヘリコプターを飛ばして脱獄犯を捜索。さらに警察は3人をトップレベルの指名手配とし、手がかりの提供や、容疑者を捕まえた者に15万人民元（約250万円）の報奨金

▲脱獄犯を捜索するため、実弾を備えた武装警官と軍の兵士が1,500人以上とヘリコプターが投入された

を支払うと発表した。

この包囲網に、ガオ以外の2人は4日朝までに捕まったが、地元生まれで土地勘のあるガオはなかなか見つからない。脱獄4日後の8日の夕方には、警察のヘリコプターがとうもろこし畑で白いシャツを着たガオらしき男を発見し、すぐに辺りが捜索されたものの、男の姿はどこにもなかった。

ガオが逮捕されるのは脱獄8日目の9月11日だ。母親や息子のいる実家は警察に監視されているのは必至。そこで、日頃から親しく付き合っていた姪の家を当日17時頃に突然訪れ、何日も食べてないからと食事を頼んだ。茶碗2杯の食事と焼酎をコップ半分飲んだガオは、この後、甥（姪の夫）らにロープで縛られ、通報により駆けつけた警察に身柄を拘束される。

連行される直前、姪宅の者が「最後に好きなワインを飲ませていいですか」と警察に聞いたという。それが世間に憶測を呼んだ。

「ガオは姪一家、ひいては母親や息子に報奨金を与えるためにあの家を訪れたのではないか」

「もしかしたら、脱獄もそれが狙いだったのかもしれない」

「ガオは捕まる前に、母親や息子にも報奨金を分けてほしいと頼んだに違いない」

こうした雑音のせいか、ガオの家族や親戚は報奨金の受け取りを拒否。代わりに、ガオの逮捕を手伝った村の男性に15万人民元が支払われたそうだ。

その後の裁判で、ガオは暴力的な脱出、意図的な殺人、意図的な傷害、盗難、および意図的な器物損壊で有罪となり、2015年11月、死刑が確定。すでに刑が執行されたとの情報もあるが、定かではない。

脱獄8日目に姪宅を訪れ、食事をとった後、通報により逮捕

▲2015年11月の裁判で、ガオ（右から2人目）には死刑が確定（他の2人は、1人が死刑、もう1人は終身刑）

ホテル・ムンバイ

決死の覚悟で宿泊客を救出したホテルマンの闘い

FILMS

ムンバイ同時多発テロ「タージマハル・ホテル」人質脱出劇

▶主人公のホテルマン、アルジュンを演じたデーヴ・パテール。映画「ホテル・ムンバイ」より

▲映画の舞台で、60時間近くテロリストに占拠された実際のタージマハル・ホテル。1903年開業のインドを代表する五つ星ホテル

　２００８年11月26日夜から29日の朝にかけ、インド最大の都市ムンバイで、パキスタンのイスラム過激派によるテロ事件が発生。少なくとも１７２人（うち34人は外国人）が死亡し、２３９人が負傷した。

　２０１９年に公開された映画「ホテル・ムンバイ」は、この事件でテロリストに占拠された、「タージマハル・パレス・ムンバイ・ホテル」（以下タージマハル・ホテル）での人質脱出劇を描いた実録ドラマである。


　映画は事件当日、大きなリュックサックを背負った10人のイスラム教徒の若者がムンバイにやって来るところから始まる。全員がテロの実行犯で、後にテロ組織の幹部と話した人物の証言によると、当初は9月に実行しようとしたものの船が座礁。10月の2度目も失敗し、これが3度目の試みだった。

　テロの目的は、インドとパキスタンの関係を悪化させることによって、当時アフガニスタンとパキスタンの国境地帯で進められている米軍とパキスタン政府軍によるアルカイダ、タリバン勢力の追討作戦を妨害することにあった。

　上からの使命を受けた彼らは漁船を乗っ取り、パキスタン水域からインドに上陸。流しのタク

ホテル・ムンバイ

2018／オーストラリア・アメリカ・インド
監督：アンソニー・マラス
2008年11月に起きたイスラム過激派組織による“ムンバイ同時多発テロ”で、テロリストに占拠されたインドを代表する五つ星ホテル「タージマハル・ホテル」で人質になった宿泊客を脱出させるため奔走するホテルマンたちの闘いを描く。

シーに2人、3人と分乗してムンバイの街に散らばる。その際、自分たちの顔を見たドライバーの口を閉ざすべく、降車時に時限爆弾をセットし走り出した先でタクシーを吹っ飛ばしたのは劇中で描かれるとおりだ。

21時20分、真っ先に無差別乱射の標的にされたのは、世界遺産の「チャトラパティ・シヴァージー・ターミナス駅」だった。AK-47自動小銃で武装した2人のテロリストが駅構内で銃を乱射、10人の命が奪われる。

これを皮切りに、テロリストたちは外国人旅行客で賑わう人気レストラン「レオポルド・カフェ」を襲撃し、ユダヤ教施設の「ナリーマン・ハウス」、そして五つ星の「トライデント・ホテル」や「オベロイ・トライデントホテル」、タージマハル・ホテルなどを制圧。また別のグループは、駅で被弾した人たちの多くが搬送されたカマ病院を襲撃し、駆けつけたパトカーを乗っ取って車窓から逃げ惑う人たちに銃を向けるなど、入念かつ冷酷な犯行を繰り広げる。彼らが背負ったリュックサックには、アサルト・ライフルや手榴弾、爆発装置など大量の武器が詰まっていた。

▶劇中で描かれるテロリスト。背負ったリュックサックには手榴弾、爆発装置などが詰め込まれていた。映画「ホテル・ムンバイ」より

▲上は最初に襲われたチャトラパティ・シヴァージー・ターミナス駅の構内。銃撃、手榴弾攻撃で殺された遺体の姿が見える。下はムンバイのコラバ地区でテロリストを捜す警察

映画は、テロリストの標的となったうちのひとつ、タージマハル・ホテルに焦点を合わせている。

テロから逃れて押しかけた避難者に紛れて同ホテルに入り込んだテロリストたちは、いきなりライフルを乱射。インドを代表するこの五つ星ホテルは、500人以上の宿泊客と従業員が人質にとられ、4人のテロリストによって占拠されてしまう。

このとき、レストランで働く料理長のヘマント・オベロイ（事件当時54歳）と、彼が率いるレストランのスタッフはすぐ逃げられる場所にいた。キッチンの裏口が街に通じていた。しかし、オベロイたちはそうしなかった。自分らの使命は客を守ることと考えていたからだ。

後にオベロイは語っている。「パキスタンとの国境近くで育ったので紛争の音には敏感なんです。銃声を聞いたときすぐに『ドアを閉めなさい。電気が消えていることを確認して』と叫んでいました」

家族が心配なスタッフには裏口から出るよう念を押し、残ったスタッフとともに客の救出に乗り出した。

テロリストは、1階の出入り口から

逃げ出そうとする者を狙い、さらに客室を1室1室回り殺害した。そこでオベロイは、レストランなどに隠れている客を従業員用の階段から6階の隠し部屋のようなバー「チェンバーズ・ラウンジ」に匿い、警察の助けを待とうとした。映画ではスタッフ全員でも10人ほどしかいないが、実際は20人ほどのスタッフ同志が手をつないで盾になり、客を誘導したという。

一方、劇中でデーヴ・パテール演じるウェイターで、オベロイを助け、客の救出に大きく貢献するアルジュンは架空の人物である。が、映画で描かれる彼の勇気ある行為は、実際にオベロイの部下が取った行動に基づいている。

例えば、作中でアルジュンがしたように、銃声が聞こえたときに照明を消し、客をテーブルの下に避難させたレストランのウェイターが実際にいた。また、彼が2人の地元警察官をホテルの監視カメラルームに案内するエピソードは、客を守ろうとしていたホテルの警備員の行動が下敷きになっている。ただし、人質となった客のエピソードはほぼフィクションで、監督が取材した被害者たちの断片をつないだものだという。

映画同様、チェンバーズ・ラウンジに逃げ込んだオベロイらはドアにイスや机でバリケードを張り、客を安心させるため、サンドイッチやクッキー、飲み物などを提供する。このとき彼らとラウンジにいた客は150人あまりだった（劇中では数十人程度）。

警備員チームと連絡を取ったオベロイは、地元警察がチェンバーズ・ラウンジにたどり着く前に殺害されたことを知り、何度か他の警察に電話で助けを求める。が、テロに対処できる治安軍の特殊部隊はムンバイにはおらず、1千300キロ離れたニューデリーからの到着を待つしかなかった。

夜が更けても助けが来る見込みもなく、客たちは疲労していくばかり。オベロイはついに脱出を決断する。

銃撃音が止んだ11月27日午前3時15分、チェンバーズ・ラウンジを出たオベロイらスタッフと、150人あまりの客は従業員用の階段を降り始めた。スタッフが先に降りて危険がないか偵察し、残ったスタッフが手をつないで客を出口まで導いたのである。

ところが、劇中でも描かれているとおり、無責任な女性記者が、大勢の客がチェンバーズ・ラウンジにいることをテレビで報道。パキスタンのテロ組織の幹部がこのニュースを聞きつけ、テロ部隊に指示し、すぐに追いかけてきた。そのせいで客は無事に逃げ出せたものの、7人の従業員が命を失った。

▲劇中で料理長オベロイを演じたアヌパム・カー（左）。映画「ホテル・ムンバイ」より

▲救出劇を率いたタージマハル・ホテルの料理長ヘマント・オベロイ（本人）

映画ではオベロイらが客とともに脱出した直後に特殊部隊が到着したように描かれている。が、実際にタージマハル・ホテルをインド治安部隊が制圧したのは、テロリストが放った火がホテルを包んでいた29日の朝8時。これを最後にムンバイの同時多発テロは終結する。

ホテルで死亡した31人のほとんどが従業員だった。中にはいったん逃げたものの、ホテルに戻り客の脱出を手伝った際に殺害された者もいたそうだ。

一方、テロリストの実行部隊10人のうち9人が死亡。ただ1人、当時21歳だったアジマル・カサブが生きて逮捕され、自分たちがインド、イスラエル、アメリカをイスラム支配の敵とみなすパキスタンのイスラム過激派「ラシュカレ・タイバ」（純粋な軍隊）の構成員であることを自供した。その後、カサブは死刑を宣告され、２０１２年11月に絞首刑に処されている。インドでは、死刑の執行に大きな制限を加えているだけに、事件の重大性が裏づけられた形だ。

またインド当局は、カサブの供述からラシュカレ・タイバの共同創設者ザキウル・レーマン・

▲占拠されたタージマハル・ホテル内の様子を捉えた監視カメラの映像

▲2008年11月29日朝、テロリストが火を放ち煙を上げるタージマハル・ホテル

ラクヴィ（１９６０年生）をテロの首謀者として指名手配。２００８年12月にパキスタン政府が逮捕したものの両国間に引き渡し条約はなく、２０１５年には刑務所から釈放されている。
また、もう1人のラシュカレ・タイバの共同創設者ハフィズ・サイード（１９５０年生）も２０１９年に逮捕されたが、パキスタン当局はテロ資金調達の罪などで5年という軽い刑を言い渡した。

さらにパキスタン出身のアメリカ人のデビッド・ヘッドリー（１９６０年生）が、ムンバイを何度も訪れ、標的を偵察していたことが判明。ムンバイ同時多発テロの共謀罪によりアメリカで35年の懲役刑に服している。

多くの客の命を救ったヘマント・オベロイは、42年間働いたホテルを２０１６年に辞職。現在はムンバイで自身が経営するレストランで腕を振るっているそうだ。

唯一、生け捕りにされた21歳のテロリストは絞首刑に

▲テロリスト10人の中で1人だけ生きて逮捕されたアジマル・カサブ（事件当時21歳）。「チャトラパティ・シヴァージー・ターミナス駅」構内の監視カメラの映像より

◀テロの首謀者、パキスタンのイスラム過激派「ラシュカレ・タイバ」の共同創設者ザキウル・レーマン・ラクヴィ（上）とハフィズ・サイード

ゼロ・ダーク・サーティ

主人公のCIA女性分析官マヤの正体は？

FILMS

米同時多発テロの首謀者、ウサマ・ビン・ラディン暗殺作戦の裏側

▶アメリカ同時多発テロの首謀者、ウサマ・ビン・ラディン（下）と、劇中で描かれた特殊部隊SEALsによるビン・ラディンのアジト襲撃シーン。映画「ゼロ・ダーク・サーティ」より

アメリカ同時多発テロ（2001年9月11日）の首謀者、ウサマ・ビン・ラディンを10年にわたって追い続けたCIA分析官の姿を描く2012年のアメリカ映画「ゼロ・ダーク・サーティ」。国家機密すれすれの内容に、製作者に対して政府情報への不正アクセス容疑も向けられた問題作だが、果たして劇中で描かれた内容、登場人物はどこまでが事実に即しているのか。

映画は2003年、中東の作戦基地に赴任したCIA女性分析官のマヤ（演：ジェシカ・チャステイン）が、同僚男性が行う過酷な拷問を目撃するシーンから始まる。同時多発テロの資金を調達したとされる容疑者の頭に被せた袋へ水を注ぎ込み、外傷を与えずに激しい死の恐怖をもたらす非人道的な尋問だった。当時、アメリカはビン・ラディンの情報を一切つかんでおらず、不審者を端から拷問にかけていくしかなかった。

この拷問が極めて重要な情報をもたらす。1人の容疑者が、アブ・アフメドなる連絡員の名を自白。パキスタンの軍事施設に抑留中の容疑者へ尋問を行った結果、このアフメドこそがビン・ラディンとアルカイダをつなぐ重要人物との確信を得る。しかし、CIA上層部の反応は冷淡だった。情報が拷問によって引き出されたものだったからだ。

ゼロ・ダーク・サーティ

2012／アメリカ／監督／キャスリン・ビグロー
2011年5月に実行されたビン・ラディン暗殺作戦を描く迫真のサスペンス。あまりのリアルさに大統領選への影響が懸念され、いったん公開が延期された。映画のタイトルは、特殊部隊がビン・ラディンの潜伏先に踏み込んだ「午前0時30分」を意味する軍の専門用語。

事態が一向に進まない一方で、世界各地ではアルカイダの無差別テロが続く。２００４年のリウジ乱射事件では16人が撃ち殺され、２００５年にはロンドンの同時爆破テロで56人、２００８年パキスタンで起きたホテル爆破事件では54人が犠牲になった。そして、２００９年12月30日、劇中でも大きく扱われる〝米国諜報史上最悪の大失態〟が起きる。二重スパイを演じてＣＩＡを信頼させたテロリストが、アフガニスタン東部のＣＩＡチャップマン基地で自爆テロを決行。ＣＩＡ局員７人が死亡したのだ（映画では、この事件で主人公マヤの同僚女性ジェシカも死亡している）。

前代未聞の事件に、ＣＩＡは改めて全捜査官にビン・ラディンの殺害を指示。１年後、ＣＩＡの事務員が資料室からアブ・アフメドのデータを発掘し、その情報をもとにテロ対策センターがビン・ラディンのアジトとおぼしき要塞を見つける。

襲撃作戦は、２０１１年５月１日深夜、アメリカ

▼2009年12月30日、自爆テロにより炎上するCIAチャップマン基地。職員7人が死亡した

最強の特殊部隊SEALs（シールズ）によって実行された。15人の兵士を乗せた2機のヘリが目的地へ向かい、約40分の銃撃戦の後に邸宅を制圧。隊員の1人が上階にいたビン・ラディンの頭を撃ち抜き、10年に及ぶ追跡劇は終わる。

映画は長きに及ぶ襲撃作戦をほぼ史実どおりに描いている。が、問題は劇中の登場人物だ。映画公開後、メディアの関心はその正体探しに集まった。

『ワシントン・ポスト』紙の調べによれば、チャップマン基地の自爆テロで死んだジェシカは、同基地の局長で3人の子供の母親だったジェニファー・マシューズ（享年45）がモ

◀SEALsが記録したビン・ラディン殺害直後の映像

▼2011年5月2日、ホワイトハウスのシチュエーションルームで、作戦を見守るアメリカ政権中枢の面々。左から、ジョー・バイデン副大統領（現大統領）、バラク・オバマ大統領、右から二番目がヒラリー・クリントン国務長官。肩書は当時

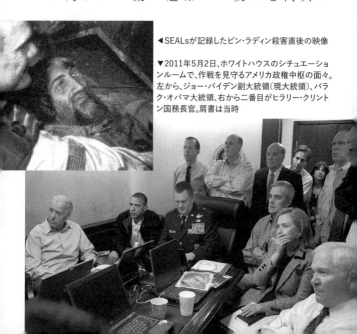

▶マヤの同僚・ジェシカのモデルで、2009年12月のテロで死亡したジェニファー・マシューズ本人(上)と、彼女を演じたジェニファー・イーリー。映画「ゼロ・ダーク・サーティ」より

デル。CIAの無能な上司として描かれたブラッドリーは、当時パキスタン基地の主任だったジョナサン・バンクスが、実際に部下の報告を無視した逸話を基にしたらしい。

一方で、全く素性がわからないのが主人公のマヤだ。CIAは彼女の存在を一切公にしていないが、ジャーナリストのピーター・バージェンは、多くのCIAエージェントに聞き取り調査を行った結果、「マヤのモデルは100％男性。襲撃作戦を指揮したのも彼だ」と断定。元CIA分析官のナダ・バコシュも、「そもそもマヤのような単独行動を取れる者は存在しない。複数の捜査官のエピソードを組み合わせたのだろう」とテレビのインタビューに答えた。

これに対し、映画の製作側はマヤは実在のCIA女性捜査官がモデルと反論。ビン・ラディン暗殺作戦に多大な功績をもたらしたことから、女性職員では稀な勲功メダルを授与され局内で脚光を浴びることとなったという。が、この後、実在の〝マヤ〟には同僚からのジェラシーと局内独特の風潮である男尊女卑の報讐に遭い、男性局員であれば自動的だったといわれた昇進もことごとく見送られ、それに伴い年俸1万6千ドルアップもNGになったそうだ。

マヤは本当に女性なのか。そもそも実在するのか。ビン・ラディン暗殺作戦の全貌を知るには、国家機密の公開が許可される2061年まで待つしかない。

暗殺計画の全容は2061年まで封印

▲主人公マヤを演じたジェシカ・チャスティン。映画「ゼロ・ダーク・サーティ」より

▶ヘンリー・ヤング本人（左）と、彼を演じたケビン・ベーコン

告発

映画とはまるで異なる凶悪な人物像

FILMS

アルカトラズ刑務所を閉鎖に追い込んだ男、ヘンリー・ヤング事件

▲ヘンリーが収監されていた、サンフランシスコ湾アルカトラズ島の連邦刑務所全景（右ページ）と、独房。いずれも刑務所が運用されていた1941年に撮影された写真

アル・カポネが収監されていたことで有名な米アルカトラズ連邦刑務所。1995年公開の映画「告発」はサンフランシスコ湾に浮かぶこの監獄で行われていた過剰な虐待を告発、施設を閉鎖に追い込んだ実話を基にした作品だ。

ケビン・ベーコン演じる実在の囚人、ヘンリー・ヤングが受けた人権無視の虐待は悲痛極まりないが、映画は脚色された部分も少なくなく、特にヘンリーの人物像には大きな変更が加えられている。

1911年、米カンザスシティの極貧家庭に生まれ育ったヤングは、17歳のとき、幼い妹のため5ドルを盗んだ罪で懲役25年の刑を受け、カリフォルニア州サンフランシスコ湾の小島に建つアルカトラズ刑務所に収容される（盗みに入った場所が郵便局で、当時重罪

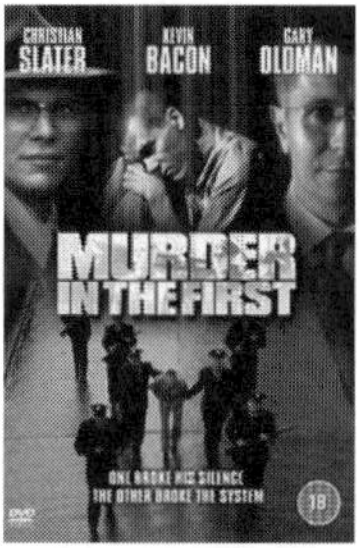

告発

1995／アメリカ／監督：マーク・ロッコ

アルカトラズ連邦刑務所で行われていた過剰な虐待を告発し、同刑務所を閉鎖に追い込んだとされる受刑囚ヘンリー・ヤングと担当弁護士の闘いを描いた人間ドラマ。ヘンリー役のケビン・ベーコンの演技が高く評価され、放送映画批評家協会賞の主演男優賞を受賞した。

▲ゲイリー・オールドマン（右）が演じた刑務所副所長のヤングに対する虐待シーンも、史実とは違い過剰に描写されている。映画「告発」より

◀ヤングに刺殺された囚人ルーカス・マケイン

に当たる郵便物窃盗罪に問われた）。

1938年、仲間3人と共に脱獄を図り失敗。ヤングは二度と脱走できないよう、刑務所の副所長からアキレス腱を切られるなどの暴行を受けた挙げ句、見せしめとして、トイレも水道もなく、光すら届かない暗闇の地下牢に裸のまま放り込まれてしまう。規定では独房での1回の拘留期間は最長19日間と決められていたが、ヤングがそこで過ごした時間はなんと3年2ヶ月に及んだ。

ようやく軟禁生活を解かれた直後、食堂でルーカス・マケインなる囚人をスプーンで刺し殺害する。脱獄計画に加わりながら、寸前で密告した裏切り者だった。この殺人事件の弁護を担当したのが、クリスチャン・スレーター演じる若き弁護士だ。正義感溢れる彼は、面会を通じてヤングが受けた虐待や独房での過酷な暮らしの実態を知り、裁判で、窃盗しか働いていなかったヤングを殺人犯に変貌させたのは非人道的なアルカトラズ刑務所、及び副所長だと無罪を主張し、同時に刑務所を告発することを宣言。最終公判でも陪審員の心に訴え、第一級殺人から傷害致死の判決を得ることに成功する。

1941年、懲役3年の刑を受け再びアルカトラズ刑務所に戻ったヤングは、釈放を待たず獄死。苦い結末だが、この告発がきっかけで地下牢が廃止され、やがて刑務所閉鎖へとつながっていく。以上が、映画「告発」のストーリーなのだが――。

ヤングは獄死しておらず、仮釈放後、消息不明に

▶クリスチャン・スレーター演じる人権派の弁護士(左)は、実際に裁判を担当した2人の弁護士がモデルになった。映画「告発」より

ヘンリー・ヤング事件の裁判は、刑務所が事実を隠蔽するため後に記録文書を破棄、詳細はわからない。そこで映画のスタッフは、公文書館の書籍などを当たり、元囚人や判事などから聞き取り調査を実施した。が、製作陣はそれを知ったうえで史実に大幅に脚色を施した。

17歳で妹のために盗み働いた男。劇中のヤングはいかにも善良そうな人物に描かれているが、アルカトラズ刑務所の関連サイトなどを当たると、そのイメージとはまるで異なる人物像が浮かび上がってくる。

実際のヤングは幼い頃から父親に盗みを教えられ、21歳で初めて窃盗で逮捕されて以後、銀行強盗も働く札付きの犯罪常習者となり、何度も刑務所の中と外を行き来していた。さらには、アルカトラズ刑務所に送られる前はモンタナとワシントンの州刑務所内で殺人を犯したというから驚きだ。アルカトラズでもストライキやサボタージュを行う粗暴な囚人で、脱獄計画にも積極的に参加。が、その懲罰として地下牢に放り込まれたのは数ヶ月だけ。しかも、実際の獄中は映画とは違い、照明や簡易な家具も施されていたそうだ。

囚人仲間を殺害したのも地下牢を出てすぐではなく1年後。凶器も刃渡り4センチほどの鋭利なナイフで「脱獄に失敗したのはマケインのせいだと恨んでいた」というのが真の動機らしい。

さらに、ヤングのその後も事実とは異なり、実際には１９４８年までアルカトラズに収監された後、ワシントン州刑務所に移送。１９７２年に仮釈放された後、消息不明になったという。

このように、映画と事実には大幅な開きがあるが、これも本作の核をなす“人権”というテーマをわかりやすく伝えるためであり、実際、映画は一級の社会派ドラマに仕上がっている。

いずれにせよ、ヘンリー・ヤングという囚人が不当な扱いを受け、その裁判でアルカトラズ刑務所の実態が明らかになったのは紛れもない事実。同刑務所はそれから20年後の1963年に閉鎖されるのだが、その指示を出した当時の司法長官ロバート・ケネディは、封鎖の理由は、財政上の問題と、このヘンリー・ヤング事件であると公の場で述べている。

▼アルカトラズ刑務所の施設は現在、人気の観光地になっている

許された子どもたち

中学生7人が暴虐の限りをつくした後、被害生徒を逆さ吊りに

映画のモチーフになった山形マット死事件の“許されない”その後

▶いじめグループの主犯格の少年を演じた上村侑。映画「許された子どもたち」より

▲◀事件が起きた山形県新庄市立明倫中学校の体育館と遺体発見時のニュース報道

２０２０年公開の「許された子どもたち」は、いじめにより殺害事件に至った中学生加害者と被害者、及びその家族の運命を描いた社会派ドラマだ。

舞台は神奈川県のある都市。日常的にいじめの対象になっていた少年を、同じ中学の４人が河川敷に呼び出す。グループのボス格の生徒が手作りのボーガンで少年を射とうとしたところ、庇うように別の生徒が少年の前に立ちはだかり、彼は矢で喉を貫かれ失血死してしまう。ボスの生徒は、警察の取り調べにいったん犯行を認めるが、その後、両親の説得や弁護士の助言により「被害少年の死は１人でボーガンを遊んでいた際の事故死」と供述を変更。家庭裁判所は、無罪に相当する不処分の判決を下す。対し、被害生徒の両親はこれを不服として、加害者生徒および両親を相手取り民事訴訟を提起。一方、加害少年もＳＮＳ上に大量の誹謗中傷を書き込まれ、転校を余儀なくされたばかりか両親も離婚し、世間から追い詰められていく——。

本作の脚本も担当した内藤瑛亮監督は、過去、実際に起きた中学生同士のいじめによる幾つかの殺害事件から着想を得てストーリーを書き上げたと語っているが、加害者が「許された」という点では、１９９３年に発生した山形マット死事件が最も映画の内容に近いだろう。

許された子どもたち

2020／日本／監督：内藤瑛亮
同級生をいじめて殺害しながらも無罪となり、それによって社会から私刑を受ける少年と母親の姿を描く。映画公開時のキャッチコピーは「あなたの子どもが 人を殺したら どうしますか?」。DVD販売元：ライツキューブ

１９９３年１月13日20時頃、山形県新庄市立明倫中学校の１年生Ｋ君（当時13歳）が、同校体育館の真っ暗な用具室にて、マットで巻かれ吊るされた状態で発見された。学校から連絡を受けた父親が確認したところ、本人と判別できないほど顔を殴打されており、すでに息はなかった。遺体の状況から事故ではなく殺人であることは明らかだった。

当初、学校側は「いじめや暴行など、教員が介入しないといけないことは全くなかった」と述べていたが、Ｋ君の葬儀が行われていた頃、同じ学校の少年Ａ（当時14歳）が、仲間とともにＫ君をマット内に押し込めたことを告白。山形県警はこの証言をもとに、犯行に加担したＢ～Ｄの上級生３人（同14歳）、Ｅ～Ｇの同級生３人（同13歳）の、Ａを含む７人の生徒を逮捕する。

Ａの供述によれば、彼らは「騒がない、抵抗しない、黙って言いなりになる」というおとなしいＫ君の性格に加え、彼が幼稚園を経営する裕福な家庭の子供だったことを妬み、以前より殴る蹴るの暴行を加えていたという。事件発生前年の１９９２年９月、学校の集団宿泊研修の際にＫ君は顔を腫らして帰宅したことで家族が「いじめられているのでは？」と疑ったことがあったが、その際は本人も学校側もいじめを否定したそうだ。

しかし、実際には、いじめは日に日にエスカレートしていき、事件当日は残虐を極めた。

その日、体育館用具室のマットに顔を突っ込んで遊んでいたＡは、窮屈で呼吸が難しかったという恐怖をＫ君にも味わわせてやろうと考え、用具室で周りの生徒から見えないように７人で暴力をふるった。抵抗するＫ君をマットに押し込み、動けなくなった彼の顔をさらに殴打。助けを求める声も無視し、逆さ吊りの状態で放置した。その後、Ａは恋人と平然とデートに行き、他2人は、すでにKが息絶えていた用具室の前でバスケ遊びに興じていたというから呆れる。

当初、AはK君が亡くなったことを知るとすぐに仲間たちと口裏を合わせて罪を逃れようとしていたものの、以前Aがバイクを盗難した際に対応した婦人警官には本当のことを話そうと自供し、他6人の名前を挙げた。

しかし、逮捕後、容疑者の家族たちが自分の子供を守るため、「子どもの権利委員会」に所属する人権派弁護士を雇うなどして冤罪を主張し始めると、率先してK君に暴行を加えていたEが容疑を否認。それに呼応するかのように他の少年たちも犯行を否定し、さらに弁護団が「K君はひとりで遊んで勝手にマットに入って死んだ」と事故説を主張する。結局、児童相談所に送致された1人を除く6人の生徒は自供を撤回した。

1993年8月23日、山形家庭裁判所は逮捕された上級生3人に対し、刑事訴訟における無罪に相当する〝非行なし〟を理由とする不処分の決定を下す。自白以外、

▼劇中では、加害少年にお咎めなしの「不処分」の判決が下るが…。映画「許された子どもたち」より

ほとんど物証がないことが大きく影響していた。一方、補導された同級生3人に対しては同年9月14日、2人を初等少年院送致、1人を教護院送致の保護処分に。3人は処分取り消しを求め仙台高等裁判所に特別抗告するが、「アリバイは認められない」として抗告は棄却。最高裁判所への再抗告も棄却されている。

映画では、無罪を勝ち取った少年がＳＮＳでバッシングを受けるが、この事件は逆だった。１９７６年に新庄市に移転してきたＫ君一家は全員が標準語をしゃべり、地元では余所者扱いだった。事件後、一家の壁には「殺してやる」などと落書きされ、「殺されるような育て方をしているから当然」「喧嘩両成敗。いじめられるにも理由がある」「飼っていた虫を死なせたようなもの」などという暴言が浴びせられたそうだ。

しかし、最終的に司法は加害者たちを許さなかった。１９９４年、いったん無罪を認められた上級生３人を含む７人全員に対し、刑事裁判の有罪に相当する保護処分が確定する。

さらに１９９５年、Ｋ君の両親が少年７人と新庄市を相手取り１億９千４００万円の損害賠償を求める民事裁判を提訴。２００２年３月19日、山形地裁は「事件性はない」として原告側の訴えを退けたものの、２００４年５月28日、仙台高裁は一審判決を取り消し、５千７６０万円の支払いを命じる。少年らは上告したが、２００５年９月６日に最高裁は高裁の判決を支持し、元生徒７人全員が犯行に関与したという判断を下した。

悲劇から12年、ようやくこれで事件は決着するはずだった。しかし、このとき被告側の弁護士はK君の父親に対し「まだ彼らも若いから、判決を受けても罪の実感はわかないかもしれない。でもこれから結婚して、自分たちの子供が生まれたら、子供を失った親の悲しみを理解してくれるようになるかもしれない。彼らが反省して謝りに来るのを待ちましょう」と話し、父親もそのときを心待ちにしていたそうだ。

　ところが、それから11年後の２０１６年にメディアの取材に応じたK君の父親によれば、この時点で７人のうち５人は結婚し、そのうちの３人には子供がいるにもかかわらず、誰一人として謝りにくるどころか、賠償金の１円たりとも支払っていないという。

　ちなみに、K君の父親は２０１５年９月に10年間の損害賠償請求権が時効になることから、その前に時効の中断の手続として元生徒７人のうち４人には債権の差し押さえの措置を実行。３人については勤務先の会社がわからないなどの理由で手続きが進まなかったため損害賠償請求権の時効を中断させるための提訴を行い、２０１６年８月、裁判所は遺族の請求どおり賠償金を支払うよう命じている。

　なぜ、彼らは罪を償おうとしないのか。一部報道では、加害者の中には現在も「あの事件は無罪。自分たちは悪くない」とまるで自らが被害者のように振る舞う者までいるそうだ。遺族の無念は計り知れない。

加害者の誰一人として遺族に謝罪せず、賠償金を支払った者もいない

▼亡くなったK君の遺影

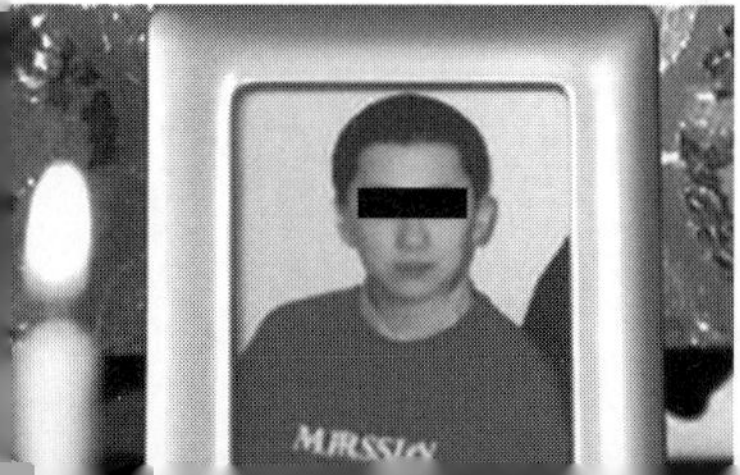

幼い依頼人

残酷非道な暴行を働き、息絶える様子を動画で撮影

FILMS

8歳の妹と12歳の姉が味わった地獄、漆谷継母児童虐待死亡事件

▶継母は「言うとおりしないとお前も殺す」と脅し、長女を妹の殺人犯に仕立てた。映画「幼い依頼人」より

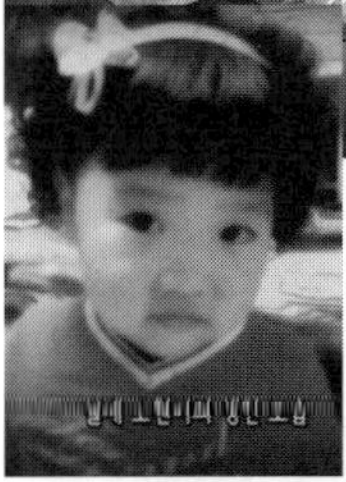

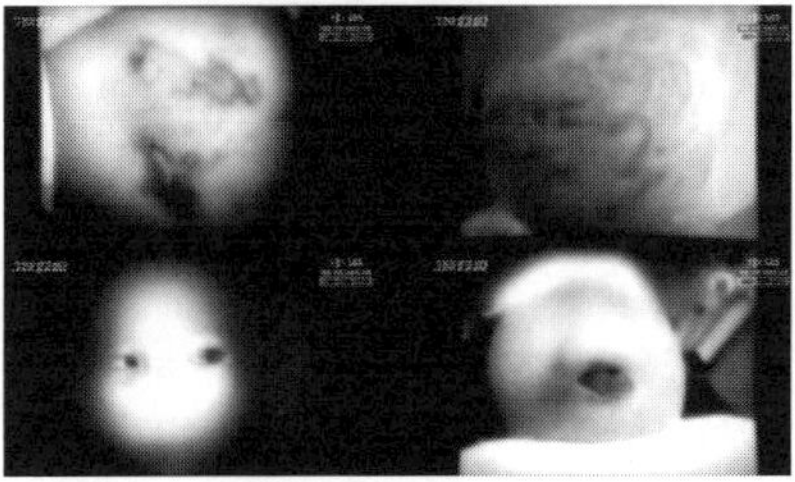

◀▼虐待死した妹と、生前の虐待痕。左上は酷い火傷痕、右上はお尻のアザ、左下は口の血管が破れたアザ、右下はあごの傷

韓国ではここ数年、児童虐待障害が深刻な社会問題になっている。韓国保健福祉部が発表した『2019児童虐待年次報告書』によると、2015年には1万件ほどだった対応件数が2019年には約3倍に急増しているという。

2019年公開の「幼い依頼人」は、2013年に韓国で起きた「漆谷《チルゴク》継母児童虐待死亡事件」をモチーフに、韓国における虐待の実態を告発した実録サスペンスドラマである。

事件の舞台になった漆谷は韓国南西部に位置し、近郊農業や畜産業が盛んな一方、大邱《テグ》広域《コウイキ》市のベッドタウンとして発展するエリアである。

2013年8月16日の早朝6時過ぎ、この地に住む8歳の少女が病院に運び込まれた。医師が脈拍を測った時点ですでに呼吸が止まっており、死因は「外傷性腹膜炎」と診断される。

少女の遺体は明らかな異常を示していた。体中に真っ青なアザが数十。腕はおかしな角度で曲がり、赤く充血した瞳には何かで刺した痕が。病院は児童虐待を疑い、ただちに警察へ通報した。結果、遺体を解剖した国立科学捜査研究院は、正式な死因が「外傷性腹膜炎」と「外力による臓器破裂」と断定。アザや腕の関節の奇形だけでなく、顎と頭には酷

幼い依頼人

2019／韓国／監督：チャン・ギュソン
2013年に韓国で実際に起こった児童虐待死亡事件を題材に、7歳の弟を虐待死させたという10歳の少女の告白に心を動かされた弁護士（演：イ・ドンフィ）が、真実を明らかにするため奔走する姿を描いたサスペスドラマ。

い傷を縫合した手術の痕まで発見された。

映画では、10歳の姉と8歳の弟を連れた男性と再婚した義母が、しつけのためと2人を酷く虐待。父親は、子供は役所から手当てをもらうための金づる程度の認識で、虐待を見て見ぬふりをしたばかりか、義母が弟を死なせた罪を娘に身代わりさせる設定となっている。

だが、モデルとなった事件では、12歳と8歳の娘2人のいる父親（事件当時38歳）と、10歳の娘を連れた女性（同35歳）が再婚。継母が自分の娘以外の2人に虐待を働き、父親もこれに加担していた。

警察の取り調べに対し、継母は暴行の容疑を否認する。虐待は、親の愛を独り占めしようとした長女（同12歳）の仕業だと主張し、長女本人も「妹に人形を取られて拳で5回叩いて、1回蹴ったら死んだ」と供述した。が、12歳の少女が内蔵を破裂されることなど到底不可能。長女が継母に言い含められていることは明らかだった。

姉妹の両親が離婚した後6年間、彼女たちを育てた叔母（父親の姉）の証言によれば、父親が再婚してから虐待が始まったという。隣人住民も継母が姉妹を虐待していたと話し、地域の児童センターや学校には、虐待を申告する複数回の連絡があったことも判明する。

追及を受けた継母は供述を翻し、しつけのために叩いたことがあると自供した。警察は彼女を傷害及び虐待、放任致死容疑で逮捕し、父親は書類送検。12歳の姉は少年裁判所で裁かれることになった。

映画では、ここで弁護士資格を持つ福祉センターのスタッフが姉弟の話を聞き、10歳の姉が仲の良かった弟を殺すなどありえないと、弁護士仲間を集め、事実を解明。即座に事件が解決したように描かれている。

だが、実際は時間が必要だった。父親と暮らしていては長女が心を開くことはあり得ないと、2014年2月、親権を生母に移して父親と別居。大学病院で心理療法を受診することで彼女の心境に変化が起き、女性弁護士に対して、継母が行っていた常習的虐待と、妹の死の真相を話し始めた。

▲両親が再婚した当初に撮られた家族写真

一方、継母は裁判でまたもや供述を翻し、全ては長女を庇うためにウソの証言をした、罪を被ろうとしたと主張する。が、長女は継母の検察側の証人として出た非公

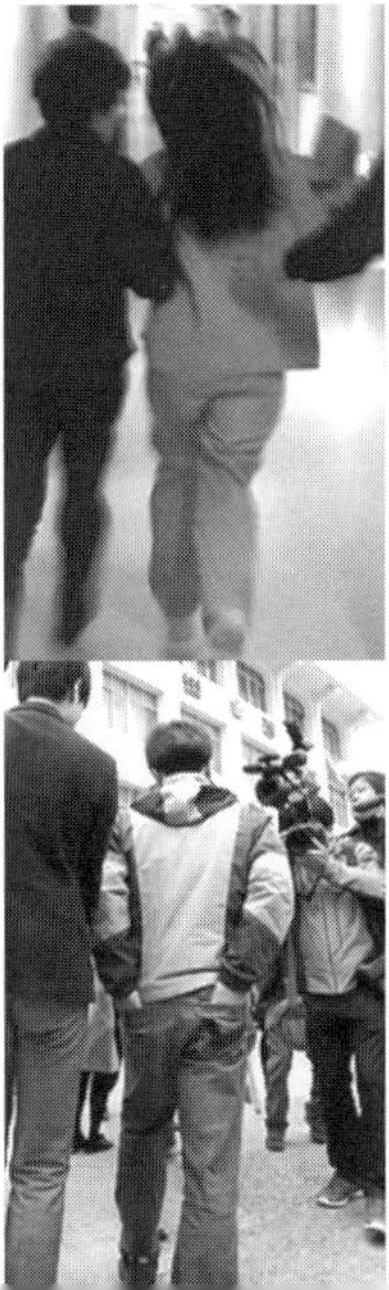
◀逮捕された継母（上）と父親

開裁判において、継母に「言うとおりにしないとお前も殺すぞ」と脅され、虚偽の陳述を強要されたことを明らかにした。

真相はこうだ。8月14日朝、妹がテレビを見ていたときに大声を出して走り回ったのに腹を立てた継母が腹部などを15回以上踏みつけたうえ、口をふさいで拳で顔面を殴打。さらに夕方にも殴る蹴るの暴行を加え、夜には「お腹が痛い」と訴える瀕死の妹をそのまま放置し、息をしなくなったのに気づいて病院に連れ込んでいた。驚くべきは実の父親の態度で、娘が苦しさにお腹を押さえて死んでいく様子を動画に撮り、長女に見せていたそうだ。

日常的に行われていた虐待も映画で描かれた殴打や首絞めは当たり前。時には鞭で打ち、辛い唐辛子を無理やり食べさせ、2日間食べ物を与えなかったり、浴槽に水を張って気絶するまで頭を漬けたり、排せつ物が付着したティッシュペーパーを食べさせたこともあった。さらに、妹はロープで体を縛られて階段から突き落とされ、長女は洗濯槽に閉じ込められた挙句、スイッチを入れて回されるなど、耳を疑う虐待を受けていた。

ちなみに、父親が再婚した際、前妻から2人の娘を引き取ったのは金目当てだった。役所からの扶養手当てに加え、長女を児童保護センターに行かせて、両親の離婚後一緒に暮らしていた叔母の息子から性的暴行を受けたと申告。叔母夫婦から金をせしめようとした。が、悪巧みは失敗し、「娘が従兄弟から性的暴行を受けた」とあらぬ噂だけを近所にまき散らした。

映画は、継母に殺意はなかったとして児童虐待及び傷害致死で16年、父親には児童虐待放置で5年の実刑が言い渡されて終わる。対し現実は、公判が始まる前に長女が裁判所に「おばさん（継母）を死刑にしてほしい」との嘆願書を提出。審理を経て両親に下された判決は、妹の殺害で継母に懲役10年、父親に懲役3年。長女への虐待で継母に懲役9年、父親に懲役3年だった。が、同時期に公判があった「蔚山継母殺人事件」（8歳の義理の娘を殴り殺害した義母に懲役15年の判決）より量刑が軽いと市民団体などが猛抗議したこともあり、2015年9月の高裁は継母に傷害殺人を適用し懲役15年と80時間の性暴行治療プログラム履修を告げ、父親は懲役4年に処された。

おばさんを死刑にしてほしい

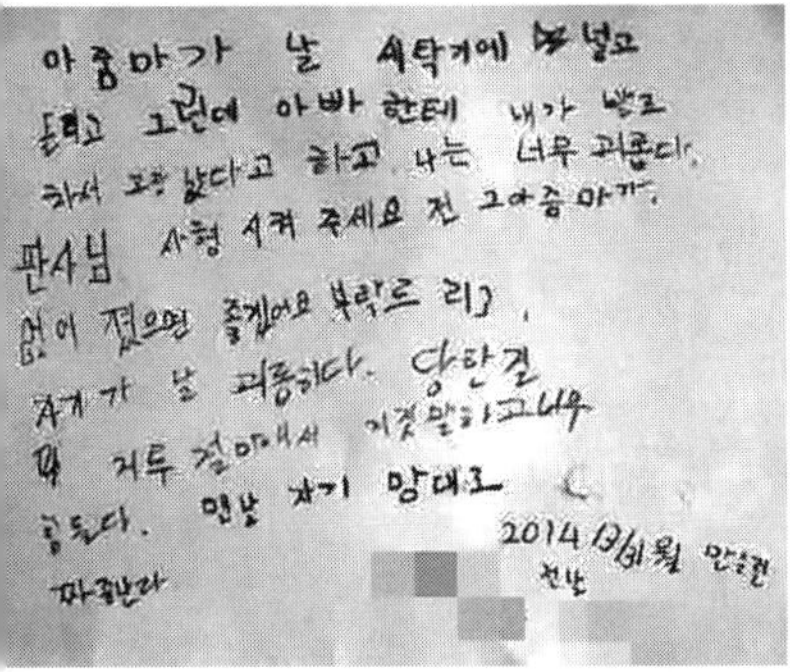

▲つらい体験を生き延びた長女（下）が裁判所に送った嘆願書。自分を洗濯機に入れて回した虐待内容とともに、「おばさん（継母）を死刑にしてほしい」と書かれている。彼女は現在、叔母夫婦の養子となり新たな生活を送っているそうだ

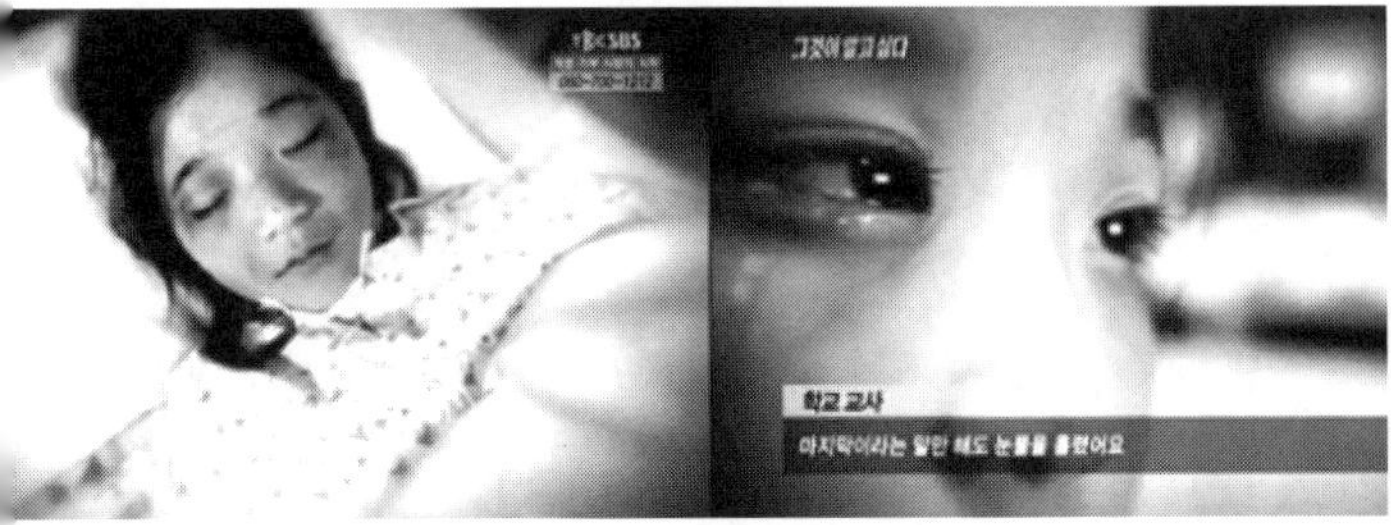

ドクター・デスの遺産 BLACK FILE

末期患者病130人を葬った殺人医師

FILMS

▲「ドクター・デス」のモデルになったジャック・ケヴォーキアン本人と、彼が開発した自殺装置「タナトロン」

▲「ドクター・デス」の逮捕に奔走する主人公の刑事を北川景子（左）と綾野剛が演じた。映画「ドクター・デスの遺産 BLACK FILE」より

ジャック・ケヴォーキアン 大量自殺幇助事件

２０２０年に公開された「ドクター・デスの遺産　BLACK FILE」は、闇サイトを介して安楽死を請け負う医師の行方を追う警視庁捜査１課の刑事の姿を描いたミステリーだ。

映画の冒頭、ある男性が病死し心不全と診断されるものの、男性の息子の証言により、男性が主治医とは別の医師にかかった直後、死に至ったことが判明。死体解剖で、体内から毒性の強い塩化カリウムと麻酔薬が発見される。殺人を疑う刑事に追及された男性の妻は告白する。夫は痛み止めが効かず苦しんで、殺してくれ、楽にしてくれと叫んでいた。インターネットを検索したところ、安楽死を請け負う「ドクター・デス」なる医師の存在を発見。そこで「ドクター・デス」に依頼し、夫の腕に塩化カリウムを注射してもらった――。

妻の話を聞いた刑事らがネットを検索したところ、確かに該当のサイトがあることが確認できた。同時に過去に「ドクター・デス」の異名を取り、１００人の患者を安楽死させたアメリカ人医師がいたことも発覚。警察は、男性を死に至らしめた人物が、この医師を真似たものと判断、本格的に捜査に乗り出す。

劇中、ロシア系アメリカ人病理学者として示される「ドクター・デス」ことイワン・ケヴァニコフには実在のモデルがいる。自

ドクター・デスの遺産 BLACK FILE

2020／日本／監督：深川栄洋
依頼を受けて患者を安楽死させる謎の医師「ドクター・デス」を追うミステリー。2017年に発表された中山七里のベストセラー小説『ドクター・デスの遺産』が原作。劇中で描かれる殺人医師は、アメリカで実際に末期病患者の自殺を幇助し逮捕されたジャック・ケヴォーキアンをモチーフとしている。BD販売元：バップ

作の自殺装置を開発して末期病患者130人の自殺を幇助《ほうじょ》、世間から「殺人医師」「死の医師」などと呼ばれたアメリカ人医師ジャック・ケヴォーキアンだ。映画のストーリーとは直接関係しないが、ケヴォーキアンの犯罪が本作のモチーフになっていることは紛れもない事実だ。

末期がん患者など治癒の見込みのない人々が本人の意思に基づき延命処置をしないで死を迎える「尊厳死」は2022年12月現在、欧米の大半の国が合法と定めている（日本は違法）。対し、他人の手を借りた薬物投与などによる「安楽死」を認めているのは、オランダ、ベルギー、ルクセンブルク、スイス、及びアメリカの一部の州のみ。ケヴォーキアンは法は法として理解したうえで「死ぬことは犯罪ではない」と安楽死を支持、積極的に〝殺人〟に加担した。

ケヴォーキアンは1928年にミシガン州ポンティアックで、アルメニア移民の子として生まれた。中学生にしてドイツ語、ロシア語、ギリシャ語、日本語を含む複数の言語を独学で習得した神童で、1952年にミシガン大学医学部を卒業後、デトロイトの病院で病理医師として勤務する。

当時から、彼には人間の死に関して持論があり、1959年、医学誌に「死刑を宣告された囚人が電気椅子や薬物注射による痛みを感じないよう、処刑は麻酔下で行い、遺体を医学実験に使用すべき」とする論文を発表した。全世界で死刑制度が運用されていた当時、このような主張を行うことは極めて異例で、ケヴォーキアンの上司らは彼を徹底的に批判。ケヴォーキアンは追われる形で病院を去ることになる。

１９７２年、死刑が合衆国憲法修正第８条が禁止する残虐な刑罰に相当する違憲であるか否かの議論が発生。アメリカはその後４年間、死刑の執行を廃止する。しかし、１９７６年７月、強盗殺人を働いたトロイ・レオン・グレッグとジョージア州最高裁判所が争った裁判で、死刑は合憲との判決が下る。この際、ケヴォーキアンは深刻な病気を患う患者への移植目的で、グレッグの遺体から臓器を取り出すよう提唱したが、これも認められることはなかった。

　グレッグに処刑が実行された１９８０年７月当時、ケヴォーキアンはミシガン州のポンティアック総合病院の病理医として、死んだ人の血液を生きている患者に輸血する実験を行っていた。しかし、戦闘中に負傷した米兵の命を助けるための技術開発が必須と主張するケヴォーキアンに対し、国防総省は何の関心も示さなかったそうだ。

患者に代わり、自殺装置のスイッチを押す姿が

▲◀ケヴォーキアン自身が記録した筋萎縮性側索硬化症への患者に対する自殺幇助の映像。1998年11月22日、米テレビ局CBSの人気番組「60ミニッツ」で放映され、全米に大きな衝撃を与えた

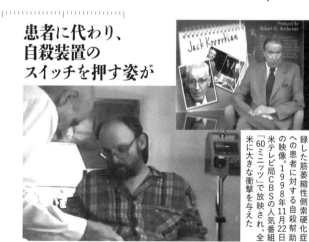

自分の考えがことごとく否定されていくなか、ケヴォーキアンはしだいに安楽死に対する関心を深めドイツの医学誌などに安楽死を肯定する論文を発表する傍ら、1987年から「死亡カウンセリング」のための医学コンサルタントとして活動を開始する。

「死の自由」を提唱するケヴォーキアンの研究は1989年、結実を迎える。自作で2つの自殺装置を完成させたことを発表したのだ。

一つは、ギリシャ語で〝死の機械〟を意味する「タナトロン」。点滴装置を取り付けた患者がスイッチを押すと、チオペンタールの点滴が始まり、昏睡状態に陥った後、塩化カリウムの点滴がスタートし、最終的に心臓発作によって死亡するというものだ。もう一つはギリシャ語で〝慈悲の機械〟を意味する「マーシトロン」。患者にシリンダに接続されたマスクを被せた後、バルブを開くことで一酸化炭素が注入され死に至らしめる。

その後、ケヴォーキアンはアルツハイマー病を患う54歳の女性にタナトロンを使用し彼女を絶命させる。世間はこれが自殺幇助に当たるとして問題視する一方、あくまで患者が自分の力で装置のスイッチを押すなど、本人の意志で行われた「積極的安楽死」であるとの解釈も成立していた。以降、ケヴォーキアンは9年間にわたり死を願う末期病患者130人を自殺装置で安楽死させていく。メディアは彼を映画のタイトルのまま「ドクター・デス」と呼び、世間に大きな波紋を呼びおこす。

果たして、ケヴォーキアンの行為は許されるのか。結論は1998年11月22日に出る。大手テレビ局CBSの番組「60ミニッツ」で、ケヴォーキアンがALS（筋萎縮性側索硬化症。別名「ルー・ゲーリック病」）を患った男性を機械で安楽死させる一部始終を撮影したビデオが放映されたのだ。この中で、自力で装置を作動できない患者に代わり、ケヴォーキアンがスイッチを押す姿がはっきり記録されていた。明らかな殺人である。

放映直後、第一級殺人罪（その後、第二級殺人罪に変更）で告訴されたケヴォーキアンは、裁判で自分の行為の正当性を主張する。が、１９９９年に陪審員は有罪判決を下し、10〜25年の不定期刑が宣告された。その後、ミシガン州コールドウォーターの刑務所に収監されたものの、２００７年６月に健康状態悪化で仮釈放。出所以降は自殺幇助には手を染めず、積極的安楽死についての啓蒙活動を行う。その論理の是非はともかく、彼の講演には末期病患者の家族が数多く押し寄せ、死の自由を説くケヴォーキアンの話に大きな賛同を寄せたそうだ。

こうした一部支持者の後押しもあり、ケヴォーキアンは２００８年の下院選挙にミシガン州９区から自然法党公認で立候補したものの、大差で落選。３年後の２０１１年６月、腎臓疾患の治療で入院していたミシガン州の病院でこの世を去った。享年83。

▼殺人罪で逮捕され、裁判に出廷するケヴォーキアン

▼釈放後は安楽死に関する講演活動を精力的に行った（2008年、フロリダ大学にて）

▶疑惑の夫クラウス(右)と不可解な死を遂げた妻サニー本人。2人は1960年に社交界で知り合い、サニーが離婚した翌年の1966年6月に結婚した

▲ジェレミー・アイアンズ(右)が夫クラウスを、グレン・クローズが妻サニーを演じた。映画「運命の逆転」より

運命の逆転

夫の計画殺人か、薬の過剰摂取による事故死か

FILMS

アメリカ屈指の女性富豪、サニー・フォン・ビューロー不審死事件

主役のジェレミー・アイアンズが１９９０年度のアカデミー最優秀主演男優賞に輝いた映画「運命の逆転」は、１９８０年に起きた女性富豪、サニー・フォン・ビューロー不審死事件を、ほぼ史実どおりに描いた作品である。

　事件は、夫が大富豪の妻の殺害を図ったとして裁判で懲役30年の実刑が下されるが、再審の結果は逆転無罪。真相は未だ藪の中だ。

　１９８０年12月21日、クリスマスホリデーのロングアイランド州ニューポートで全米を揺るがす事件が起きた。誰もが知る大富豪のサニー・フォン・ビューロー（当時48歳）が自室バスルームで倒れ意識を失っていたのだ。

　サニーは、コロンビア・ガス＆エレクトリック会社の創業者の一人娘。３歳で父が他界したため巨万の富を相続し、１９５７年、26歳でオーストリアの公爵と結婚する。が、２人の子供に恵まれながら７年で離婚。１９６６年に再婚したのがドイツ貴族の末裔《まつえい》、クラウス（１９２６年、デンマーク生）だった。

　名門ケンブリッジ大学を卒業後、弁護士資格を取得し、アメリカの石油王Ｊ・ポール・ゲティに招かれ顧問になっていたクラ

運命の逆転

1990／アメリカ／監督：バーベット・シュローダー
被告弁護団の1人、アラン・ダーショヴィッツの著作を基に、女性富豪サニー・フォン・ビューローが不審死を遂げた事件を映画化。殺害容疑をかけられたサニーの夫クラウスを演じたジェレミー・アイアンズが第63回アカデミー賞において最優秀主演男優賞を受賞した。

ウスが、なぜ子持ちのサニーと結婚したのか。メディアはこぞって財産目当てと書き立てた。円満に続いた結婚生活は10年で亀裂が生じ始める。クラウスによれば、サニーがセックスに興味を示さなくなったのが理由だというが、クラウスは以降、高級売春宿に通い、女優のアレクサンドラ・アイルズ（１９４６年生）と密会を重ねるようになる。一方のサニーは情緒不安定に陥り、後の裁判で作家のトルーマン・カポーティが「旧友のサニーに薬の打ち方を習った」と供述しているように、安定剤や睡眠薬が欠かせない日々を送る。

浮気が日常的になった夫と、日々自室に引きこもり読書とスイーツを食べて過ごす妻。結婚生活はすでに破綻しており、いつ離婚してもおかしくない状態だった。

１９８０年12月20日、家族で夕食を済ませ、子供たちと居間で談話するうちサニーの様子がおかしくなり、長男アレクサンダー（サニーの連れ子）が彼女を寝室に連れていく。

翌朝、11時近くになってもサニーが起きてこないことを不審に思った家族が寝室を覗いたところ、バスルームで意識をなくし倒れていた彼女が発見される。すぐに救急車を呼び病院に搬送したが、このときサニーの体温は26度しかなかったそうだ。

やがて彼女は心拍停止に陥り、いったん息を吹き返したものの意識は戻らず、そのまま植物人間になってしまう。医師は、血中の過剰なインシュリンが原因だと診断した。が、長男アレクサンドリアはこれを事故ではなく、義夫クラウスの仕業と疑い、探偵に身辺調査を依頼。すると、クラウスの持ち物から小さな黒いバッグが見つかり、中から精神安定剤の薬瓶や注射器、そして使用済みの注射針からインシュリンの痕跡が検出された。この結果を受け長男は義夫を告発、クラウスは妻にインシュリンを注射して殺害を企てた容疑で逮捕されてしまう。

裁判が始まると、1979年12月にもサニーが昏睡状態に陥ったことが判明。さらにサニーの主治医が、彼女は低血糖症だったが、昏睡を引き起こすほどのインシュリンが自然分泌されることはないと断言し、愛人の女優も「離婚しなければ別れる」とクラウスに迫ったことを法廷で証言した。

こうした供述からメディアはクラウスを犯人と決めつけ、それに誘導される形で陪審員たちも有罪を評決。1982年3月、裁判長は懲役30年を言い渡す。対し、クラウスはハーバード大学教授で弁護士のアラン・ダー

▲女優のグレース・ケリーにもたとえられた美貌のサニーは、肥満対策のため16歳から日に24錠もの下剤を飲む薬物常用者でもあった

◀1981年、殺人容疑で逮捕されたクラウス

ショヴィッツを雇って控訴。ダーショヴィッツと弁護団は一審で最も有力とされた証拠や証言を覆していく。

例えば、最初の昏睡原因がアスピリンの大量服用だったことを明らかにし、問題の黒いバッグの中の注射針についても、事件に使われたものではないと薬物学者が証言。さらに、2度目の昏睡は常用していた薬物によって体調がおかしくなり、冷たいバスルームの床に倒れたことで体温が低下、それが原因でインシュリンが大量に分泌した可能性があることを示唆した。こうして警察の杜撰な捜査を証明した結果、1984年の控訴審判決は逆転無罪。1985年6月、再審で陪審員は彼の完全無罪を認めた。「疑わしきは罰せず」の刑事裁判の原則が採用されたのだ。

▶義父クラウスを告発したアニーの子供。二列目の左端が長女アラ、2人置いて長男アレックス

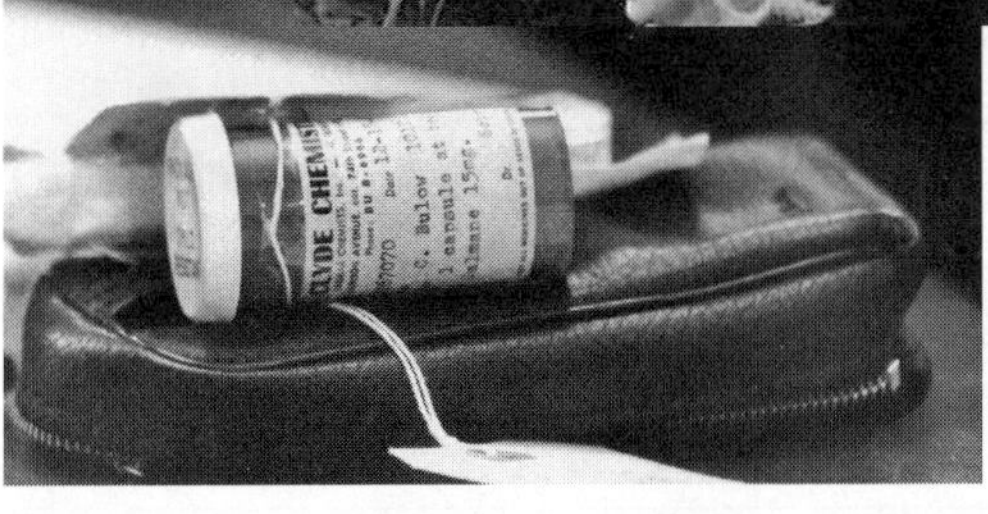

◀証拠品として裁判に提出されたクラウス所有の黒いバッグと空の薬瓶

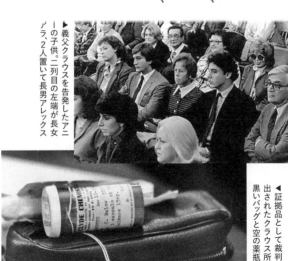

映画はここで終わるが、長男アレックスや長女アラはその後も母の死はクラウスの犯行だと主張。5千600万ドルの損害賠償を提訴し、結局、クラウスがサニーの財産の相続権を放棄することで決着した。

映画公開から18年後の2008年12月、サニーは28年間一度も目覚めぬままニューヨークの病院で心肺停止により死去。一方、クラウスは事件後、ロンドンで演劇評論家として活躍し、2019年5月、92歳でこの世を去った。

無罪を勝ち取ったものの、民事訴訟を起こされ妻の財産相続を全て放棄

▼1985年3月、クラウスは完全無罪となり愛人女優のアレクサンドラ・アイルズと法廷を後にした

▲ウワディスワフ・シュピルマン本人(左)と、劇中で彼を演じたエイドリアン・ブロディ。映画「戦場のピアニスト」より

戦場のピアニスト

敵国ドイツ軍の将校が救いの神に

FILMS

「ワルシャワ蜂起」で廃墟と化した街を彷徨ったユダヤ系ピアニスト、W・シュピルマンの命運

▶1936年頃のシュピルマン（左）と両親。父母と姉弟の5人は、後に収容所で虐殺されている

2002年、名匠ロマン・ポランスキーが撮った「戦場のピアニスト」は、1939年9月、ナチスドイツのポーランド侵攻により破壊され尽くした首都ワルシャワで、奇跡的に生きて終戦を迎えた実在のユダヤ系ポーランド人ピアニスト、ウワディスワフ・シュピルマン（1911年生）の体験を描いた戦争映画である。

絶滅収容所行きを逃れ、最後までワルシャワ市内で生き延びたユダヤ人はわずか20人ほどと言われる。シュピルマンがその中の1人となりえたのは、彼の生命力はもちろん、廃墟の中で出会ったドイツ軍将校が大きく影響している。

ポーランドがナチスドイツに侵略され第二次世界大戦が勃発したとき、シュピルマンは27歳。ポーランド国営放送専属のピアニストだった。

ワルシャワが完全に支配されると、家族

戦場のピアニスト

2002／フランス・ドイツ・ポーランド・イギリス
監督：ロマン・ポランスキー
少年時代をワルシャワ・ゲットーで過ごし、母親をアウシュビッツ収容所で殺害されたポランスキー監督の体験が色濃く出た作品。政治的なメッセージやドラマチックな演出は皆無で、ナチスの恐怖から逃げまどうピアニストの姿のみを淡々と追い、他の戦争映画とは一線を画している。

（両親、姉2人、弟1人）と共にゲットーへ移り住むが、ほどなく一家のトレブリンカ収容所（ポーランドのユダヤ人絶滅を目的とした三大絶滅収容所の一つ）への移送が決まる。映画に出てくる、収容所に向かう列車の待機場で父親が家族のため、なけなしの金でキャラメルを買うシーンは実際の出来事で、一家にとってはこれが最後の晩餐になった。

列車が出る寸前、シュピルマンはユダヤ人ゲットー警察の友人に助けられ、収容所行きを逃れる（他の家族全員は収容所で死亡）。その後しばらく強制労働に就いた後、ゲットーを脱出。知人宅に身を隠すものの、1944年8月1日発生の「ワルシャワ蜂起」（ポーランドのドイツ抵抗組織がワルシャワ市民の参加のもとに起こした武装蜂起。2ヶ月間で約20万人の市民が死亡）で街が壊滅して以降は孤独で危険な逃亡を余儀なくされる。食料を求め廃屋から廃屋へ。移動場所は25を数え、その間、幾度か自殺を図ったこともあるらしい。

シュピルマンが身を隠していた小屋に、ドイツ軍の陸軍大尉、ヴィルム・ホーゼンフェルト（1895年生）が現れるのは、1944年11月のある日のことだ。シュピルマンがピアニストだと知ると、大尉はそこにあったピアノで演奏するよう命じ、シュピルマンはショパンのノクターンを演奏。感激した大尉は食料を与え、その後もシュピルマンを助け続ける。

この下り、映画ではシュピルマンのことを「ユダヤ人」と呼んでいた大尉が演奏に感動したため、彼を救ってやったように思えるが、事実は違う。シュピルマンの回想録では、大尉はあくまで紳士的に「キミ」と呼びかけ、演奏の際には「私に何か弾いてくれませんか？　もし誰か来ても上手く誤魔化します」と丁寧な口調で頼んできたらしい。

このホーゼンフェルト大尉、ポーランド侵攻に参加した際、親衛隊（ＳＳ）のポーランド人に対する残虐行為を目の当たりにしたことで彼らに同情心を寄せるようになり、ユダヤ人を含む多くのポーランド国民を逆境から救っていた。シュピルマンと出会ったのも偶然ではなく、廃墟と化したワルシャワのどこかで身を潜めるユダヤ人を助けるべく、探し歩いていたようだ。

１９４５年１月、ポーランドをソ連軍が支配し、シュピルマンはポーランド放送に復帰。翌年、自身の体験を綴った『ある都市の死』を出版する。が、冷戦下のポーランドでは、命を救った相手が旧敵国のドイツ人将校では好ま

▼「ワルシャワ蜂起」により、完全に廃墟となったワルシャワ市街

▼エイドリアン・ブロディの演技は高く評価され、2002年度のアカデミー最優秀主演男優賞を受賞した。映画「戦場のピアニスト」より

しくないと判断され、オーストリア人将校と書き替えさせられた挙げ句、ほどなく出版差し止めの憂き目に遭う。ただ、この時点でシュピルマンは大尉の名前を知らなかった。終戦前にドイツ軍に捕まり拷問にかけられた場合、恩人の名前を明かしてしまう危険性があることを考慮し、あえて名を聞かなかったらしい。

しかし、シュピルマンが大尉に大きな恩義を感じていたことは事実で、戦後、国営放送専属のピアニストという政府にも顔が利く有力な立場を利用し、ポーランドの政治的最高責任者を介して、戦後ソ

命の恩人・ホーゼンフェルト大尉は過酷な労働と拷問の末、精神を病み収容所で死亡

▲廃墟の中で出会ったドイツ軍将校ホーゼンフェルトに頼まれ、ショパンの「ノクターン嬰ハ短調」を弾く有名なシーン。戦後、シュピルマンがピアニストに復帰し最初に演奏したのも同曲だった。映画「戦場のピアニストより」

連軍の捕虜となっていた大尉の解放を嘆願する（シュピルマンのみならず、多数のポーランド人やユダヤ人がホーゼンフェルトを弁護する証言をしている）。にもかかわらず、大尉に戦犯として禁固25年の刑を下していたソ連はこの頼みを拒否。結局、ホーゼンフェルトは拷問や過酷な労働のため何度かの脳卒中を起こし、精神に異常をきたした末、1952年8月、スターリングラードの戦犯捕虜収容所で死亡した。

ちなみに、シュピルマンが恩人の名前を初めて知るのは、彼が88歳で脳溢血により死去する1年前の1999年。ポーランド放送局に届いたホーゼンフェルト夫人からの手紙がきっかけだったらしい。

その後、シュピルマンはポーランド放送局の音楽監督などを務めた後、ワルシャワ・ピアノ五重奏団を結成。1986年に音楽活動を引退するまで、約20年にわたり世界各国を公演で回った。2000年、シュピルマンの息子がシュピルマンの回想録の草稿を発見し、新たに『ザ・ピアニスト』の題名で出版。同書の中で大尉の実名が記されたことは言うまでもない。

▲ヴィルム・ホーゼンフェルト本人。2007年10月にポーランド政府からポーランド復興勲章、2009年2月にはイスラエル政府からも「諸国民の中の正義の人」の称号を贈られている

エリザベス
—狂気のオカルティズム—

14歳の少女が9ヶ月間、犯人男性の性奴隷に

エリザベス・スマート誘拐虐待事件

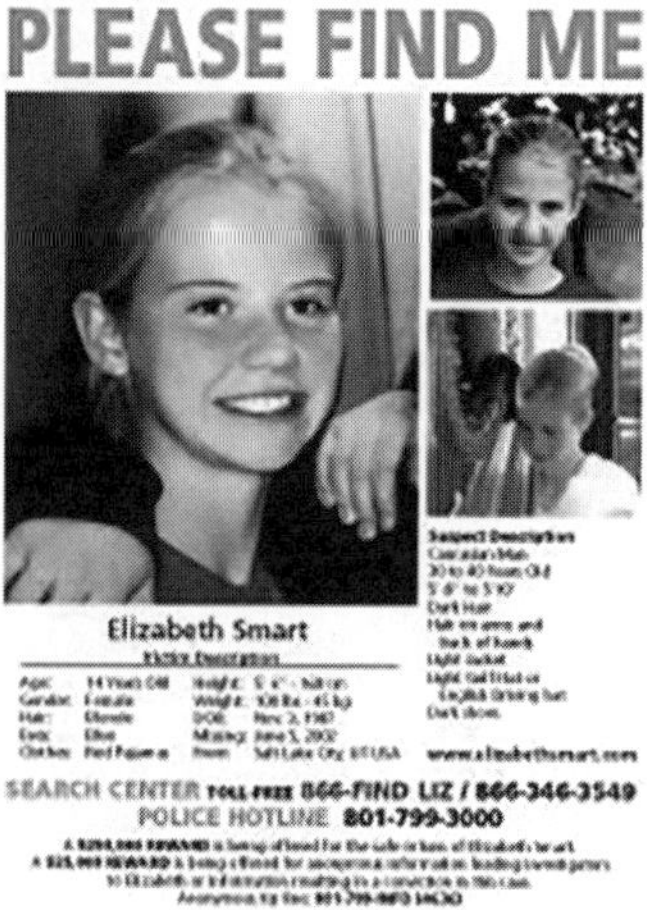

▲▶エリザベスの情報提供を求めるポスターとチラシ

２００２年、アメリカ・ユタ州で当時14歳の少女、エリザベス・スマートが誘拐され、9ヶ月間にわたり性的虐待を受けた後、発見・解放される事件が起きた。２０１７年公開の「エリザベス ―狂気のオカルティズム―」は、この衝撃的な実話をエリザベス本人が出演し、自身に何が起きたかを解説した再現ドラマだ。彼女が地獄の暮らしから抜け出せたのは、5歳下の妹の証言がきっかけだった。

２００２年6月5日未明、ソルトレイクシティの富裕層住宅地に住むスマート家から14歳の長女エリザベスが、就寝中に何者かに誘拐された。事が発覚するのはその3時間後の午前4時頃。エリザベスと一緒の部屋で寝ており事件に遭遇、しばし恐怖で言葉が出せなくなっていた9歳の妹メアリーが両親を起こし、姉が連れ去られたことを報告したのだ。

両親の通報で駆けつけた警察にメアリーは、犯人は30歳～40歳の髭を伸ばした長髪の白人男性で、姉をナイフで脅し拉致したと証言。このとき、妹は犯人の声に聞き覚えがあるとも話したが、それが誰だったかまでは思い出せなかった。

翌朝、父親がテレビに出演し、娘を返すよう犯人に呼びかけると同時に、ボランティア

エリザベス ―狂気のオカルティズム―

2017／アメリカ／監督：サラ・ウォーカー
2002年、米ソルトレイクシティの富裕層住宅地の家から誘拐され、犯人の男に性的虐待、洗脳を受けた後に救出された少女エリザベス・スマートの実体験を映画化。日本では劇場未公開で、Amazonプライプビデオで視聴可。

を含む2千人体制で捜索活動が開始されたが、エリザベスの行方は杳と知れない。

警察は、家族にも近隣にも気づかれず誘拐を成功させた状況から犯人はスマート家のことを知る人物と推定。捜査の早い段階で、以前スマート家の便利屋として働いたことがあるリチャード・リッチなる男性を重要参考人とみて何度も取り調べを行うも、リチャードは事件との関与を頑なに否定したまま2002年8月、薬物の乱用が原因で亡くなった。

事件が暗礁に乗り上げた頃、エリザベスは地獄の日々を送っていた。あの夜、彼女を誘拐したのは、ブライアント・ミッチェルという当時49歳の男性だ。

ブライアントはエリザベスを誘拐すると、ソルトレイクシティ郊外の森の中に連れていき、野営地に張ったテントの中に押し込めると、妻ワンダ（同56歳）に命じてエリザベスを着替えさせ、結婚を宣言するセレモニーを敢行。その後、問答無用で彼女をレイプする。

いったい何が目的なのか。劇中では描かれないが、ソルトレイクシティの敬虔なモルモン教徒の家庭に生まれたブライアントは、父親からの虐待が原因で13歳の頃からドラッグやアルコール依存となった。19歳で結婚したもののまもなく離婚し、その後再婚した女性の連れ子である息子と娘に性的虐待を働き、またも離婚。カウンセリング先で知り合ったワンダと3度目の

▼エリザベスを演じたアラナ・ボーデン(左)と、主犯ブライア役のスキート・ウールリッチ。映画「エリザベス −狂気のオカルティズム−」より

結婚をした頃には、誇大妄想に取り憑かれていた。

自らを神に仕える天使と宣い、ワンダの連れ子の娘を「悪魔」と称して彼女が可愛がっていたウサギを殺したばかりか、娘を強姦する。母ワンダは極端な依存症でブライアントの所業を責めるどころか、髭を伸ばし白いローブをまとってキリストのような格好をした夫に心酔。あと7人の嫁を娶るというブライアントを積極的に支持する。エリザベス誘拐事件はそんな状況下で起きた。動機は一夫多妻制の宗教を作るためだった。

エリザベスは誘拐・監禁された当日から解放されるまで、毎日欠かさずレイプを受けた。当然ながら、彼女は力の限り抵抗した。が、それも最初の1週間だけ。ブライアントは「逃げたら、おまえと、おまえの家族を殺す」と脅すとともに、洗脳するためポルノを見せ、薬物を強要。エリザベスは頻繁に気絶し、目覚めるとゲロまみれになっていたこともあったそうだ。

やがて抵抗する気力を失った彼女は、白いスカーフ

犯人の洗脳下に置かれ、脱出の気力も無くす精神状態に

▼エリザベスが拉致・監禁されていたユタ州ソルトレイクシティ郊外の森。下は2003年秋に撮影された、白装束姿のエリザベス(左)。右が彼女を誘拐・虐待したブライアント・ミッチェル

とフェイスベールを着せられ、買い物などに同行するようになる。ブライアントは、すでにエリザベスが逃げないことを確信していた。

それでも脱出の機会が訪れる。映画でも描かれるように、誘拐から2ヶ月後の2002年8月、ブライアント一行は、立ち寄ったソルトレイクシティの図書館で、周囲とは明らかに違う3人組がいるとの通報を受けた警察から職務質問を受ける。この子が自分の娘だと主張するブライアントに対し、捜査員はエリザベスに顔を覆ったベールを脱いでくれるよう依頼した。しかし、ブライアントは宗教上の理由から、これを拒否。このとき、エリザベスが声をあげていれば運命は変わっていたかもしれないが、恐怖に支配されていた彼女にその勇気はなく、捜査員は追及をあきらめざるをえなかった。

2002年9月、ブライアントとワンダは、エリザベスを連れカリフォルニア州サンディエゴ郡に移転。野営地を渡り歩いた後、再びユタ州に戻る。

事が動くのは翌10月。エリザベスの妹メアリーが、以前、父親が雇った便利屋で金銭を恵んでやった男性が、事件の夜に聞いた犯人の声にそっくりだと証言したのだ。それでも、警察はこれを重視せず、5ヶ月間放置。苛立った父親がメアリーの記憶を頼りに似顔絵を作成し、犯人の特徴とともにテレビで公開したところ、あっさりその正体が判明する。ブライアントの親族が、本人に間違いないと情報を寄せてきたのだ。

ブライアントに指名手配がかかって数ヶ月が経過した2003年3月12日、ユタ州サンディに不審な3人組がいると通報が入る。すぐに警察が現場に駆けつけ、彼らを尋問。劇中では捜査員の「あなたはエリザベス・スマートですか?」という問いかけに、彼女が恐怖に怯えながらも自分の名前を口にすることになっているが、実際は「私はエリザベス・スマートではない」と頑なに否定し、保護された後も犯人夫婦が実際の両親であると主張した。そこまで洗脳は彼女に深く浸透していた。

誘拐、窃盗、婦女暴行の容疑で逮捕されたブライアントは裁判で終身刑が下り、２０２１年９月現在もアリゾナ州ツーソンの刑務所に収監中。一方、ワンダには懲役15年が宣告され服役、２０１８年９月に釈放された。

被害者エリザベスは両親のもとに帰り、事件によって受けたＰＴＳＤ（心的外傷後ストレス障害）の克服に励むと同時に、自身の体験をもとに、執筆や講演などで児童に対する性犯罪撲滅や被害者支援の運動を展開し、２０１１年、児童に対するネット犯罪の調査を支援する「エリザベス・スマート財団」を設立。私生活では、２０１２年１月にスコットランド人の男性と結婚し、その後、３人の子供を授かった。

◀逮捕されたブライアント(上)とワンダの犯人夫婦

▼2022年3月に撮影されたエリザベスと家族。左から次女オリビア、エリザベス、長女クロエ(手前)、夫マシュー、長男ジェームズ

第5章 ダークサイド

映画「アイリッシュマン」より
©Netflix

声をかくす人

リンカーン大統領暗殺の共謀罪で逮捕

▶メアリー・サラット本人
▼メアリーを演じたロビン・ライト。映画「声をかくす人」より

アメリカ初の女性死刑囚、メアリー・サラットの悲劇

名優ロバート・レッドフォードが監督を務めた「声をかくす人」は、リンカーン大統領暗殺に加担したとして、アメリカで初めて処刑された女性メアリー・ラサットの実話を描いた歴史ドラマだ。自身が営んでいた下宿屋を犯人グループのアジトに提供したという容疑だけで極刑に処された彼女の運命は悲劇の一言に尽きる。

映画は、南北戦争（１８６１年発生、北部のアメリカ合衆国と、合衆国から分離した南部のアメリカ連合国の間で行われた内戦）終結直後の１８６５年4月14日、エイブラハム・リンカーン大統領（当時56歳）が暗殺される大事件から始まる。

ワシントンＤＣのフォード劇場の特別席で舞台「われらのアメリカのいとこ」を観劇中だった大統領を１・２メートルの至近距離から射殺したのは俳優のジョン・ブース（同26歳）。アメリカ南部で敷かれていた奴隷制度の廃止を提唱するリンカーンに対する恨みが直接の動機で、大統領を暗殺し合衆国政府の転覆を起こすのが狙いだった。

陸軍長官エドウィン・スタントン（同50歳）はワシントンＤＣを封鎖し、犯行後に現場から逃走したブースの逮捕に10万ドルの賞金をかけ行方を追跡。事件から11日後の４月25日深夜、潜伏中の納屋で騎兵隊がブースを射殺

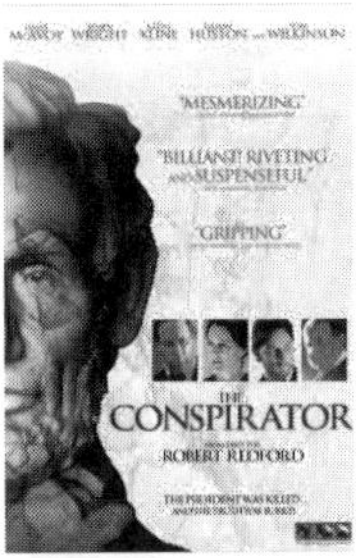

声をかくす人

2010／アメリカ／監督：ロバート・レッドフォード
リンカーン大統領暗殺の共犯として、アメリカで初めて死刑になった実在の女性、メアリー・サラットの悲劇的運命を描く。監督のレッドフォードは本作に関し「語られてきた歴史が、必ずしも本当の物語ではない」と語っている。

する。

一方、陸軍は暗殺事件は計画的で他に共犯者がいるとして8人を逮捕・拘束する。その中の1人がメアリー・サラット（同42歳。45歳という説も）だった。

メアリーは事件3年前の1862年にホテルや居酒屋を経営していた夫を脳卒中で亡くし、3人の子供（長男アイザック、長女エリザベス、次男ジョン。劇中に長男は登場しない）と共にワシントンDCに移住。下宿屋を営み、その一室を犯人グループに貸していた。陸軍は、メアリーが南軍の支持者で、大統領暗殺計画を知ったうえで彼らにアジトを提供した共謀罪にあたるとして、彼女を逮捕したのである。

◀上からメアリーの次男ジョン、長女アンナ、リンカーン大統領を暗殺したジョン・ブース

彼らの裁判は事件から22日後の5月9日から始まった。大統領暗殺を企てた犯人グループを擁護する者など皆無だったが、その中で上院議員で弁護士のリヴァーディ・ジョンソン（同69歳）が弁護を引き受ける。一般市民である被告を裁く今回の審理が通常の裁判ではなく軍法会議であること。陸軍長官スタントンが裁判長、裁判官の10人に配下の北軍将校を任命したことなど、被告たちがあまりに不利な立場にあるのが、依頼を受けた理由だった。

ジョンソンはメアリーの弁護を、彼の部下で映画のもう1人の主人公、フレデリック・エイキン（同27歳）に担当させる。エイキンはもともと新聞記者で、南北戦争に北軍の大佐として従軍。南軍を倒した英雄の1人として讃えられた人物だった。

彼は当初、大統領暗殺の共犯者を弁護することに疑問を抱いたが、裁判は平等に行われるべきだという上司ジョンソンの強い信念に、渋々、その任を引き受ける。

公判で、メアリーは無罪を主張した。自分が犯人グループに部屋を貸したのは、夫が残した莫大な債務を返すため金を稼ぐ必要があったからで、暗殺の謀議には一切関わっていない、と。

しかし、検察側は彼女が計画を事前に知っていたことを供述する証人を次々に法廷に立たせ、メアリーの有罪を主張。さらに、彼女には決定的に不利な点があった。主犯ブースを尊敬し、暗殺の謀議に参加していた疑いの濃い次男ジョンが事件後、行方をくらましていたのだ。

エイキンはジョンを法廷で証言させればメアリーの無罪を証明できる可能性があると考える。が、逆に息子が裁かれることを恐れたメアリーは、断固としてその提案を拒否した。

最終弁論で、エイキンはメアリーが犯行グループに部屋を貸

▼メアリーの弁護を担当したフレデリック・エイキン本人（左）と演じたジェームズ・マカヴォイ。映画「声をかくす人」より

していたこと、主犯ブースとも知り合いだったことを認めたうえで検察側の証人のうちの2人が、実は犯行に加担していたものの罪を逃れるために偽証したと主張。さらに、ブースを下宿屋に招き入れたのは息子ジョンで、彼こそが裁かれるべきであり、メアリーが有罪になる理由は何一つないと訴える。

しかし、7月5日に下った判決は被告8人全員が有罪。メアリーを含む4人が死刑で、3人に終身刑、1人に懲役6年が宣告された。ちなみに、劇中では省略されているが、判決前に9人の裁判官のうち5人がリンカーンの後を継いだアンドリュー・ジョンソン大統領（1808年生。事件時は副大統領で、彼も犯行グループの暗殺ターゲットになっていた）に対し、メアリーの年齢と性別を理由に終身刑を宣告するよう嘆願したが、ジョンソンはこれを認めなかった。

翌6日、明日処刑が執行されることを知らされたメアリーは、カトリック司祭と、面会に訪れた娘アンナを前に号泣しながら、無罪を訴えた。その姿を見たアンナは藁をもすがる気持ちでホワイトハウスに直接出向き恩赦を懇願。しかし、ここでも願いが聞き入れられることはなかった（この出来事も劇中には出てこない）。

7月7日、ワシントンDCのアーセナル刑務所の中庭に設置された高さ3・7メートルの絞首台に、足と手首を縛られ、頭部を白い布で隠した全身黒尽くめのメアリーら4人が誘導される。絞首台の前には、政府や軍の関係者、被告人の友人や家族、新聞記者など約1千人が集まり、その中にはメアリーの弁護を務めたエイキンの姿もあった。

13時20分、死刑執行。4人はそのまま約20分吊るされ、全員の絶命が確認された後、絞首台から降ろされた。

処刑を見守ったエイキンはその後ジャーナリズムの世界に戻り『ワシントン・ポスト』紙の編集者として活躍し、1878年12月、戦争中に負った傷が原因で心臓病を発症し、46歳の若さで死亡した。

メアリーの次男ジョンは暗殺事件後、カナダ、ヨーロッパに逃亡し1866年11月に逮捕されたものの、一般裁判で（メアリーの裁判後、アメリカでは民間人が軍事法廷で裁かれることが禁じられた）12人の陪審員のうち8人が無罪評決を出し、評議不一致で釈放。その後、牧師となり、7人の子供にも恵まれ1916年、72歳で肺炎により死去。姉アンナは大学教授と結婚し家庭を築いたが、母の死の衝撃で長年精神を病んだ末、1904年に61歳で死亡した。

メアリーは現在、ワシントンDCのマウントオリヴェット墓地に眠っている。彼女が大統領暗殺に関与していなかったことは今や明白となっている。

◀メアリー以外に処刑された3人。上からルイス・パウエル（死亡時21歳）、デビッド・ヘロルド（同23歳）、ジョージ・アツェロット（同30歳）

▶処刑執行の様子を捉えた実際の写真。一番左がメアリー

1千人が見守るなか、20分吊るされ絶命

夜明けの祈り

第二次世界大戦直後、ソ連兵が犯した蛮行

ポーランド修道女集団レイプ殺害事件

▶多くの修道女を救う映画の主人公マルチドを演じるルー・ドゥ・ラージュ(右)。映画「夜明けの祈り」より

◀主人公のモデルになったフランス人医師、マドレーヌ・ポーリアック

２０１６年公開の映画「夜明けの祈り」は、第二次世界大戦終結後のポーランドを舞台に、これまで語られることのなかった悲劇の実態を描いた衝撃作だ。

１９４５年12月、赤十字で医療活動に従事していたフランス人女性医師マチルドが１人の年若い修道女に助けを求められるところから映画は始まる。言われるまま修道院に出向いたマチルドはそこで想像もしない光景を目にする。ソ連兵に襲われ子供を身籠った修道女たちが、あまりに残酷な現実と神への信仰の狭間で苦悩。若い修道女は戒律を破って自殺し、院長は院を守るため生まれた赤ん坊たちを闇に葬っていた。

かけがえのない命を救いたいと危険を承知で自ら医療活動に参加していたマチルドだが、修道院におけるソ連兵の蛮行は映画以上に残酷なものだった。

映画は、修道女たちを助ける女医マルチドの視点から語られる。彼女のモデルとなったのが、実在したフランス人女性医師マドレーヌ・ポーリアックだ。

劇中では詳しく明かされていないが、１９１２年生まれのマドレーヌは、第二次世界大戦が始まるまではパリの病院で働いていた。しかし、開戦後に父親が戦死したのを受け、レジスタンス運動に参加。同盟国の落下傘部隊に物資の供給や支援などを行い、さらに「パリの

夜明けの祈り

2016／フランス・ポーランド／監督：アンヌ・フォンティーヌ
第二次世界大戦末期、ポーランドの修道院でソ連兵が修道女を強姦・殺害した実際の事件を題材に、傷ついた彼女たちを救うべく尽力した実在の女性医師、マドレーヌ・ポーリアックをモデルに描いた人間ドラマ。

解放」（1944年8月、ナチスドイツの傀儡政権を打ち破ったレジスタンス＋連合軍の戦い）では軍事活動に身を投じた。

マドレーヌがフランス内務省の中尉医務官としてポーランドの首都ワルシャワにやってくるのは、1945年初頭のこと。当初はフランス病院で働いていたが、戦争が終結すると、ポーランドで捕虜として強制労働に徴用されていたフランス軍兵士を帰還させる任務に就く。

映画では描かれないが、帰還任務は「ブルー部隊」と呼ばれる女性11人からなるボランティア部隊の協力があり、マドレーヌ自らトラックを運転しながらポーランド全土の病院や強制収容所などを巡ってフランス人を捜索、保護していた。

また、劇中でマチルドは男性の上官

◀「ブルー部隊」のメンバーとして活動していた当時のマドレーヌ（左）

◀1945年1月、ナチスドイツからポーランドを解放、首都ワルシャワに進駐するソ連軍

分娩中や出産直後の修道女をレイプ

に仕える立場として描かれていたが、実際はマドレーヌらがリーダーとして活動を行い、200件以上の案件をこなしたという。その過程で体験した事件の一つが、映画が描く修道院の悲劇だった。

ただ、彼女は1946年2月、ワルシャワ近くで任務を遂行中、交通事故で死亡してしまったため、映画のストーリー自体はマドレーヌが残したメモを基にした創作である。

彼女のメモによれば、その修道院はワルシャワから約30キロ離れた森の中にあり、25人の修道女が大勢のソ連兵にレイプされ、中には40回以上も繰り返し襲われた女性もいたという。しかも、そのうち20人が殺害され、残された5人は全員、妊娠していたそうだ。

映画でも現実でも、修道女たちはソ連兵の蛮行を決して公にしない。口外すれば、良く

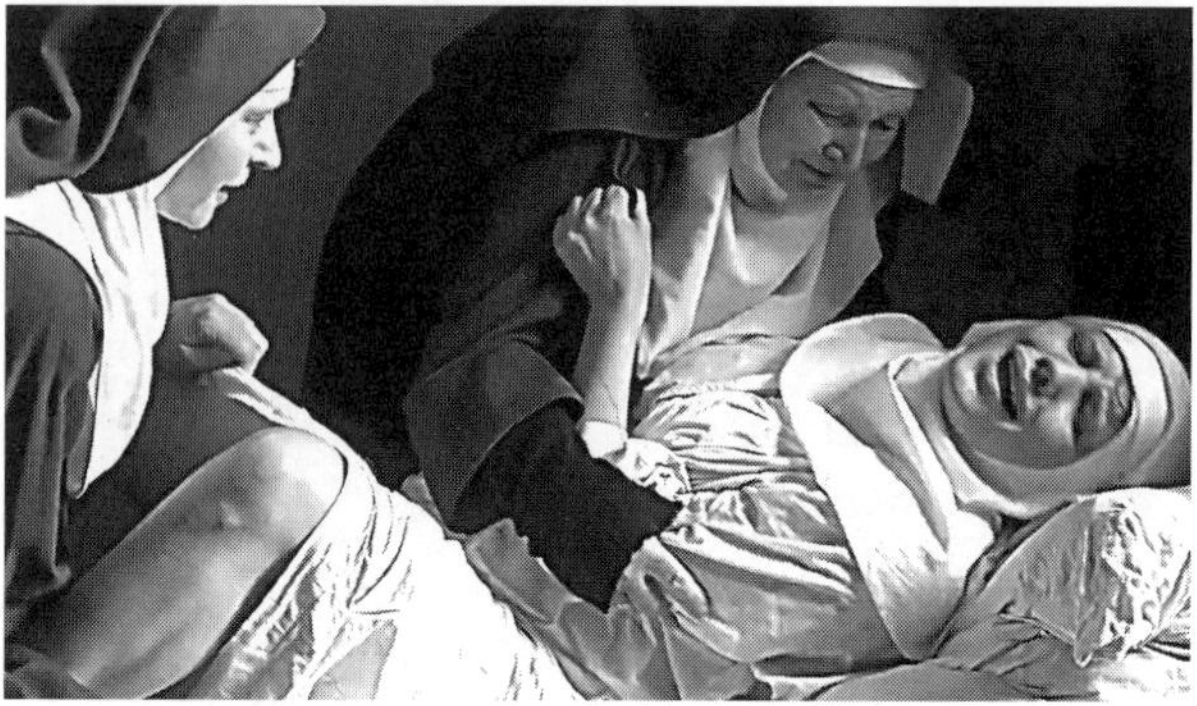

▲ソ連兵の蛮行は劇中の描写より何倍も残虐だった。映画「夜明けの祈り」より

て修道院は閉鎖、悪ければ院ごと無きものにされることがわかっていたからだ。この辺りの複雑な事情を理解するには、ナチスドイツと、スターリン率いるソ連に翻弄されたポーランドの悲惨な歴史を知る必要がある。

もともと第二次世界大戦は、1939年にナチスドイツがポーランドに侵攻して始まり、次いでソ連もポーランド東部に侵入。結果、ポーランドは独ソに分割占領され、両国によって弾圧される。

それが1941年に勃発した独ソ戦争によってドイツが勝ち、ソ連に占領されていた地域もドイツの支配下に入ると状況は一転する。英仏を後ろ盾にロンドンで抵抗運動を行ってきたポーランドの亡命政府は、ソ連と「反ドイツ」で結託。最終的に、ドイツに占領されていたポーランドの国土はソ連軍によって次々解放され、7月にはソ連を後ろ盾とした共産政権が発足する。言わば、ソ連はポーランドにとって5年以上も続いたドイツ占領を解放してくれた〝恩人〟ではあるが、一方で「カティンの森事件」(第二次世界大戦中、スターリンの命令でポーランド人将校2万人が虐殺された事件) などの非道な弾圧を受けていた憎悪すべき相手でもあった。しかし、その事実はあくまで公の秘密だった。

映画は終戦後、ソ連の占領下にあったポーランドの田舎町が舞台。修道院からの帰途、マチルドがソ連兵に襲われそうになるシーンが出てくるが、当時はこうした行為が当たり前のように横行していた。マドレーヌが残したメモには、ある病院に押し入ったソ連兵が、分娩中の女性や出産直後の女性をレイプした事実も書き留められていたという。

修道院が戦争孤児たちを受け入れ、修道女たちが新たな光を見つけたところで映画は終わる。このラストはフィクションだが、監督が当時、撮影された1枚の写真にヒントを得たのだという(下)。それは、絶望的な状況で決して希望を捨てなかったマドレーヌの生き方を象徴しているようだ。

▼監督は、この写真から希望が見える映画のラストを着想したそうだ

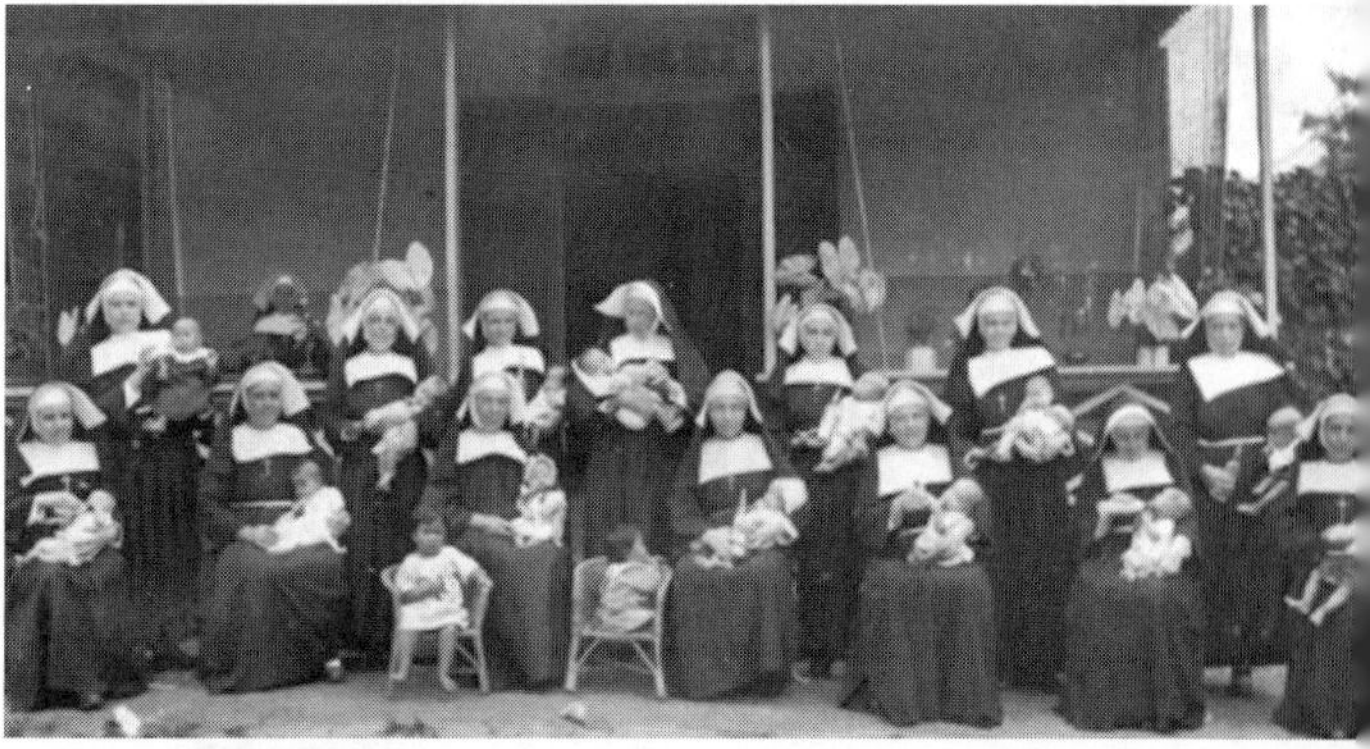

▼ガレス・ジョーンズ本人(右)と、劇中で彼を演じたジェームズ・ノートン。映画「赤い闇　スターリンの冷たい大地で」より

▼人工的な大飢饉により死亡したウクライナの人々(実際の写真)

赤い闇 スターリンの冷たい大地で

ホロコーストと並ぶ世紀の大虐殺

FILMS

英国人ジャーナリストが告発したソ連の人為的飢餓「ホロドモール」の恐るべき実態

２０２０年に公開された映画「赤い闇　スターリンの冷たい大地で」は１９３２年から１９３３年、スターリン政権下のソ連で起きた人為的飢餓「ホロドモール」（ホロド＝飢餓と、モール＝疫病や苦死、からなる造語）の実態を、西側世界で初めて報道したイギリス人ジャーナリスト、ガレス・ジョーンズの実話を基にした歴史スリラーだ。世界中で恐慌の嵐が吹き荒れているなか、なぜソ連だけが繁栄を誇示しているのか。疑問を抱き、かの国に潜入したジョーンズが目撃したものとは？

映画の主人公ガレス・ジョーンズは、グレートブリテン島の南西に位置するウェールズで１９０５年に生まれた。名門ケンブリッジ大学でフランス語やドイツ語、ロシア語などを学習し、卒業後は様々な新聞や雑誌に寄稿するフリーのライターを経て、１９３０年に英国国会議員で元首相のロイド・ジョージの外務顧問にスカウトされる。

映画の冒頭で、周囲が彼のことを「ヒトラーにインタビューした男」と呼んでいるが、実際にジョーンズは、アドルフ・ヒトラーがドイツの首相に任命されてまもない１９３３年２月23日、同年１月末よりドイツを訪れていたジョージのスタッフとしてヒトラーのプ

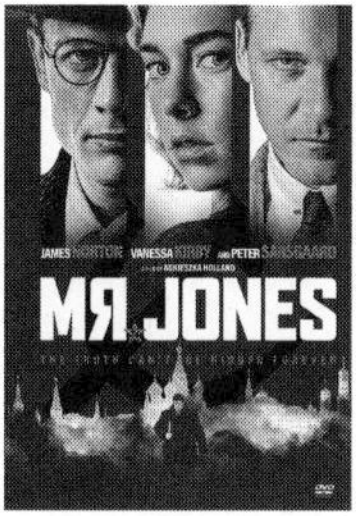

赤い闇　スターリンの冷たい大地で

2019／ポーランド・イギリス・ウクライナ
監督：アグニェシュカ・ホランド
「ソハの地下水道」などの社会派作品で知られるポーランドの女性監督アグニェシュカ・ホランドが、スターリン時代のソビエト連邦に決死の潜入取材を敢行し、同国の深刻な飢餓を報じた実在のイギリス人ジャーナリスト、ガレス・ジョーンズの体験を映画化。

ライベート飛行機に同乗し、話を聞くことに成功。帰国後、地元ウェールズの新聞に、「この飛行機が墜落したならばヨーロッパの歴史は変わっただろう」とその際の様子を寄稿している。

映画では、この記事で名を上げたジョーンズが１９３３年3月、単身、ソ連に乗り込むことになっている。当時、世界には、１９２９年9月から始まったアメリカの株価大暴落に端を発する世界大恐慌が吹き荒れていた。各国が深刻な経済難にあえぐなか、なぜかソ連だけが繁栄を保持していた。社会主義の大国はいったい、どんな経済政策を採っているのか。

ジャーナリストとしての疑問を解明すべくモスクワに向かい、当局の監視を振り切ったうえ、ウクライナへ足を運ぶ。そこで彼が見たものは、パンを求める人々の長い列、人のいなくなった家に放り出されたままの骨と皮だけの遺体、亡くなった兄の肉を食らう幼い姉妹など、あまりに衝撃的な光景だった。

異常な事態を追及しようとしたところ、ジョーンズはソ連当局に身柄を拘束され、問答無用で帰国させられる。もしウクライナで見聞きしたことを口外すれば、ソ連在住のイギリス人技師6人の命はないとの脅しも受けていた。

確かに実際のジョーンズも、１９３３年3月にソ連を訪れている。ただし、１９３０年と１９３１年に続いてこれが3回目。すでに『本当のロシア』と題し、匿名で飢餓のリポートを発表しており、ある程度、ソ連の実情を把握していた。１９３３年の訪問は、スターリンと会見し、ナチスドイツの脅威を伝えるのが目的だった。

ちなみに、このときモスクワに着いたジョーンズが頼った男性が『ニューヨーク・タイムズ』紙のモスクワ支局長だったウォルター・デュランティ（1884年生）だ。10年以上ソ連に滞在し寄稿した一連の記事で1932年に「ピューリッツァー賞」（アメリカの報道や文学などの功績に対して授与される賞）を受賞。当時、世界ナンバー1のジャーナリストとして、その名を知られていた。

では、当時のソ連で何が起こっていたのだろうか。

1928年、時の最高指導者ヨシフ・スターリンは重工業中心の工業化と農業の集団化（コルホーズ）を目指す「5カ年計画」を発表する。ターゲットになったのは、当時「ヨーロッパのパンかご」と呼ばれるほど豊かな穀倉地帯を所有していたウクライナ地域で、徴収した穀物を輸出して外貨に替え、工業化や諸外国への債務

▶ホロドモールを推進したスターリン（右）と彼の側近ラザール・カガノビッチ。

▼集団農場（コルホーズ）に強制的に集められ労働を強いられたウクライナの農民たち

▲道端に転がるホロドモールによる犠牲者と、気にする素振りさえないのが通行人の対比が恐ろしい。
◀「ボディカー」と呼ばれた死体回収車

返済にあてるのが目的だった。

そこで、まずはウクライナの知識人や民族主義者、裕福な土地所有者などを国民の敵とみなして処罰（シベリア送りや処刑）し、１９３０年代に入る頃には、ウクライナの農民の大多数を強制的に集団農場に移住させ働かせる。

しかし、事は思惑どおりに運ばない。折からの不況、天候不良に加え、政府が農民に課した収穫高のノルマが厳しすぎ、それを達成するためには自分たちの食料を差し出すしかなかった。

当然、農民からは不満が続出したが、政府は彼らを制圧するために数々の条例を制定。農産物は人民に属するものとされ、パンの取り引きや調達不達成、落ち穂拾いまでもが、見つかると「人民の財産を収奪した」という罪状で罰せられた。結果、ウクライナの人たちは、家畜や道端の雑草を食べて飢えをしのぎ、病死した馬や人の死体を掘り起こして口にするまでになる。そして、チフスなどの疫病が蔓延。ウクライナは飢えと病気で死者が続出する事態に見舞われる。

1933年にジョーンズがウクライナを訪れたのは、まさにこうしたホロドモールの真っ只中。確かに映画で描かれていたような悲劇が起きていた。が、ジョーンズが死体の山や、人肉を口にする人の姿を目撃する劇中描写は創作である。

1933年、ジョーンズは雪原の中をウクライナの村と12の集団農場を歩き回った。空腹で泣く子供やパンを求めて叫ぶ人たちを目の当たりにし、大勢の農民たちから「食べ物がない。私たちは死にかけている」との訴えを受け、さらにウクライナより南の地域はもっと酷い状態との声を聞く。泣いてる乳飲み子が、傍らに横たわる母親の遺体と一緒にボディカー（死体回収車）に投げ込まれたり、人肉を食べるなど劇中で描かれているエピソードは当時の目撃証言を集めたもので、その中には、本作脚本のアンドレア・チャルパの祖父の証言も含まれているそうだ。

驚くべきは、ソ連当局が「自分の子供を食べることは野蛮な行為である」と人肉食を禁止するポスターを作っていたことで、ホロドモールの時期に2千500人以上が人肉食で有罪判決を受けたとの統計があるという。

Friday, March 31, 1933　THE EVENING

FAMINE RULES RUSSIA

The 5-year Plan Has Killed the Bread Supply

By GARETH JONES

Mr. Jones is one of Mr. Lloyd George's private secretaries. He has just returned from an extensive tour on foot in Soviet Russia. He speaks Russian fluently—and here is the terrible story the peasants told him.

A FEW days ago I stood in a worker's cottage outside Moscow. A father and a son, the father a Russian skilled worker in a Moscow factory, and the son a member of the Young Communist League, stood glaring at one another.

MR. GARETH JONES.

"The cattle have nearly all died. How can we feed the cattle when we have only fodder to eat ourselves?"

"And your horses?" was the question I asked in every village I visited. The horse is now a question of life and death, for without a horse how can one plough? And if one cannot plough, how can one sow for the next harvest? And if one cannot sow for the next harvest, then death is the only prospect in the future.

The reply spelled doom for most of the villages. The peasants said: "Most of our horses have died and we have so little fodder that the remaining ones are scraggy and ill."

The situation is graver than in 1921, as all peasants stated emphatically. In that year

CHILD BEGGARS IN MOSCOW

there was famine in several great regions, but in most parts the peasants could live. It was a localised famine, which had many millions of victims, especially along the Volga. But to-day the famine is everywhere, in the formerly rich Ukraine, in West Russia, in Central Asia, in North Caucasia—everywhere.

you have destroyed all that's best in Russia?"

What of the towns? Moscow as yet does not look so stricken, and no one staying in Moscow would have an inkling of wh

◀ガレス・ジョーンズによって世界で初めてソ連の飢饉が報道された新聞記事。1933年3月31日付の『ロンドン・イブニングスタンダード』より

こうした惨状を見聞きしたジョーンズは、帰国後、プレスリリースを発表。『マンチェスター・ガーディアン』や『ニューヨーク・イブニング・ポスト』など多くの新聞が記事を掲載し、世界的な注目を集めた。

にもかかわらず、彼はウソつき呼ばわりされる。独裁的なソビエト政権を喜ばせるために真実を覆い隠していた前出のウォルター・デュランティら在ソのアメリカ人ジャーナリストが、自らの保身のため、ジョーンズの記事を否定したのだ。

対しジョーンズは『ニューヨーク・タイムズ』で反論する。

「彼らは真実を伝えていない。飢餓による死を栄養失調による死と言い換え、ソ連当局の検閲を逃れている」

まっとうな主張だったが、ジョーンズはソ連を追放され、その後、アジアへ。1934年後半、日本に約6週間滞在し政治家などの取材を終え、北京に赴いた後、日本軍が中国内陸部の

内モンゴルを占領したとの報を受け、ドイツ人ジャーナリストとともにモンゴルへと入る。

ここで事件が起きる。いったん日本軍によって拘束されたものの、解放後の帰路で盗賊に誘拐されてしまったのだ。身代金を支払って解放されたドイツ人ジャーナリストに対し、ジョーンズに待ち受けていたのは死。1935年8月12日、30歳の誕生日前日に、盗賊らによって射殺されてしまったのだ。

後にイギリスBBCが発表した調査報告によると、誘拐を手引きした人間はソ連の秘密警察で、同行したドイツ人ジャーナリストもソ連の手先だった可能性があるという。つまり、ジョーンズはホロドモールの実態を明らかにしたため、スターリンの報復に遭った疑いが否定できないというのだ。

訃報を受け、ジョーン

▲ピューリッツァー賞を受けながら保身のためジョーンズの記事を否定したウォルター・デュランティ本人。
▼劇中で役を演じたピーター・サースガード。映画「赤い闇　スターリンの冷たい大地で」より

ズの元上司ロイド・ジョージは次のように話ったそうだ。

「利害を優先する者にとって、あまりに多くの真実を知ったガレス・ジョーンズは明らかに邪魔者だった。彼の死は陰謀によるものだ」

ある統計によれば、ホロドモールによってウクライナ人の20％が餓死。その総数は400万人とも1千万人に登るともいわれている。結果、ウクライナでは反ソ・反共感情が高まり、1941年、独ソ戦によりヒトラーのドイツ軍が侵攻した際は「解放軍」として喜んで歓迎し、大勢のウクライナ人が兵士に志願し共産党員を引き渡すなどドイツの支配に積極的に加担したそうだ。が、そのドイツもまたホロコーストにより580万ものユダヤ人を虐殺したことは言うまでもない。

2006年、ウクライナ議会は正式に「ホロドモールはウクライナ人に対する大量虐殺である」との見解を公表し、2008年にはジョーンズに「ウクライナ功労勲章」を授与した。

一方、ジョーンズを批判したデュランティは1934年にモスクワを離れた後アメリカに戻り、ソ連に友好的な内容の書籍を出版。1957年、フロリダ州オーランドで死亡したが、1960年代以降、彼がホロドモールの実態を知りながら意図的に隠していたとして非難が集中し、イギリス人ジャーナリストのマルコム・マゲリッジなどは「私が今までに知ったなかで最も悪質な嘘つき」と露骨にデュランティを叩いた。

こうした動きを受け、1990年以降、デュランティのピューリッツァー賞の取り消しを求める声が沸き起こり、同委員会は調査を開始。デュランティの記事がスターリン主義のプロパガンダに加担していたことは認めたものの、２００３年11月、賞の取り消しは行わないことを正式に発表した。

2006年、ウクライナ議会が正式に「大量虐殺」との見解を表明

▼ウクライナ・キエフに建つホロドモールの慰霊碑

シカゴ7裁判

民主党全国大会で暴動を煽動

ベトナム戦争反対デモの共謀罪で逮捕された「シカゴ・セブン」法廷闘争

▲作品は高い評価を受けたが、史実とかけ離れた点が多いとの指摘もある。映画「シカゴ7裁判」より ©NICO TAVERNISE / NETFLIX©2020

▼1968年8月27日、民主党全国大会開催中にシカゴの「コンラッド・ヒルトンホテル」近くで起きた警察とデモ隊の乱闘

FILMS

1968年は、アメリカにとって激動の1年だった。1月にはベトナム戦の「テト攻勢」で初の敗北、4月に黒人公民権運動家マーティン・ルーサー・キング牧師の暗殺、6月にはJ・F・Kの実弟ロバート・F・ケネディ上院議員が大統領選の活動中に射殺された。

そして8月、シカゴでベトナム戦争に反対するデモ隊が警察と衝突し、多くの負傷者を出す事件が発生する。2020年に公開された映画「シカゴ7裁判」は、この事件で逮捕されたデモの主導者7人、いわゆる「シカゴ・セブン」の法廷闘争の行方を描いた社会派ドラマである。

1960年代後半、アメリカでは長期化するベトナム戦争に反対する抗議集会が全米で繰り広げられていた。共産主義から世界を守るという大義名分のもと加担した戦争が、現地からのテレビ報道などにより、銃を持たぬ北ベトナム国民まで殺害している蛮行であることが白日のもとにさらされたのだ。

反戦運動は1968年1月30日、旧正月で暗黙の休戦協定が敷かれていたにもかかわらず、北ベトナムが奇襲作戦でサイゴンのアメリカ大使館を占拠した、いわゆる「テト攻勢」(米軍の犠牲者約4千人)の発生により激化。これまで戦争に積極的であ

シカゴ7裁判

2020／アメリカ／監督：アーロン・ソーキン
「ソーシャル・ネットワーク」でアカデミー脚色賞を受賞し、「マネーボール」や自身の監督作「モリーズ・ゲーム」でも同賞にノミネートされたアーロン・ソーキンがメガホンをとったNetflixオリジナル映画。1968年、ベトナム戦争の抗議運動から逮捕・起訴された7人の男の裁判の行方を描く。

ったタカ派閥までもが、ベトナムからの撤退を主張するようになる。

こうした国内情勢を受け、時のジョンソン大統領（民主党）は北爆の一部停止を決定したが、11月の大統領選挙に向け、次期候補として副大統領のヒューバート・ハンフリーを推薦。8月、シカゴで民主党の全国大会を開催する。

それに合わせて全国から反ベトナム派の若者1万人以上が会場近くの公園「グランド・パーク」に集結した。集会やデモを繰り広げる彼らに、政府は機動隊を1万人、州兵を5千人派遣。やがてデモは暴動の様相を呈し、同月28日、互いが衝突し数百名の負傷者を出す事態に発展する。

この影響もあってか、大統領選で共和党が僅差で勝利し、リチャード・ニクソン政権が発足した5ヶ月後の１９６９年9月、シカゴのデモに参加した各グループのリーダー的存在だった7人が逮捕・起訴される。司法長官のジョン・ミッチェルは、反戦運動の指導者たちを危険分子とみなし彼らの刑務所送りを目論んでいた。

しかし、検察は連邦法違反での起訴はできないと主張する。前政権下で1千４００人以上の目撃者に話を聞き原因を調査した結果、「警察の暴動」と結論づけていたからだ。それを承知のうえでミッチェル長官は、南部の白人議員が黒人活動家の言論を制限するために使った、いわゆる「ラップ・ブラウン法」を適用、「暴動を扇動する目的で州の境界線間を移動した罪（共謀罪）」で裁けと命令した。

裁判は１９６９年9月24日から始まった。法廷に引っ張り出されたのは、トーマス・ヘイデン（当時28歳）、レナード・デイヴィス（同27歳）、アボット・ホフマン（同31歳）、ジェリー・ルービン（同30歳）、デヴィッド・デリンジャー（同53歳）、リー・ウエイナー（同29歳）、ジョン・フロイネス（同29歳）、ボビー・シール（同31歳）の8人だ。

公判の様子は劇中で描かれるとおり、開始後まもなくブラックパンサー党の活動家であったボビー・シールが、差別的な発言が多いジュリアス・ホフマン裁判官（同74歳）に対し「ファシストの犬」「ブタ」「人種差別主義者」などと口撃。ホフマン裁判官はシールの拘束を命じ、猿ぐつわをかました状態で椅子にくくりつけたうえ、彼だけ裁判から切り離し法廷侮辱罪で懲役4年を宣告する（控訴審で無罪）。

その後7人の被告は「シカゴ・セブン」と呼ばれ、共謀罪に加え、化学者のフロイネスとウェイナーが「焼夷弾の製造法を他人に教えた罪」、その他5人が「公務執行妨害」に問われ、裁判は進んでいく。

劇中で描かれるとおり、7人は裁判を嘲り笑った。中でも青年国際党のリーダー、アボット・ホフマンとルービンは法衣を着て出廷したり、陪審員に投げキッスしたり、裁判官にLSDを勧めるなどしてしばしば裁判を中断させた。ただし、ベトナ

◀民主党全国大会中にシカゴのグラント公園で彫像に群がったデモ隊。写真左上、法廷侮辱罪に問われたブラックパンサー党のボビー・シールはデモには参加していなかった

ム戦争終結委員会のデリンジャーが廷吏に手を上げるシーンは完全な創作である。彼は7人の中でも一番の平和主義者で、非暴力的な活動家として知られていた。

映画のクライマックスは、民主社会学生同盟のヘイデンが、ベトナムで戦死した人たちの名前を読み上げるシーンだ。ヘイデンの声に、シカゴ・セブンの仲間や弁護士が立ち上がって哀悼の意を表すのはもちろん、傍聴人、そして検察さえも席を立つ。が、これも事実ではない。実際に戦死者の名前を読み上げたのはデリンジャーだ。1969年10月15日、「ベトナム反戦デー」の開廷前に彼が名前を読み始めたところ、入廷してきたホフマン裁判官が制したため途中で中止になり、デリンジャーは法廷侮辱罪に問われている。

本作は、シカゴ・セブンの面々を一方的な被害者、警察隊を加害者として描いている。が、この設定は客観性に欠ける。被害に遭ったのはデモに参加した若者たちだけではなく、警察もデモ隊の暴力により100人以上が負傷。また、8人の警官が「過度の力を行使し、デモ参加者の公民権を侵害した罪」で起訴されている。

裁判は1970年2月18日、被告7人が問われた共謀罪、フロイネスとウェイナーが関わったとされる焼夷弾の件について無罪判決が下った。ただし5人に対する公務執行妨害については有罪で、5年の禁固刑と5千ドルの罰金刑が命じられた。しかし、有罪判決は1972年11月の上訴審によって逆転無罪に。裁判官が明らかに被告に対して偏見を持っていたという事実が認められたからだ。

裁判後、ヘイデンは女優で政治活動家のジェーン・フォンダと1973年に結婚（1990

年離婚）、政治家に転身し２０１６年10月に病死。デイヴィスは瞑想と自己認識に関するベンチャーキャピタリストに（２０２１年２月、がんにより死去）。ホフマンはカウンターカルチャー活動家、作家として活躍したものの、晩年は双極性障害に苦しみ１９８９年４月に自殺。作家になったルービンは１９９４年11月に事故死。デリンジャーは生涯を平和主義者として全うし２００４年５月に逝去。大学で化学の教鞭を執った後ＵＣＬＡの産業保健センターの所長となったフロイネスは２０２２年７月に病死。社会運動家、実業家として活躍したウェイナーと、法廷侮辱罪で一連の裁判から外された後もブラックパンサー党の活動を続けたシールは、２０２２年12月現在も存命である。

▲1970年2月18日、判決後に撮影された「シカゴ・セブン」と弁護士の記念写真。左から、弁護士レナード・ワイングラス、レナード・デイヴィス、アボット・ホフマン、リー・ウェイナー、デヴィッド・デリンジャー、ジョン・フロイネス、ジェリー・ルービン、トーマス・ヘイデン、弁護士ウィリアム・クンスラー

判決は全員無罪

▼「シカゴ・セブン」の1人、トーマス・ヘイデンは判決から3年後の1973年、女優のジェーン・フォンダ（右）と結婚。長年、カリフォルニア州議会とカリフォルニア州上院の議員を務めた

▲加害者の元神父ベルナール・プレナ本人（右）と、劇中で彼を演じたベルナール・ヴェルレー。映画「グレース・オブ・ゴッド 告発の時」より

グレース・オブ・ゴッド 告発の時

時効成立寸前に被害者が集団提訴

21世紀に入ってから、全世界に12億人以上の信徒を有するローマ・カトリック教会がスキャンダルに揺れている。各国で神父たちの児童に対する性的虐待が明るみになり、２０１３年には組織の長であるローマ教皇がベネディクト16世からフランシスコへ交代する事態にまで追い込まれた。

２０１９年に公開された映画「グレース・オブ・ゴッド 告

20年間にわたり児童を性の餌食にした聖職者、プレナ神父事件

発の時」は、フランス第2の都市リヨンで起きた児童への性的虐待事件を描いた実録ドラマだ。主人公は加害神父を訴えた原告団の中心となった3人で、加害者側はもちろん、神父を告発したかつての被害者たちも実名で登場する。

事件を理解するうえではキリスト教会の仕組みを理解しておかなければならない。左ページの図のように、一般カトリック信徒は神父＝司祭が運営する教会に所属し、教会はエリアごとに「教区」または「大司教区」（主に大都市）に分類され、「司教」または「大司教」が管理している。ここまでが布教現場で、その上には大幹部の「枢機卿」（世界各地に226人）と、カトリックの総本山バチカン市国で暮らす「ローマ教皇」が君臨する。

映画は2014年6月、40歳の銀行員アレ

カトリック教会の階級（2020年4月現在）

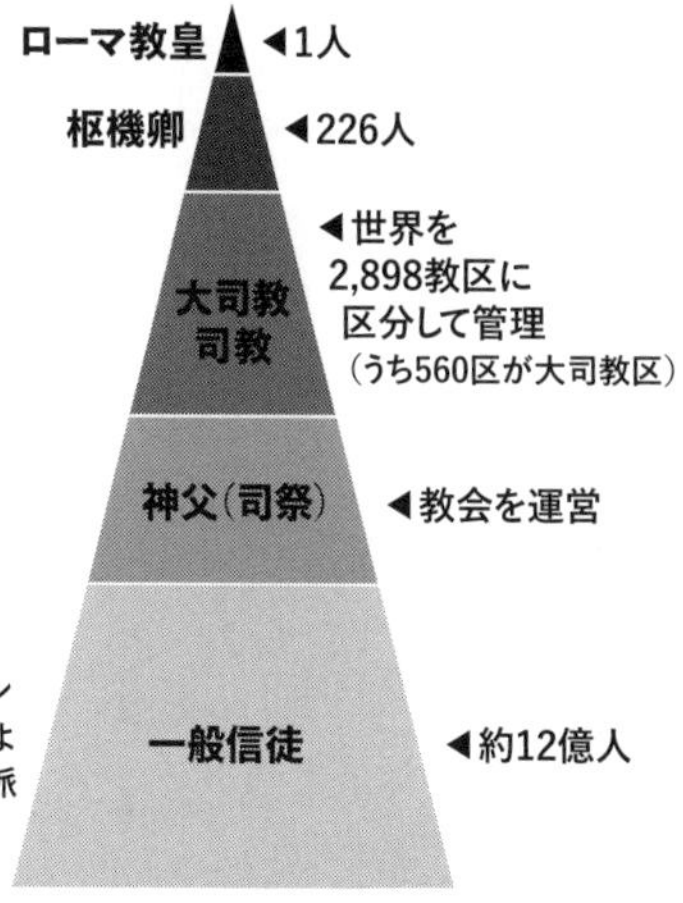

グレース・オブ・ゴッド 告発の時

2019／フランス／監督：フランソワ・オゾン
フランス・リヨンで実際に起こった神父による児童への性的虐待事件を描いた社会派ドラマ。第69回ベルリン国際映画祭で審査員グランプリ（銀熊賞）を受賞した。

クサンドルが、子供の頃に自分に性的虐待を働いたプレナ神父が、今も子供たちに聖書を読み説いている事実を知ったところから始まる。

彼のモデルになったアレクサンドル・デュソ・ヘゼズは、ボーイスカウト活動を行っていた9歳の頃から、リヨン教区のベルナール・プレナ神父（１９４５年生）から実際に性的虐待を受けていた。それが嫌で12歳のときにボーイスカウトを辞め、自分の心を封印したものの、５人の子供の父親となり、我が子も被害を受ける可能性があると考えたとき、告発を決意する。

ちなみに、日本でボーイスカウトと言えば宗教と無関係な、キャンプやボランティア活動を行うのが一般的イメージだろう。対し欧米は教会が主体で、聖書を教える日曜学校でボーイスカウト活動が行われ、犯罪の温床になりうる可能性が十分あった。

当初アレクサンドルは、教区の司教フィリップ・バリバラに過去の出来事を訴えた。１９８６年から3年間、土曜日ごとに教会の写真室に連れ込まれ身体をまさぐられたこと。ポルトガル旅行でキスされたこと等、アレクサンドルの言葉に司教は頷くが、「話して楽になっただろ」とうそぶくだけで、全く動こうとしない。そこでアレクサンドルは、管轄の枢機卿フィリップ・バルバランに連絡を取る。

「我々の苦しみは深く終わりがありません。プレナは神父のままです。枢機卿《すうききょう》はなぜ犯罪者を罰しないのですか。恐れを克服し、言葉に出すまで30年がかかりました」

心の底から発したアレクサンドルの訴えを、バルバランも放ったらかしにした。唯一の収穫はプレナ本人と会えたことだが、彼はアレクサンドルを覚えていると嬉しそうに笑いかけ性的虐待を認めたものの、謝罪の言葉は一切なかったそうだ。

プレナの居直ったような態度に疑惑を抱いたアレクサンドルは、司教区の元秘書を尋ね、驚くべき事実を知る。なんと1980年代初めにはプレナの性的虐待は問題化し、当時の枢機卿がプレナを離任させていたというのだ。しかも、プレナ自身が「自分は7歳で性的虐待を受けた」「病気だ」と友人に相談していたことも判明。しかし、旧知の仲だったバルバランは、プレナの金や信者を集める手腕を買い、教会に戻したのだそうだ。つまり、プレナの悪行を誰もが知っていながら見て見ぬふりをしていたのだ。

この事実を知ったアレクサンドルは、リヨンの地方検事局に宛て、プレナの告訴状を提出する。2014年9月のことだ。

プレナへの告訴を知り、勇気を得た者がいる。フランソワ・デヴォー（2014年当時32歳）。彼もまた10歳から数年間にわたってプレナに抱きしめられて体をまさぐられたり、風呂場で性器を触られていた。

やっとのことで家族に打ち明

▼上は1980年代、ボーイスカウト活動を指導していたプレナ（後ろの男性）。お気に入りの少年を連れて歩いていたとの証言もある。下は映画の主人公のモデルとなった〟フランス3〞こと「沈黙を破る会」の3人。左から、ピエール・エマニュエル・ジェルマン・ティル、フランソワ・デヴォー、アレクサンドル・ヘゼス

けたのは彼が20歳を過ぎた頃。母親がプレナに抗議の手紙を出すと、あっさり性的虐待は認めたものの離職はせず、何の解決もみないままだった。被害を受けて以降、キリスト教への不信感が募り無神論者となったフランソワは後のインタビューで、自殺未遂を経験したことも告白している。

さっそくアレクサンドルに連絡を取り、プレナ提訴に向けて動き出したフランソワは、彼が代表になって「沈黙を破る会」を結成、プレナの被害者を募ることにした。実は当時フランスでは、性的虐待に関して20年の時効が設けられていたため、アレクサンドルは原告にはなれなかったのだ。

メディアが同会のことを報じると、昼夜を問わず、次々連絡が入る。中には電話口で3年間レイプされ続けたと泣き出す男性もいた。

3人目の主人公、ピエール・エマニュエル・ジェルマン・ティル（同32歳）も、会に連絡してきた1人である。10歳からアレクサンドルやフランソワ同様、プレナに写真室に連れ込まれては性器を触られたりキスされるなどの性的虐待を受けていた。それを母親に話したにもかかわらず、「まさか神父が」と相手にしてもらえず、プレナの名前を聞いただけでパニック症状が出るほどのトラウマを抱えていた。

2016年3月、「沈黙を破る会」は、まもなく時効が切れるフランソワやエマニュエルを含む9人の原告団を結成し、バーナード・プレナを未成年者に対する性的暴行罪で提訴する。

裁判では、プレナの恐るべき実態が明らかになった。彼が男の子に興味を持ち始めたのは14、

15歳のときで、2年間、心理療法を受講。1972年に司祭の職に就いた後も衝動を抑えきれず、20年間にわたり、週末ごとに1〜3人、キャンプ中は1週間に4〜5人の少年に性的暴行を加えたという。延べ人数にして3千〜4千人。果たしてブレナは2020年11月の判決で、5年の実刑を言い渡される（ただし健康上の理由で投獄はされず）。ちなみに、公判中にブレナは「もっと早く教会が私を戒めていたら止めていただろう」という身勝手な主張を行ったそうだ。

一方、1991年にはプレナの悪行を認識していた枢機卿バルバランも、性的暴行を警察に通報しなかった罪で起訴され、2019年6月の判決で6ヶ月の禁固刑に。翌2020年1月の控訴審で逆転無罪になったものの、教会裁判所は両名を有罪とし、プレナを聖職者から解雇、バルバランも枢機卿を辞任させ、原告被害者に対して約17万ユーロ（日本円で約2千200万円）の賠償金を支払った。

こうした事件を受け、2018年、フランスでは性的虐待の時効を、それまでの20年から「被害者が成年に達してから30年」に延長している。

枢機卿が神父の犯罪を知りながら放置

▲2008年に撮影された元枢機卿のフィリップ・バルバラン（当時57歳）。▼2018年10月、バチカンで小児性愛者の神父からの虐待被害者への支援を訴える抗議者

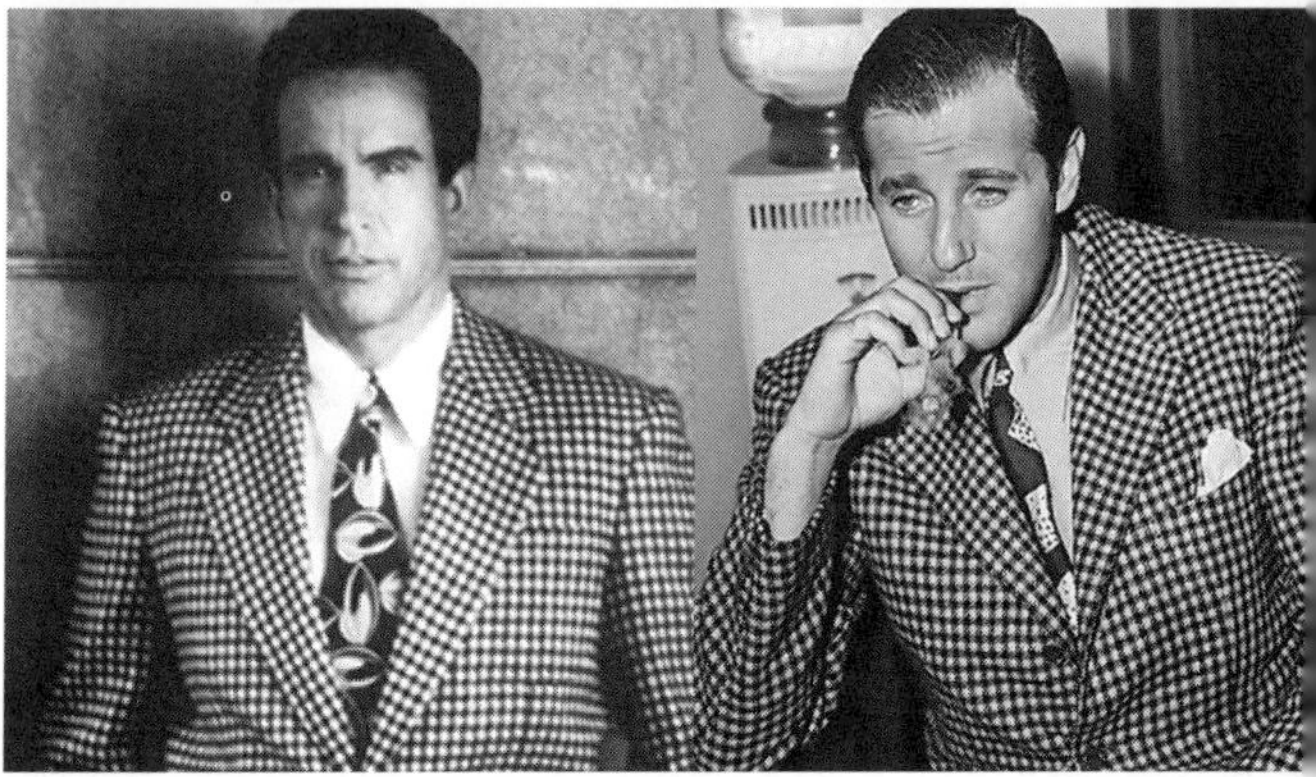

▲バグジーことベンジャミン・シーゲル本人（右）と、ウォーレン・ベイティ。映画「バグジー」より

バグジー

カジノホテルの建設費を横領し刺客が

FILMS

ラスベガス繁栄の礎《いしずえ》を築いた伝説のマフィア ベンジャミン・シーゲル暗殺事件

「カジノの都」として、全世界から観光客が訪れる一大歓楽街米ラスベガス。その隆盛は1946年に建てられたホテル「フラミンゴ」に始まると言われる。1991年公開の「バグジー」は、何もなかった砂漠地にホテル建設を発案した実在のマフィア、ベンジャミン・シーゲル（1906年生。演：ウォーレン・ベイティ）の野望と、彼が暗殺されるまでの過程を描いているが、映画と史実には少なからず相違点がある。

映画は1937年、ベンジャミンが、兄貴分のマイヤー・ランスキー（1902年生。演：ベン・キングズレー）によってロサンゼルスに送り込まれてくるところから始まる。ランスキーは、ニューヨークマフィアのドン、ラッキー・ルチアーノの片腕とでも言うべき大物で、バグジーはこの4歳年上の悪党に14歳の頃に出会い、裏社会で頭角を現す。とにかく怒り狂うと手に負えない荒くれ者で、「バグジー」（バイ菌、害虫の意）というあだ名も、そんな気性から付けられた。

▶バグジーが経営を任されていた「フラミンゴ」のオープン当初の写真。同ホテルは1960年代にマフィアの手を離れた後、「フラミンゴ・ラスベガス」に改名、現在もベガス屈指のカジノホテルとして営業中

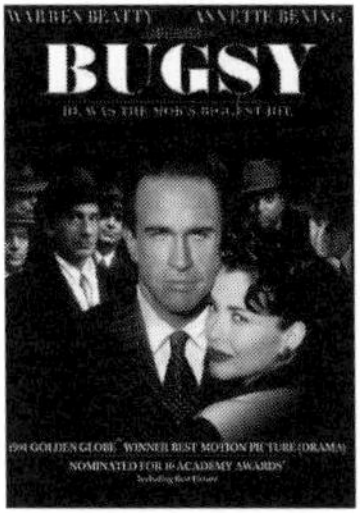

バグジー

1991／アメリカ／監督：バリー・レヴィンソン
ラスベガス繁栄の礎を築いたとされる実在のマフィア、ベンジャミン・シーゲルの半生を描く。バグジーを演じたウォーレン・ベイティと、愛人バージニア役のアネット・ベニングは共演をきっかけに恋仲となり、映画公開の翌年1992年に結婚している。

バグジーがニューヨークからロスに出向いたのは、当時ハリウッドを仕切っていたギャング、ミッキー・コーエン（1913年生。演：ハーヴェイ・カイテル）と話をつけ、西海岸の利権を我が組織のものにするためだ。映画では首尾良くコーエンを丸め込み、女優バージニア・ヒル（1916年生。演：アネット・ベニング）との愛欲・愛憎に没頭。そして、ラスベガスの砂漠のど真ん中に豪華なカジノホテルを建設するという〝天啓〟を得て、湯水のように金を注ぎ込むということになっている。

しかし、現実にホテル建設を考案したのは、ビリー・ウィルカーソンなる起業家で、彼はラスベガスに豪華なリゾート&カジノホテルを造り、そこをハリウッドの社交場にしようと考えていた。ホテル名はこのときすでに「フラミンゴ」で決定しており、バグジーの愛人、バージニアの愛称にちなんで名づけられたとする映画の描写は創作である。

▲バグジーの愛人だったバージニア・ヒル本人（上）。〝抜群のフェラチオ技術〟で他にも多くのマフィア幹部と関係を持ったとされる。下は劇中で彼女を演じたアネット・ベニング。映画「バグジー」より

▲バクジーの後ろ盾であり、黒幕でもあった大物マフィア、マイヤー・ランスキー本人（上）。映画では名優ベン・キングズレー（下）が演じた。映画「バグジー」より

ホテル建設には金がかかる。ウィルカーソンは懸命に投資家を集めたものの、資金繰りができない。そこで登場するのが、フラミンゴの将来性に目をつけたランスキーだ。

ランスキーはニューヨークのマフィア仲間やハリウッドの友人などに広く投資を呼びかけ、実質的な経営権を獲得。1946年、いよいよホテルの建設が始まる。が、ランスキーは決して表に出ない男で、代わりにバクジーを送りこみ、彼をホテルの筆頭株主とする。バグジーは劇中のキャラクターどおりハリウッドのゴージャスな世界に魅せられており、この仕事にはひとかたならぬ情熱を燃やした。

ところが、そのこだわりがゆえに工事は遅れ当初の見積額はどんどん膨れ上がる。映画では、こうして予算オーバーの上に完成したホテルにもかかわらず客の入りが悪かったこと、さらには愛人のバージニアが工事費を着服していた疑惑も重なり、バグジーは最終的に殺害されるこ

とになるのだが、ここも事実とは大きく異なる。

後にバージニアが日記で明かしているが、バグジーは予算の3分の1を横領、ギャンブルに注ぎ込んでいた。これを知った出資家たちの怒りは頂点に達し、マフィア幹部は全員一致でバグジーの処刑を決定する。

1946年12月26日、フラミンゴがオープン。結果は約2週間で10万ドルの赤字だった。が、この数字はバグジーに死んでほしかった連中の裏工作によるものだったらしい。

バグジーは、ハリウッドから華々しいスターを呼んで、必死で客を集めた。見た目には、赤字が解消されても良いくらいの賑わいだったが、会計上はマイナス。黒字転換すれば生かしておいても良いと考えていた幹部もいたようだが、彼らもまた改めて

撃ち抜かれた目玉が4メートル先の床下に

◀ソファに座った状態で暗殺されたバグジー。見せしめのように両目が撃ち抜かれていた

バグジーの横領を認識せざるをえなかった。

1947年6月20日22時40分頃、ビバリーヒルズの邸宅で9発の弾丸を浴び、バグジー死亡。刺客が放った銃弾は彼の青い瞳を撃ち抜き、片方の目玉は4メートル先の床下に転がっていたという。享年41だった。

ちなみに、愛人バージニアが暗殺時にパリにいて留守だったのは、事前にバクジー暗殺を知っていたからだと言われる。映画でも描かれているが、バージニアは多くのマフィア幹部と関係を持っており、金の運び屋やスパイ活動にも就いていたらしい。映画の最後に、バージニアがバクジーの後を追い自殺したような字幕が出るが、彼女はその後20年近くをヨーロッパで過ごし、1966年3月、オーストリアのザルツブルクで睡眠薬の大量摂取により49歳で死亡した。自殺とみられている。

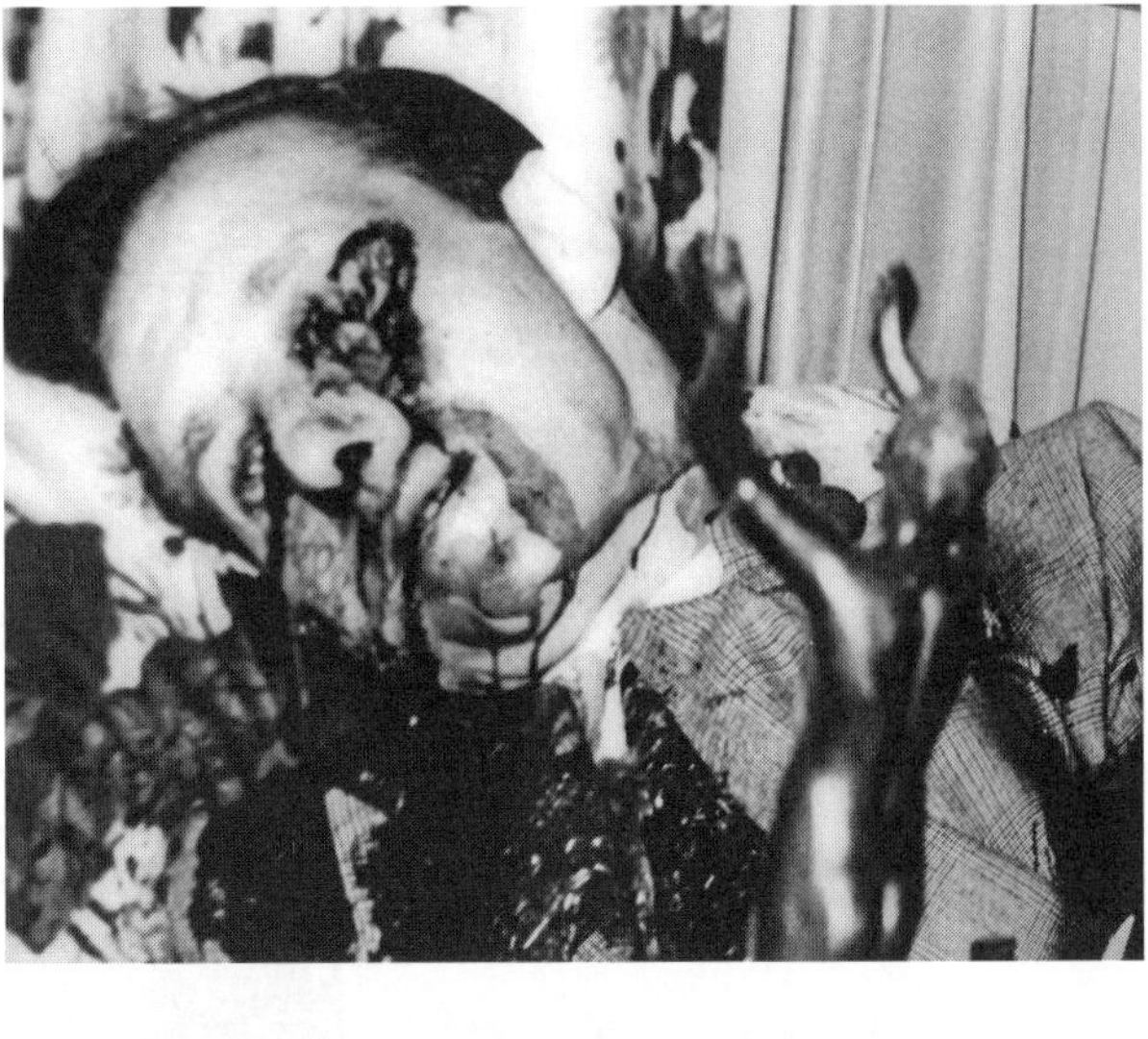

カジノ

マフィアが支配する1970年代のラスベガスでカジノを仕切った男

天才賭博師 フランク・ローゼンタールの野望と崩壊

▶主人公エースを演じたロバート・デ・ニーロ。映画「カジノ」より。▼エースのモデルになったフランク・〝レフティ〟・ローゼンタールと、彼が経営していた巨大カジノ「スターダスト」。店は2006年まで営業を続けた

「レイジング・ブル」（1980）「グッド・フェローズ」（1990）に続き、監督マーティン・スコセッシ、主演ロバート・デ・ニーロ、共演ジョー・ペシのビッグトリオがタッグを組んだ1995年公開の「カジノ」。映画は、1970年代のラスベガスとカジノを忠実に再現し、欲と暴力にまみれた裏社会の人間模様を描いている。

デニーロ扮する主人公サム・〝エース〟・ロススティーンのモデルとなったのは、生まれ故郷のシカゴで違法ギャンブルに就いていたフランク・〝レフティ〟・ローゼンタール（通称レフティ。1929年生）なる男だ。劇中に詳しい説明はないが、父親が競走馬を所有していた関係もあり若い頃からスポーツ賭博に精通、1950年代半ばまでマフィア組織「シカゴ・アウトフィット」で、オッツズ作成の専門家として活躍した。1961年に移り住んだマイアミでオッズメーカーとして名を知られるようになったものの、イカサマ目的の贈収賄容疑で警察やFBIに目をつけられ、1968年、追われるようにラスベガスへ。ここで才能が一気に開花する。

当時のラスベガスはマフィアが取り仕切っており、レフティは彼らに惜しみなく賭博の情報を提供。データの詳しい分析からはじき出さ

カジノ

1995／アメリカ／監督：マーティン・スコセッシ
1970年代の米ラスベガスを舞台に、カジノの裏側とそこに生きる男女3人の欲望と破滅を、スコセッシ独特の軽快な語り口で描いた実録犯罪ドラマ。デニーロの妻を演じたシャロン・ストーンが第53回ゴールデングローブ賞のドラマ部門で最優秀主演女優賞に輝いた。

れた彼の予想はことごとく的中し大きな評判を得る。

　ほどなく、シカゴ・アウトフィットの支配下、巨大カジノ店の経営を任せられる。作中「タンジール」の名で登場するその店は、実際には「スターダスト」という当時のラスベガスを代表するカジノで、彼は他に「フリーモント」「マリーナ」「アシエンダ」の計4店舗のボスに就任。ブラックジャックのディラーに若い女性を多数起用するなど、その才覚でスターダストの売り上げを1年間で倍増させる。

　もっとも、レフティは犯罪歴があったためカジノ経営のライセンスを得ることができず、表向き別の人物が社長を務めていたのは劇中のとおりだ。


　1969年、ラスベガスのショーガールとして働いていたジェリー・マクギー（1936年生）と結婚。劇中、ジンジャーの役名で彼女を演じたシャロン・ストーンと引けを取らないスタイル抜群の美女で、レフティの一目惚れだった。

　映画では、やがて娘1人を授かったものの、ジェリーの結婚は金目当てで、以前の交際相手だったポン引きレスター（演：ジェームズ・ウッズ）への未練を断ち切れない彼女に、レフティが嫉妬心を抱く姿が何度も描かれている。

　しかし、事実は違う。ジェリーは、レスターのモデルとなったレニー・マーモアという男性と高校時代に知り合い結婚し、娘を1人産んでいた。が、夫婦関係はやがて破局、レフティとの間にも娘と息子を授かり、実際には3人の子供を育てていた。ただ、彼女がアルコールとドラッグの依存症で、それが夫レフティを大いに悩ませたことは間違いない。

もう1人、レフティが扱いに困った人物がいる。映画でジョー・ペシが演じたニッキーのモデル、アンソニー・"トニー"・スピロトロ（通称トニー。1938生）だ。少年時代から窃盗などで幾度も逮捕経験があり、高校中退後にレフティと同じシカゴ・アウトフィットに加盟。腕っぷしの強さを買われ、1971年、レフティのボディガード役を任される。

地元シカゴでは小物に過ぎなかったトニーは幹部らの目が届かないラスベガスで暴走した。みかじめ料を要求したり、レフティの店でイカサマを働いたり、客の1人の頭を万力で締め上げ拷問・刺殺したのも劇中で描かれるとおりだ。

一連の悪行のせいで、トニーはいったんラスベガスを追放となるが、1976年にレストランの経営でラスベガスに復帰。同時に、弟マイケルを含む20数人でギャング集団「ホール・イン・ザ・ウォール」を結成し窃盗、金庫破り、殺人など悪の限りを尽くす。FBIの調査

▼レフティの妻ジェリー(左)と、役を演じたシャロン・ストーン

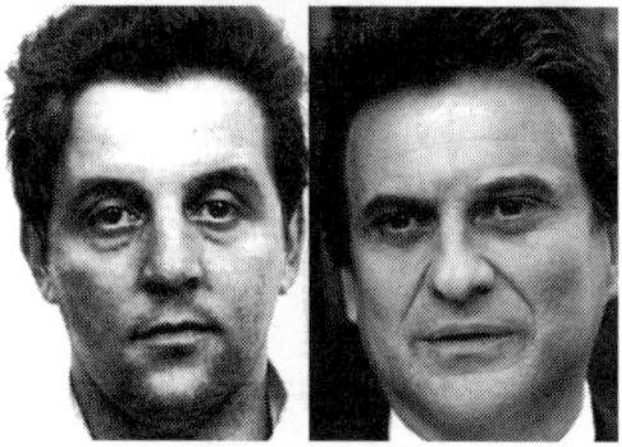

▲ニッキー役のジョー・ペシ(右)は、モデルになったトニー・スピロトロと偶然にも共に身長160センチ弱で、関係者の中には本人と間違えてしまう者も出るほどだったという

によれば、彼が関わった殺人事件は22件に及ぶという。

こうしたトラブルメーカーに悩まされながらも、レフティの商売は順調で、スターダストには客として来店する著名人も少なくなかった。そんな中の1人に劇中に「イチカワ」の名で登場する日本人ギャンブラーがいる。この人物は、やくざ顔負けの荒っぽい手法による地上げで富を築いた「柏木商事」社長・柏木昭男（1937年生）がモデルで、1990年には前アメリカ大統領ドナルド・トランプとバカラで対決したことでも有名になったが、その2年後の1992年、自宅で首や胸を十数ヶ所刺され死亡した。

また、レフティがスターダストで自身が司会を務めるテレビ番組を持っていたのも史実のとおりだ。1977年に始まった「フランク・ローゼンタール・ショー」には、フランク・シナトラ、ボブ・ホープ、O・J・シンプソンら多くの著名人がゲストとして出演し、番組ホストのレフティの顔は全米に知れ渡る。これが彼の全盛期だった。

崩壊は、やはりトラブルメーカーの2人が端緒だった。妻ジェリーとトニーとの不倫関係の発覚に加え、酒と薬に溺れるジェリーにレフティは我慢の限界に達し、1981年についに離婚。翌1982年11月、ジェリーは麻薬の過剰摂取によりロサンゼルスのモーテルでこの世を去った（享年46）。

それから4年後の1986年6月、インディアナ州イーノス近郊のトウモロコシ畑でトニーと弟マイケルがバットで滅多打ちに遭い、生き埋めにされ殺される。シカゴ・アウトフィットのボスが逮捕された原因をトニーが作ったと疑われたうえでの暗殺だったらしい。

一方、主人公レフティも冒頭シーンで描かれるとおり、1982年10月、自車に仕かけられた爆弾で命を狙われるが、運転席の下に頑強な金属板を装着されていたため、暗殺は未遂に終わる。犯人は特定されていないものの、トニーとの間にトラブルがあったとされるミルウォーキーのマフィアのボス、フランク・バリストリアによる犯行の可能性が高いそうだ。

翌1983年、レフティはカリフォルニア州ラグナニグエルに移住。2人の実子を水泳選手に育て上げたが、5年後の1987年、過去の犯罪歴が原因でラスベガスを追放され、フロリダ州ボカラトンに転居。スポーツバーを経営した後、マイアミビーチに移り、そこでスポーツベッティングのウェブサイトを運営した。心臓発作でこの世を去ったのは2008年10月。享年79だった。

自動車爆破で命を狙われるも奇跡的に生還

▼レフティ(左)が「スターダスト」で司会を務めていたテレビ番組「フランク・ローゼンタール・ショー」。隣はゲストの大物歌手フランク・シナトラ

▼1982年10月、爆弾で暗殺未遂に遭ったレフティ運転の1981年式キャデラック・エルドラド

アイリッシュマン

死の床で自分が殺害の実行犯と告白

マフィアの殺し屋、フランク・シーランが語ったジミー・ホッファ失踪事件の真相

©Netflix

▶フランク・シーラン本人
▲フランク・シーランを演じたロバート・デ・ニーロ（右）とジミー・ホッファ役のアル・パチーノ。最新のデジタル処理で俳優の顔を若返らせている。映画「アイリッシュマン」より。

前項「カジノ」と同じく、マーティン・スコセッシ（監督）、ロバート・デ・ニーロ、ジョー・ペシのビッグ3に加え、大スター、アル・パチーノが参加した2019年公開の「アイリッシュマン」。本作は、1950年代後半〜1970年代、マフィアのヒットマンとして暗躍したフランク・シーランが死去4年前の1999年、老人ホームでチャールズ・ブラント（弁護士、作家）のインタビューに応じた回想録『I Heard You Paint Houses（私はあなたが家の壁を塗ると聞いた）』を原作とした実録映画だ。

本著の中で、シーランはジョン・F・ケネディ大統領暗殺（1963年11月）と並び20世紀アメリカ犯罪史上最大のミステリーとされる、全米トラック運転手組合（IBT）の委員長ジミー・ホッファ失踪事件でホッファを殺害したのは自分であると告白、他にも20〜30件の殺人に関与したことを打ち明けたが、その真偽は定かではない。

映画はホッファが行方不明となった1975年7月を軸に、老人ホームで過去を語る現在のシーランと、彼が第二次世界大戦従軍後マフィアの手先として数々の犯罪に関わっていく過程が、時代を頻繁に入れ替えながら描かれる。

アイリッシュマン

2019／アメリカ／監督：マーティン・スコセッシ
実在の殺し屋で、1975年に失踪した全米トラック運転組合委員長ジミー・ホッファをはじめ、多くの殺人事件に関与したとされるフランク・シーランを主人公に据えた210分に及ぶ大作マフィア映画。作品タイトルは、シーランがアイルランド系移民の父親の子だったことから「アイリッシュマン」の別名で呼ばれていたことに由来する。

デ・ニーロ演じる本作の主人公シーランは1920年、米ペンシルバニア州で生まれた。1941年8月、アメリカ陸軍に入隊。第二次世界大戦のヨーロッパ戦線に従事し、ここで数多くの殺戮に関わる。

劇中に出てくるのは、捉えたドイツ兵2人に穴を掘らせ銃殺するシーンだけだが、シーランが犯した最も有名な戦争犯罪は「ダッハウの虐殺」だ。これは1945年4月24日、ナチスドイツ管理のダッハウ強制収容所が解放された後、米陸軍が収容所の看守や捕虜のドイツ兵を報復目的で処刑した事件で、少なくとも50人が銃殺されたと言われる。シーランも処刑人の1人で、前出の回想録で「自分がすべきことをためらうことはなかった」と語っており、こうした体験が、上からの命令に一切逆らうことなく確実にターゲットを葬るヒットマンとしての素養を形成したことは間違いない。

▶全米トラック運転組合の組合員と写真に収まるシーラン。後列左端

同年10月に除隊後、ＩＢＴに加盟しトラック運転手に。10年間真面目に食肉配達の仕事をこなしていたが、映画でも描かれているとおり、１９５５年、トラックの修理を手伝ってくれたことが縁でペンシルベニア州北東部を拠点としたマフィア組織のボス、ラッセル・バファリーノ（１９０３年生。演：ジョー・ペシ）と知り合い、従軍時での経験を買われ、以降、彼の配下で闇の仕事を請け負うようになる。

ジミー・ホッファ（１９１３年生。演：アル・パチーノ）とシーランを繋げたのも、バファリーノだ。彼とＩＢＴの顧問弁護士が従兄弟という関係もあり、シーランを〝使える男〟としてホッファに紹介したのだ。

ホッファは１９５７年、当時約２００万人の組合員が加盟していたＩＢＴの委員長に就任。劇中でも説明されるとおり、１９６０年代はビートルズにも匹敵する人気と、大統領に次ぐ影響力を誇っていた。

▲シーランが仕えたマフィアのボス、ラッセル・バファリーノ。上が本人、下が演じたジョー・ペシ。バファリーノは1994年、老衰により90歳で亡くなった

ホッファが権力を掌握・維持する背景には、そのカリスマ性もさることながら、マフィアの助けが大きかった。ＩＢＴの組合活動に非協力的な労働者を恫喝し組合に

入れさせ、時にストライキを匂わせ経営者から金を強請り取る。旧くは地元デトロイトマフィアの力を借り、やがてニューヨークマフィアとも関係。シーランと知り合った頃は、バファリーノらが支配するフィラデルフィアのマフィアとも親しい間柄にあった。

当然ながら、マフィアの目的は金である。ホッファは莫大な組合年金基金を不正に流用できる立場にあり、マフィアにとっては重要な金づる。ちなみに、前項「カジノ」でフランク・ローゼンタールが仕切っていたラスベガスのカジノ「スターダスト」が1958年に開業した際、その創設資金6千200万ドルを融資したのもホッファだった。

巨大な権力を持つぶん敵も多く、ホッファには信用できるボディガードが必要だった。そこでバファリーノがシーランを推薦したのである。

劇中のとおり、ホッファはシーランと最初に電話で話したとき「君は家の壁にペンキを塗るそうだね？」と聞いたそうだ。これは、銃撃によって標的の血痕が壁に広がることを暗喩しており、反抗的なIBT組合員やIBTの縄張りを脅かすライバル組合の者の暗殺を示唆していた。時の権力者から指名を受けたシーランは迷わず「任せてください」と答えたという。

ホッファは問題を手際よく解決するシーランを大いに気に入り、IBT第326支部の支部長に任命。プライベートでも家族ぐるみで付き合うまでの関係となる。が、ほどなくホッファに難敵が現れる。1961年、ジョン・F・ケネディが大統領に就任、その弟で司法長官に任命されたロバート・ケネディが、全米の経済に多大な影響力を持つIBTの巨額年金の不正流用やマフィアとの関係を追及、ホッファ逮捕に動き出したのだ。

対し、ホッファは金に糸目を付けず腕利きの弁護団を雇い入れ、いつも際どいところで有罪を免れていたが、１９６４年、運は尽きる。マネーローンダリングに関与した罪で逮捕され、懲役13年の判決を受けたのだ。

ホッファは部下のフランク・フィッツシモンズに全てを任せ、１９６７年、刑務所に収監される。いったんフィッツシモンズに要職に就かせ、出所後、また権力の座に返り咲く算段だった。

服役から4年後の１９７１年、ホッファはニクソン政権下で特赦を受け、仮出所する。が、このときすでにマフィアは、自分たちの言いなりに無利子で金を融資してくれるフィッツシモンズを重宝し、ホッファは用なしの存在になっていた。

それでもホッファはＩＢＴ委員長

▼シーランのもう1人のボス、全米トラック運転組合委員長のジミー・ホッファ（右）。左はホッファの不正を追及、逮捕に追い込んだロバート・ケネディ司法長官（1968年6月、暗殺死）

復帰にこだわり、組合と裏社会との癒着や融資金の回収をほのめかすなど、逆にマフィアを脅迫し始める。もはや、ホッファは邪魔者でしかなかった。

1975年7月、シーランはバファリーノからホッファ暗殺の命を受ける。が、シーランにとってはホッファも自分を重用してくれた恩人。ぎりぎりまでホッファを穏便に引退させるよう画策するも、ホッファは聞く耳を持たない。最終的に「我々はすべきことを全てした」という劇中でバファリーノが発した言葉に従い、殺害実行を決断する。

同月30日、ホッファの養子チャッキー・オブライエンが、自車でシーランとホッファ、また仲間のギャングであるサルバトーレ・ブリグリオをデトロイト近郊の住宅に連れて行き、シーランとホッファが2人だけで家に入った瞬間、シーランが後ろから後頭部に2発銃弾を撃ち込み殺害。その後、ホッファの遺体は秘密裏に火葬されたそうだ。

ちなみに、暗殺当日に同行したブリグリオは事件

▲シーランがホッファを殺害したと証言したデトロイト近郊、ミシガン州オークランド郡に建つ住宅。室内から血痕が発見されたが、ホッファのDNAとは一致しなかった。

から5ヶ月後の12月4日、ニューヨークのリトルイタリーでジャケットを着た2人組に銃殺されているが、これも映画ではシーランが実行犯として描かれている。

劇中で描かれたホッファ暗殺の経緯は、あくまでシーランの証言に基づいたもので、事件の真相は闇に包まれている。

確実なのは、当日の14時過ぎ、ホッファがデトロイト近郊のハイウェィ沿いの山小屋風レストランに出かけ、店の駐車場に愛車ポンティアックを残したまま行方不明になったということだけだ。そこはホッファの行きつけの店だったが、当日は店に入らず駐車場の北端に車を停めて誰かを待っており、妻の証言では、以前から関係のあったデトロイトマフィア幹部のアンソニー・ジアカローネに会う約束をしていたらしい。

ということは事件にはジアカローネが絡んでいる可能性が高いが、彼は警察の取り調べに対し、ホッファとの面会予定はなかったと供述。実際、当日、レストラン近くに彼がいなかったこともわかっている。

ホッファ失踪に関しては養子オブラ

▲作家で弁護士のチャールズ・ブラントが著したシーランの回想録『I Heard You Paint Houses』(2004年出版)。ホッファ(左)とシーランの2ショットがカバー写真として使われている

イエン犯人説、ホッファのライバルであるＩＢＴの幹部でマフィアの顔も持つトニー・プロ（劇中にも登場）関与説など様々な憶測が流れているが、結局、未解決のまま１９８２年に死亡宣告がなされた。

シーランがホッファを殺害したと証言したデトロイト近郊で見つかった血痕は、ＦＢＩの捜査でホッファのＤＮＡと一致しなかったことが判明しており、シーランの告白が作り話だった可能性は否定できない。

であれば、シーランはなぜ晩年に虚偽の証言をしたのか。一説によれば、自分の回想録を出版し入った金を、家族に遺産として残すことが目的だったと言われる。

シーランは除隊後の１９４５年末、アイルランド移民の女性メアリー・レディと結婚し、メアリアン、ドロレス、ペギーの３人の娘に恵まれたが、１９６８年に離婚。その後アイリーン・グレイなる女性と再婚、新たに娘コニーを授かっている。

映画が着目するのが、三女ペギーとの関係である。彼女が父フランクやバファリーノになつかずホッファには親しげに接していたのも、ホッファ暗殺のニュースをテレビで知って以降、父フランクと口を聞かなくなったのも事実だ。ペギーは物心ついた頃から、それとなく父親が裏稼業に就いていることに気づいていたのだ。

映画のラストに、シーランが銀行に勤めるペギーを訪ね拒絶されるシーンがある。これはあくまで脚色だが、実際、ペギーは事件以来、父フランクと疎遠になり、成人してからは様々な企業の幹部アシスタントとして活躍。２０１９年時点で70歳でペンシルバニアに住んでいると伝えられている。

一方、シーランはホッファ失踪5年後の1980年7月、11人の労働者に対する暴行罪で逮捕され13年間服役。2003年12月14日、ペンシルベニア州ウエストチェスターの老人ホームにて、がんで死亡した。享年83。

家族に遺産を残すため虚偽の証言を!?

▶1950年当時のシーラン一家。左から次女ドロレス、フランク、妻メアリー、三女ペギー、長女メアリアン。下は10代半ばに成長したペギー

◀1999年、老人ホームでインタビューに応じたシーラン

鉄人文庫

映画になった恐怖の実話

2022年12月26日　第1刷発行

編　者　　鉄人ノンフィクション編集部
発行人　　尾形誠規
発行所　　株式会社 鉄人社
〒162-0801 東京都新宿区山吹町332 オフィス87ビル3F
TEL 03-3528-9801　FAX 03-3528-9802
http://tetsujinsya.co.jp
デザイン　細工場
印刷・製本　株式会社シナノ

主な参考サイト

Wikipedia　History vs. Hollywood　映画.com
シネマトゥデイ　殺人博物館　ワシントン・ポスト　allcinema
世界の猟奇殺人者　YAHOO!ニュース　朝鮮日報
Pinterest　AFP　Indie Tokyo　朝日新聞DIGITAL
exciteニュース　SverigesRadio　elPatagonico
FNNプライムオンライン　FINDERS　France24
MOVIE WALKER PRESS　THE Sun
THE ANESTHESIA CONSULTANT　WorthPoint

ISBN978-4-86537-250-2　C0176

本書へのご意見、お問い合わせは直接、小社までお寄せくださるようお願いします。